我国适度普惠型儿童福利体系构建及保障机制研究

曹艳春 王建云 著

上海科学普及出版社

图书在版编目（CIP）数据

我国适度普惠型儿童福利体系构建及保障机制研究/曹艳春，王建云著.—上海：上海科学普及出版社，2016.8
ISBN 978-7-5427-6717-2

Ⅰ.①我… Ⅱ.①曹…②王… Ⅲ.①儿童福利—福利制度—研究—中国 Ⅳ.①D632.1

中国版本图书馆 CIP 数据核字（2016）第 105495 号

责任编辑 吴隆庆

我国适度普惠型儿童福利体系构建及保障机制研究
曹艳春 王建云 著
上海科学普及出版社出版发行
（上海中山北路 832 号 邮政编码 200070）
http://www.pspsh.com
各地新华书店经销 上海中唱印刷有限公司印刷
开本 787×1092 1/16 印张 18.000 字数 350 000
2016 年 8 月第 1 版 2016 年 8 月第 1 次印刷
ISBN 978-7-5427-6717-2 定价：45.00 元
本书如有缺页、错装或坏损等严重质量问题
请向出版社联系调换

目录 Contents

第一篇 绪论

第一章 问题的提出

第二章 儿童福利文献综述

第一节 国外研究综述 7
 一、关于儿童与贫困的研究 7
 二、关于儿童保护的研究 9
 三、关于替代性养护的研究 10
 四、儿童福利效果实证研究 11
 五、儿童福利服务改进研究 12
 六、儿童福利发展方向研究 13

第二节 国内研究综述 13
 一、关于儿童福利的概念研究 14
 二、儿童福利对象研究 14
 三、儿童福利法制建设研究 16
 四、借鉴国外儿童福利经验 16
 五、福利效果研究 21
 六、儿童福利改进研究 22
 七、关于孤儿现状研究 23
 八、关于儿童福利的政府责任研究 26
 九、关于儿童津贴的研究 27
 十、关于替代性养护模式的研究 28
 十一、关于儿童福利体系的研究 30
 十二、关于适度普惠型儿童福利的研究 31

第三章 概念界定和理论基础

第一节 儿童及儿童福利相关定义 33

    一、孤儿 33
    二、残疾儿童 34
    三、流浪儿童 35
    四、留守儿童、城乡流动儿童 35
    五、受艾滋病影响儿童 36
    六、儿童福利 37
  第二节 儿童福利理论基础 38
    一、国家责任学说 38
    二、社会公民权理论 38
    三、公共产品理论 39
    四、需要理论 41
    五、人力资本理论 41
    六、反贫困理论 42
    七、梯度增长理论 43
    八、社会保障水平理论 43
  第三节 儿童福利标准计算办法 44
    一、津贴标准理论测算方法 44
    二、津贴测算方法评述 47

第四章 儿童福利制度国际比较

  第一节 各国儿童基本公共福利比较 48
  第二节 各国儿童福利内容比较 53
    一、不同经济发展阶段儿童福利政策节点划分 53
    二、各国儿童专项津贴内容比较 54
    三、儿童福利服务比较 58

第二篇 我国儿童福利制度实证研究

第五章 中国补缺型儿童福利制度建设成效与特点

  第一节 中国补缺型儿童福利制度建设成效 65
    一、2000 年以前儿童福利成效 65

二、制定《中国儿童发展纲要（2001—2010年）》..................67
　　三、制定《中国儿童发展纲要（2011—2020年）》..................69
第二节　中国补缺型儿童福利制度发展的主要特征..................72
　　一、补缺为基础的儿童福利制度..................72
　　二、地区发展不平衡，城乡差异显著..................72
　　三、遵循国际标准，体现中国特色..................74
　　四、以儿童生存权、受保护权为基础，兼顾其他权利..................75

第六章　我国孤儿生活津贴制度的背景、内容及问题分析

第一节　孤儿生活津贴制度的背景..................76
　　一、孤儿生活津贴制度的历史背景..................76
　　二、孤儿生活津贴制度的制度背景..................77
第二节　孤儿生活津贴制度的内容..................78
　　一、对象范围..................78
　　二、津贴标准..................78
第三节　孤儿生活津贴制度的问题分析..................82
　　一、有些地区生活津贴标准低，不能保障孤儿生活..................82
　　二、有些地区孤儿生活津贴标准高，易导致财政负担..................83
　　三、孤儿生活津贴标准尚未建立动态调整机制..................83
　　四、没有明确的退出机制和衔接机制..................83

第七章　流浪儿童与残疾儿童福利制度现状分析

第一节　流浪儿童救助状况分析..................84
　　一、全国流浪儿童数量及特征..................84
　　二、流浪儿童救助实证分析..................85
第二节　残疾儿童福利实施状况分析..................91
　　一、全国残疾儿童数量..................91
　　二、残疾儿童福利效果..................92
　　三、我国残疾儿童社会福利存在的问题..................94
　　四、残疾儿童生存生活状况的改进建议..................96

第八章 留守儿童与流动儿童福利制度现状分析

第一节 留守儿童和流动儿童数量及分布 99
一、全国农村留守儿童数量及分布 99
二、全国城乡流动儿童数量及分布 103

第二节 国家对留守儿童和流动儿童的相关政策 105
一、安全方面的政策 105
二、健康方面的政策 105
三、生活方面的政策 106
四、教育方面的政策 106

第三节 我国留守儿童和流动儿童生存状况分析 107
一、生活状况 107
二、受教育状况 109
三、心理状况 111
四、健康状况 112

第四节 留守儿童和流动儿童福利存在的主要问题 113
一、隔代抚养带来的高风险问题 113
二、留守儿童和流动儿童的心理创伤难以抚慰 114
三、学前教育和后义务教育阶段的教育问题亟待解决 115
四、流动儿童社会融入难 115

第五节 留守儿童与流动儿童存在问题原因分析与对策建议 116
一、原因分析 117
二、政策建议 118

第九章 受艾滋病影响儿童福利制度现状与问题分析

第一节 受艾滋病影响儿童福利状况分析 120
一、全国艾滋病儿童数量及分布 120
二、受艾滋病影响儿童福利状况分析 120

第二节 受艾滋病影响儿童的福利存在的主要问题 123
一、受艾滋病影响儿童上学难 123
二、受艾滋病影响儿童的精神关怀相对缺乏 124

三、受艾滋病影响儿童遭受歧视的状况仍然没有改变……………………124

第十章 我国儿童福利制度对儿童的生活保障力度分析

第一节 我国孤儿数量概况……………………………………………125
第二节 孤儿生活保障实证分析………………………………………126
一、孤儿基本生活保障制度的建立……………………………………126
二、实证模型构建………………………………………………………127
三、数据来源及说明……………………………………………………130
四、实证结果……………………………………………………………133

第十一章 孤儿需要及其生活津贴需求调查分析

第一节 孤儿需要及其生活津贴需求调研设计与实施……………140
一、调研设计……………………………………………………………140
二、样本选择……………………………………………………………142
三、调研实施……………………………………………………………143
第二节 样本的基本情况分析…………………………………………144
一、地理分布情况分析…………………………………………………144
二、孤儿基本情况分析…………………………………………………144
第三节 孤儿需要及其生活津贴需求分析……………………………147
一、集中供养孤儿需要及其生活津贴标准需求分析…………………147
二、社会散居供养孤儿需要及其生活津贴标准需求分析……………156
第四节 孤儿需要及其生活津贴需求调研结果汇总分析……………158

第十二章 补缺型儿童福利制度影响因素分析

第一节 影响因素的理论分析…………………………………………160
第二节 相关假定与理论推导…………………………………………162
一、相关假定……………………………………………………………163
二、理论推导……………………………………………………………163
第三节 实证分析………………………………………………………176

一、变量的选取与数据的获得 177
　　二、相关和回归分析 177
　　三、结论 182

第三篇　我国适度普惠型儿童福利体系建构与保障机制

第十三章　我国适度普惠型儿童福利内容体系建设

第一节　不同发展阶段儿童福利政策体系构建 185
　　一、2014 年到 2020 年期间建议实施的儿童福利政策 185
　　二、2021 年到 2050 年的儿童福利内容体系 190
　　三、已可重点推出的儿童福利项目列表 195
　　四、已可重点实施的儿童福利项目建议 196

第二节　我国完善儿童福利内容体系的保障措施 206
　　一、转变我国儿童福利制度类型：从补缺转向适度普惠 206
　　二、构建多元主体的供给模式 207
　　三、专列成项的财政支持和政府购买服务的运作机制 207
　　四、引入福利经纪人制度，提供协调与传递 208

第十四章　适度普惠型儿童福利标准适度性分析

第一节　孤儿生活津贴标准适度性的判断标准及思路 209
第二节　孤儿生活津贴标准适度性的价值维度分析 209
　　一、孤儿生活津贴标准的高标准线和低标准线 210
　　二、孤儿生活津贴标准的理论测算 210
　　三、孤儿生活津贴实际标准与理论标准的差距 219

第三节　孤儿生活津贴标准适度性的时间维度分析 220
　　一、孤儿生活津贴发展系数研究 220
　　二、孤儿生活津贴与物价增长系数研究 222
　　三、孤儿生活津贴标准（均值）适度区间的预测 225

第四节　孤儿生活津贴标准适度性的公平维度分析 228

一、与各地区城乡居民消费水平适度性分析 228
　　二、与各地区城乡平均低保标准适度性分析 231
　　三、孤儿生活津贴标准适度性公平维度的综合分析 235
第五节　孤儿生活津贴标准适度性的地域维度分析 236
　　一、标准分模型 236
　　二、孤儿生活津贴标准值和国内生产总值标准值分析 236
　　三、孤儿生活津贴标准适度性地域维度的综合分析 239
第六节　我国孤儿生活津贴标准计发办法的探索 241
　　一、根据GDP的增长速度制定孤儿生活津贴的适度标准 241
　　二、根据物价的增长速度制定孤儿生活津贴的适度标准 245
　　三、研究结论 249

第十五章　城乡儿童福利一体化指标构建及测量

第一节　研究评述 251
　　一、整体制度 251
　　二、具体项目 251
第二节　儿童福利城乡一体化指标体系构建 252
　　一、指标体系构建方法 252
　　二、指标体系 256
　　三、指标权重设置及综合指标计算 257
第三节　城乡儿童福利一体化指标测算及分析 258
　　一、数据来源 258
　　二、数据汇总 258
　　三、测算结果及分析 259
　　四、结论与建议 260

第十六章　适度普惠型儿童福利管理运行制度建设

第一节　儿童福利管理运行制度改革必要性 261
　　一、福利制度对儿童的帮助与提升 261
　　二、提供"支持儿童"政策的必要性 261
　　三、国外政府支持儿童政策的启示 262

第二节 儿童福利管理运行制度完善 263
    一、我国现行"支持儿童"系统存在的主要问题 263
    二、完善政府支持儿童系统的政策建议 263

参考文献

国外文献 265
    著作和论文集 265
    期刊论文 266
    电子文献 267
国内文献 267
    著作和论文集 267
    学位论文类 268
    期刊论文 268
    电子文献 269

后 记

第一篇

绪 论

第一章

第一章　问题的提出

儿童是家庭的瑰宝，民族的希望，社会的未来，是人类最宝贵的财富[1]。尊重儿童权利，发展儿童福利，为一切儿童谋求幸福，不仅是建设适度普惠型儿童福利制度的需要，也是提高儿童生活质量的需要。

联合国1989年通过的《儿童权利公约》指出："一切儿童，不因任何原因而有任何差别，均平等地享有固有的生命权、存活与发展的权利、自由言论的权利、免受伤害的权利、接受教育的权利以及参与社会生活的权利等。"[2]《儿童权利公约》的签署，宣示了儿童所享有的各项权利，充分展示了对基本人权和人格尊严与价值信念的确认。把儿童视作独立的人权主体，使儿童具有与成年人同等的价值，这是世界人权事业的重要进步[3]。

中国于1991年12月29日批准加入《儿童权利公约》，并先后实施《九十年代中国儿童发展规划纲要》《中国儿童发展纲要（2001－2010年）》和《中国儿童发展纲要（2011－2020年）》。二十多年来，我国儿童权益保障取得显著成效，儿童基本的生命权和存活权大大改善。截至2010年，农村孕产妇住院分娩率达97.8%，婴儿、5岁以下儿童死亡率分别从1991年的50.2‰和61‰下降到13.1‰和16.4‰，5岁以下儿童中重度营养不良患病率比2000年下降49.8%，新生儿疾病筛查覆盖率达到57%，纳入国家免疫规划的疫苗接种率达到90%以上[4]。儿童受教育的权利也得到广泛发展，学前教育毛入园（班）率从2000年的35.0%上升到56.6%，小学学龄儿童净入学率达到99.7%，初中阶段和高中阶段毛入学率分别达到100%和82.5%[5]。与此同时，我国还加强对残疾儿童、受艾滋病影响儿童的保护，开展对贫困儿童、孤儿、流浪儿童的社会救助，儿童福利境况得到明显改善。

但我们必须看到，相对于联合国《儿童权利公约》所载列的各项权利，我国儿童所获得的社会福利无论在范围的广度上还是对象的广泛性上均显不足，不少儿童依然处于社会福利制度保障的边缘。突出表现在补缺型儿童福利制度主要关注特殊儿童的生存与

---

[1] 刘继同.国家责任与儿童福利——中国儿童健康与儿童福利政策研究[M].北京：中国社会出版社，2010：35.
[2] 资料来源：http://baike.baidu.com/link?url=WFBbUNcH0dnFYHTfJfubcU7ADjkKv_mPR-QSFmaKhjFMS-pOtUREsh6Kg6tUzWCx.
[3] 周尚君.儿童人权：中国与世界——中国实施《儿童权利公约》20周年——儿童人权的中国语境[J].青少年犯罪问题，2012，（5）：4-8.
[4] 戴建兵.我国适度普惠型儿童社会福利制度建设研究[D].上海：华东师范大学，2015.
[5] 新华社.授权发布:中国儿童发展纲要（2011－2020年）[EB/OL].2011-08-08,http://news.xinhuanet.com/edu/2011-08/08/c_121830087.htm.

发展，结果大部分普通儿童的发展被排除在社会福利之外。不仅如此，即使是制度内儿童所享有的福利也不是完全和充分的。根据中国社科院、国务院妇儿工委的联合统计，我国18岁以下生活在低保标准以内的儿童有700多万人[1]。北京师范大学曾统计过陕西等5省的18岁以下贫困儿童，据推算，全国农村贫困儿童有900万上下[2]。残疾儿童享受教育福利的状况也不容乐观。2006年，我国0-17岁各类残疾儿童共计504.3万，截至2010年底，依然有14.5万名适龄残疾儿童辍学[3]。联合国儿童基金会相关研究估计，2010年底约有49.6万~89.4万中国儿童受艾滋病影响，其中2万~2.7万儿童因艾滋病失去父母。根据2013年全国妇联公布的《我国农村留守儿童、城乡流动儿童状况研究报告》，我国目前农村留守儿童超过6000万，其中38.37%为5岁以下的幼童，约为2342万[4]，这些儿童没有得到很好的福利。我国目前真正算得上普惠型的儿童福利主要是免费疫苗接种、九年免费义务教育、孤儿生活津贴、艾滋病感染儿童生活津贴等。但一些津贴制度，如残障儿童的生活津贴、贫困儿童生活津贴、单亲家庭儿童生活津贴等，这些需立即建立起来的津贴制度没有在全国范围内得以建立。即使是学生营养改善计划，也主要是针对农村贫困儿童，而不是所有儿童。我国至今未建立起家庭津贴制度。在国际上，英国1945年就建立了家庭津贴制度，法国有几十种儿童津贴和补贴制度，瑞典被称为"福利国家的橱窗"，国家建立了一系列的儿童津贴和补贴措施，美国建立了17种没有身份背景限制的儿童福利项目，日本建立了广泛的家庭津贴和儿童抚育津贴。相对而言，我国儿童所享有的社会福利项目少、标准低、覆盖范围窄。

  2010年，中国国内生产总值达到40.12万亿元，超过日本，成为仅次于美国的世界第二大经济体，我国已经具备建立适度普惠型儿童福利制度的经济和社会条件[5]。2010年，民政部提出我国社会福利制度应由补缺向适度普惠转变；同年，民政部实施了第一项普惠式儿童福利——孤儿津贴，标志着中国社会福利元年的到来，也标志着中国儿童福利元年的到来[6]。2013年，民政部提出开展适度普惠型儿童福利制度的试点工作，提出四个试点地区，即江苏昆山、浙江海宁、河南洛宁和广东深圳。2014年，民政部公布第二批试点地区，将试点地区扩大到46个市（县或区）。46个地区为：北京市房山

---

[1] 中国经济导报.我国儿童福利水平落后于经济发展[EB/OL].2012-06-05,http://www.ceh.com.cn/jryw/116385.shtml.
[2] 小青.2012中国儿童福利政策报告6月1日发布[EB/OL].2012-06-05,http://epaper.jzrb.com/html/2012-06/05/content_118552.htm.
[3] 中国残疾人联合会.2010年中国残疾人事业发展统计公报[EB/OL]. 2011-03-05,http://www.cdpf.org.cn/2008old/wxzx/content/2011-03/15/content_30326506.htm.
[4] 中华全国妇女联合会.我国农村留守儿童、城乡流动儿童状况研究报告[EB/OL].2013-5-14, http://www.women.org.cn/allnews/02/3906.html.
[5] 戴建兵.我国适度普惠型儿童社会福利制度建设研究[D].上海：华东师范大学，2015.
[6] 刘继同.中国儿童福利时代的战略构想[J].学海，2012(2): 50-58.

区、天津市东丽区、河北省三河市、山西省闻喜县、朔州市平鲁区、内蒙古自治区鄂尔多斯市、辽宁省盘锦市、吉林省长春市、白山市、黑龙江省大庆市、上海市徐汇区、江苏省盐城市、张家港市、海门市、浙江省绍兴市、江山市、温州市、安徽省池州市、利辛县、福建省邵武市、江西省修水县、樟树市、山东省济宁市、荣成市、河南省漯河市、林州市、巩义市、湖北省老河口市、湖南省长沙市雨花区、望城区、临澧县、通道县、广东省佛山市三水区、广西壮族自治区平南县、海南省琼海市、重庆市永川区、四川省攀枝花市、贵州省大方县、云南省沾益县、西藏自治区拉萨市城关区、陕西省兴平市、甘肃省积石山县、青海省海东市乐都区、贵南县、宁夏回族自治区石嘴山市大武口区、新疆维吾尔自治区伊宁县[1]。这些试点地区涉及全国 31 个省（自治区、直辖市），基本上形成覆盖全国各地的适度普惠型儿童福利制度试点地区，充分表明民政部实施适度普惠型儿童福利制度的决心。

因此，重构儿童福利制度，建立起把儿童福利从少数特殊儿童享有扩展到普通儿童也可以享有，儿童福利项目从少数几项扩展到多层次的适度普惠型儿童福利制度的时机已经成熟。

而且，我们必须看到，重构儿童福利制度，建立适度普惠型儿童福利制度不仅是实现联合国儿童权利发展的需要，也是适应我国人口结构变化的需要。著名人口专家蔡昉指出："中国人口红利消失的拐点已在 2012 年出现"。[2]随着我国总和生育率持续下降，老龄化、少子化、高抚养比将是中国未来社会人口结构的主要特征。2012 年，中国 0－14 岁儿童总数 22287 万人，占总人口比重的 16.5%[3]，相比 1982 年（儿童占总人口比重高达 33%），三十年间，中国 0－14 岁儿童的比例下降了约 17 个百分点。与此同时，中国的老龄化加速发展，2012 年，我国 60 岁及以上老年人口数量达到 1.94 亿，老龄化水平达到 14.3%。

据预测，到 2051 年，中国老年人口规模将达到峰值 4.37 亿，约为 0－14 岁儿童人数的 2 倍[4]。2012 年，中国劳动人口出现首次下降，少儿抚养比自 1982 年来首次上升[5]。我国人口结构变化表明：我们必须更加重视儿童的素质和质量，增加儿童福利。

---

[1] http://www.mca.gov.cn/article/zwgk/fvfg/shflhshsw/201404/20140400627373.shtml. 社会福利和慈善事业促进司.民政部关于进一步开展适度普惠型儿童福利制度建设试点工作的通知. 2014-04-28.
[2] 人民日报.蔡昉：人口红利拐点已现[EB/OL].2013-01-28,http://finance.sina.com.cn/review/hgds/20130128/040514418515.shtml.
[3] 中国经济网.中华人民共和国 2012 年国民经济和社会发展统计公报[EB/OL].2013-02-23, http://news.xinhuanet.com/politics/2013-02/23/c_114772758.htm.
[4] 转自中国社会科学院报.2051年中国老年人口规模将达到4.37亿人[EB/OL].2009-03-31, http://sspress.cass.cn/news/738.htm.
[5] 北京晚报.少儿抚养比1982年来首次上升[EB/OL].2013-02-22, http://bjwb.bjd.com.cn/html/2013-02/22/content_50307.htm.

不仅如此，儿童在人类社会发展和国家经济社会建设中具有重要作用。在未来，儿童是中国发展最重要、最宝贵，同时又是最稀缺的资源[1]。研究表明，儿童早期的健康和教育投入会增加未来劳动者的人力资本存量，会在未来以经济附加值的方式回馈社会发展。据估算，投资在儿童健康上的每1美元会获得7倍的回报，投资在学前教育上的每1美元更能换取17.07美元的回报[2]。因此，从某种意义上讲，儿童福利就是一项国家投资；儿童优先，是一项国家战略[3]。所以，从一种更具远见卓识的意义上讲，勇敢地承担国家责任，全面践行联合国《儿童权利公约》，立即建立起适度普惠的儿童福利制度具有国家战略意义。

---

[1] 尚晓援.儿童福利发展瓶颈及其突破[J].人民论坛，2011（29）：150-151.
[2] 转自宋文珍.加快建立适度普惠型的儿童福利制度[J].中国妇运，2013（6）：35-37.
[3] 北京师范大学壹基金公益研究院儿童福利研究中心.中国儿童福利政策报告(2012)[R].北京：北京师范大学，2012：12.

第二章 儿童福利文献综述[1]

第一节 国外研究综述

在西方国家,早期儿童保护的重点是失去父母的孤儿和被遗弃的儿童,随着工业化和福利国家的发展,国家干预逐渐深入家庭内部。二战后,父母健在的儿童也受国家保护,即被虐待和忽视的儿童得到家庭外的替代性养护。因此,儿童保护的对象不仅仅是孤儿,还包括其他受到虐待和忽视的儿童。如果父母在养育子女的过程中,不能达到社会接受的标准,他们的监护权可能被剥夺,国家可以对这些儿童重新做出安排,寄养到其他家庭。因此,以下从儿童与贫困研究、儿童保护研究、替代性养护研究等方面对国外文献进行梳理和总结。

一、关于儿童与贫困的研究

(一) 关于孤儿生活中存在的困难研究

国外学者对孤儿生活中存在的困难进行了研究,指出孤儿在生活中存在许多困难。Ainsworth et al(2005)认为,孤儿不容易进入学校、有较高的贫困风险、身体素质比正常孩子差。Saluter(2009)认为,有智力障碍、身体残疾或者慢性疾病的儿童经常会遭到排斥和孤立,经常缺少玩伴,也缺乏良好的心情,一般的儿童需要不能满足他们,必须给予他们特殊的关注[2]。联合国艾滋病组织 UNAIDS(2010)指出,在南非成人艾滋病毒感染率高达 13%~16%,导致许多儿童失去父母成为孤儿[3]。人口与健康调查组织(DHS,2011)认为,艾滋病毒导致部分儿童失去父母,不满 15 岁的孤儿约占全体儿童总数的 15%~25%[4],人们应加强对艾滋孤儿群体福利的关注。Rachel E. Goldberg & Susan E. Short(2012)认为,孤儿处于弱势地位是因为孤儿家庭贫困、缺乏爱和亲属的联系以及正确的观念与规范的环境。其中贫困、亲属关系和社区规范等社会嵌入过程因

---

[1] 本章部分来自王建云.我国孤儿生活津贴标准适度性研究[D].上海:华东师范大学,2014.
[2] Saluter, A. F. Singleness in America [A]. In U.S. Department of Commerce, Bureau of the Census, Studies in Marriage and Family, Current Population Reports (Special Studies Series) [C]. Washington, DC: U S. Government Printing Office,2009,23:162.
[3] UNAIDS. 2010 UNAIDS Report on the Global AIDS Epidemic [EB/OL].http://www.unaids.org/en/media/unaids/contentassets/documents/unaidspublication,2010-11-23/2013-6-24.
[4] Demographic and Health Surveys (DHS). Compilation by authors of statistics from most recent DHS final reports [EB/OL].
http://www.measuredhs/onlinefiles/uploads/ubos/UDHS/UDHS2011.pdf,2011-10/2013-6-24.

素是导致孤儿社会地位低下的主要原因[1]。

（二）关于单亲家庭儿童生活现状研究

Garfinkel（1982）发现，瑞典的单身母亲和孩子的生活水平往往会降低到离婚前的 2/3 左右，不能满足孩子的基本生活需要[2]。Brown（2008）认为，单亲家庭儿童由于缺少父母的关爱，会变得孤僻，失去双亲的孩子则会变得更加冷漠。因此，要给孤儿或者单亲家庭的儿童提供家庭服务[3]。Elizabeth W. Kimani-Murag（2010）探讨了肯尼亚首都内罗毕城市孤儿和贫民窟中儿童的生活状态，特别是营养状况和粮食安全状况，认为孤儿更容易受粮食安全性的威胁，存在营养不良的情况。在这些孤儿中，最弱势的孤儿群体是失去父亲的孤儿和男性孤儿，因为他们的社会经济地位最低[4]。Kevin J. A. Thomas（2012）通过对 2002 年卢旺达地区父母去世后孤儿迁移情况进行的调查，得出结论：孤儿迁移后的生活待遇水平会有所下降。

（三）关于贫困儿童生活现状研究

Cohen（1987）认为，家庭生活是最美好的，也是公民最期望的一种幸福，儿童不能因为家庭贫穷而失去享有此种幸福的权利，应当为贫困家庭提供儿童福利服务[5]。Wisdom（1987）认为，应该发展一项儿童福利计划，专门向由于残疾或父母失业等原因而失去经济支持的儿童发放现金与食物补助[6]。Ozawa（2003）认为，向贫困儿童实施儿童福利主要基于两个原因：一是因为收入安全是公平的重要内容；二是因为儿童福利是收入再分配的有效手段[7]。美国财政委员会的数据显示：2007 年，美国大约有 125 万儿童生活在贫困线之下。生活贫困与儿童发展有密切关系，Stone（2007）指出，社会条件（如富裕或贫穷）将会对儿童发展起到深远的影响[8]。

---

[1] Rachel E. Goldberg, Susan E. Short .The Luggage that isn't Theirs is Too Heavy: Understandings of Orphan Disadvantage in Lesotho[J]. Popul Res Policy Rev, 2012, (31):67–83.

[2] Garfinkel. I. Sweden's child support system: Lessons for the United States [J]. Social Work, 1982, 27,(6):509-515.

[3] Brown. G. E. Seeking a national consensus [J]. Public Welfare, 2008(45):12-17.

[4] Elizabeth W .Kimani Murage, Food Security and Nutritional Outcomes among Urban Poor Orphans in Nairobi[J] ,Kenya Journal of Urban Health: Bulletin of the New York Academy of edicine,2010(88):282.

[5] Cohen, D.J. Federal day care standards: Rationale and recommendations [M]. New York: National Association of Social Workers, 1987:57.

[6] Wisdom, W I C. New York Times, 1987(10):26.

[7] Ozawa, M.N. The 2002 amendments to the social security act: The issue of intergenerational equity [J]. Social Work, 2003 (2):131-137.

[8] Stone, L.M. Effects of maternal employment on children: Evidence from research [J]. Child Development, 2007, (4):31.

二、关于儿童保护的研究

　　Goldstein（1979）认为，在一个离婚的家庭中，儿童的真实意愿难以由父亲或母亲单方正确地表述。因此，对离婚家庭的儿童可以由政府为其委派一个法律代表人，以便儿童能够获得应有的社会权利[1]。Davidon & Gerlach（1979）认为，监护人至少要扮演好三个方面的角色：儿童信息了解的受调查者、儿童权益的提倡者、法庭上儿童适当的劝告和建议者[2]。但也有学者认为美国的儿童监护制度不完善，Polier（1994）认为，在美国，父母对儿童的权利是绝对的，儿童福利制度在保护儿童免受虐待和忽视的过程中，一直扮演着一个弱小的角色[3]。Straus & Gelles（2007）认为，在美国，每1000名儿童中就有19名儿童曾被虐待或忽视，儿童遭受虐待与他们未来犯罪呈正相关的关系，由青少年未来犯罪所带来的非直接社会成本远远高于预防儿童受虐待的成本[4]。

　　英国救助儿童会（2003）认为，儿童保护是为防止儿童受虐待或受到不良待遇而采取的行动和应有的责任。Freymond & Cameron（2006）认为，儿童和家庭福利制度分为分立制度和嵌入制度两类。分立制度是指政府建立专门针对儿童的福利制度，对弱势儿童提供保护。嵌入制度是指儿童和家庭福利被包括在多种不同的社会福利制度中，如住房政策、社会救助政策、医疗服务制度中有专门针对孤儿的福利规定[5]。Carrol & Haase（2008）认为，儿童保护的任务主要有两个方面：一是调查儿童受虐待情况；另一个是调节父母与儿童的关系。他们将儿童保护服务的特性定为三个方面：儿童保护服务具有强制性；儿童保护服务增加了社会服务机构的责任；儿童保护服务要掌握好尺度。儿童保护存在的最大问题就是对儿童虐待没有一个准确的度量标准。他还认为，如果社会能够建立一个对儿童照顾的最低标准，则儿童保护的界限就会变得更加清晰[6]。Susan Whitelaw Downs & Ernestine Moore（2008）认为，对儿童提供保护，应做到以下几点：正确评估儿童生活中的潜在风险，并能用联邦或者州法律来保护儿童免受伤害；当儿童

---

[1] Goldstein. B. Children and work. A study of socialization [M]. New York: Free Press,1979.

[2] Davidson. H. A, Gerlach. K. Child custody disputes: The child's perspective [A]. In R.M. Horowitz & H. A. Davidson (Eds.), Legal rights of children. Colorado Springs [C]. Shepard's /McGraw-Hill,1984: 232-261.

[3] Polier. J. W. A view from the bench [M]. New York: National Council on Crime and Delinquency, 1994.

[4] Straus. M, Gelles. R. The costs of family violence[J]. Public Health Reports, 2007,102(6):640.

[5] Freymond. N, Cameron, G. Towards positive systems of child and family welfare: International comparisons of child protection, family service, and community care models [M]. Toronto, On: University of Toronto Press,2006.

[6] Carroll. C. A, Haase. C. C. The function of protective services in child abuse and neglect [A]. In R. E. Helfer & R.S. Kempe(Eds.),The battered child(4th ed) [C]. Chicago: University of Chicago Press,2008:159.

受到暴力、虐待、忽视和遗弃而不能在原有家庭中生活时，应为儿童寻找一个安全、稳定和幸福的替代性环境；应关注儿童发展中的需要，增加家庭对儿童的照顾能力；应以家庭成员的身份介入到家庭对儿童的决策之中；要有能力对儿童福利机构和其他相关机构对儿童及其家庭所提供的服务进行甄别与确定[1]。

三、关于替代性养护的研究

（一）关于院内照护的研究

David Maunders（1994）基于针对在儿童养护院度过童年生活的美国人、加拿大人和澳大利亚人的采访得出，儿童养护院的管理千篇一律，多是惩戒与体罚，儿童受到严密的监视，过着一种僵化、呆板的甚至失去自由的生活；儿童照护人员多是帮孤儿做日常家务，很少对孤儿有爱和感情。因此，当孤儿走上社会时，很难进行正常的人际交往。建议未来的儿童保健工作者要对孤儿给予爱和感情支持，提高自己的技能[2]。

（二）关于家庭寄养的研究

Williams（1980）认为，儿童监护应基于以下五点原则：儿童有充分发展其能力的权利；父母作为儿童的自然监护人，有义务和责任照顾和保护儿童；儿童失去父母，或者父母对儿童的照顾标准小于社会最低照顾标准时，政府有权力和责任为儿童安排一个合理的替代照顾家庭；儿童照顾责任的转移是一种正当的法律程序；儿童的照顾人，必须要保护儿童的利益[3]。Jenkins & Norman（2002）认为只有当原生父母不再关注儿童的时候，这个过程才可以进行[4]。Beezley（2004）将寄养照顾服务的特征归纳为：亲生父母不能照顾儿童，由社会组织来提供照护；寄养照顾是一种独立于亲生父母的全天式服务；寄养照顾服务由公共组织或志愿者组织提供。寄养照顾服务要遵守六条基本准则：社会的第一责任是促使儿童生活在亲生父母身边；如果父母不能为儿童提供最基本的生活和安全保障，社会应该为儿童提供一个长久性的生活之家；不同的寄养方式——家庭寄养，儿童村和机构教养，三者的功能与侧重点不同；寄养服务的目标是实现家庭的融

---

[1] Susan Whitelaw Downs, Ernestine Moore. E. Child Welfare and Family Services: Policies and Practice (8th Eds.) [M]. Pearson Education, 2008:481.

[2] David Maunders. Awakening from the Dream: The Experience of Childhood in Protestant Orphan Homes in Australia, Canada, and the United States. Child & Youth Care Forum, Human Sciences Press, Inc. 1994, 23, (6):393.

[3] Williams. C. W. Guardianship: A minimally used resource for California's dependent children: A study in policy: 1895-1978. Unpublished doctoral dissertation. University of Southren California, Los Angeles, 1980.

[4] Jenkins. S, Norman. E. Filial Deprivation and Foster Care [M]. New York: Columbia University Press, 2002.

合或者为儿童寻找到另一个合适的家庭；寄养照顾人是寄养服务中不可或缺的一部分，需要具有长久性；对于寄养家庭和亲生父母家庭，儿童具有自我选择的权利[1]。

四、儿童福利效果实证研究

一切儿童福利的实现最终要依靠实施，国外对儿童福利政策的实施效果研究较多，主要有：

Amy等（2008）对美国的"儿童及家庭服务检查"项目（CFSR）进行介绍，论证了其在测量和评价儿童福利政策结果中的不足并给出建议。文章首先对以往有关儿童福利政策效果的研究进行回顾，发现以往研究主要将"儿童安全""家庭稳定度""儿童福利水平"作为衡量儿童福利政策效果的指标；而美国的CFSR主要运用"行政管理数据"对儿童服务的有效性进行测量以评价儿童福利的效果。作者指出，该项测量存在未抓住儿童福利核心、未考虑因素间的关联性、忽视州之间的差异性等问题，提出应丰富测量指标、考虑时间跨度、去除全国统一性标准以考虑地方差异性等建议[2]。Sarah等（2013）通过文献回顾建立起衡量联邦儿童福利效果测量体系的概念框架，并以此框架为指导分析有关建立"儿童福利效果评价体系"的讨论，提出未来的建议。作者在文献回顾的基础上构建了包括"内部表现测量""外部表现测量""机构管理测量"等在内的分析框架，通过运用该框架分析，指出已有指标体系未充分将灵活性、可衡量性、内外部表现等因素纳入，未来在测量儿童福利效果时应增加以上指标的权重[3]。

Katrin Križ等（2014）以Lipsky的"street-level bureaucracy"理论为借鉴，设计了针对基层儿童福利工作者对自身工作准则态度的调查，将美国、英国、挪威的儿童福利分为"儿童保护型"和"家庭服务型"。结果显示：美国是家庭为中心、安全为本；英国是儿童为中心、安全为本；挪威是儿童为中心、儿童福利为本；其中挪威服务人员对平等、安全和尊重的儿童环境关注度最高，且更坚持儿童为核心的福利原则[4]。

Anne等（1999）从已有研究认为，儿童福利会使儿童及其家庭产生依赖及行为偏离等负效用的观点，对接受福利与儿童成长的关系运用定量方式进行研究。文章以6~14岁儿童为研究对象，将认知力和行为偏差作为自变量，分情况对儿童福利的影响进行分析：首先，研究显示，黑人儿童比白人儿童的贫困率高三倍；其次，接受福利和救助的儿

---

[1] Beezley, P. Comprehensive family oriented therapy [A]. In R.E. Helfer, C. H. Kempe (Eds.) The battered child (2th Eds.) [C]. Chicago: University of Chicago Press, 2004.

[2] Amy D'Andrade, Kathy Lemon Osterling. Understanding and Measuring Child Welfare Outcomes[J]. Journal of Evidence - Based Social Work, 2008(5): 135-155.

[3] Sarah Carnochan, Mark Samples, Jennifer Lawson. The Context of Child Welfare Performance Measures[J]. Journal of Evidence-Based Social Work, 2013(10): 147-160.

[4] Katrin Križ, Marit Skivenes. Street-level policy aims of child welfare workers in England, Norway and the United States: An exploratory study[J], Children and Youth Services Review, 2014(2): 71–78.

童在自身成长上劣于未接受的儿童，长期接受福利的儿童表现出更糟糕的学习能力和行为偏差；再次，双亲家庭、母亲受教育水平等都会对接受福利的儿童产生正向影响；此外，父母对福利的态度和自我认知也会影响儿童及其家庭接受福利时间的长短。因此，文章认为儿童成长与接受福利的关系受到种族、家庭、社会经济等多种因素的影响[1]。

Theodore 等（2012）以周围家庭暴力对儿童成长的影响为研究内容，深入分析了澳大利亚、加拿大、美国的儿童福利对儿童周围暴力环境的应对及其效果。大量事实证明，目睹家庭内暴力现象的儿童，其心理及行为将受到负面影响，因此各国都采取相应措施：澳大利亚最高法院出台法案，保护儿童及女性免遭暴力；美国联邦调查局出台证据为本的安全计划，加强面向遭受暴力儿童的服务。但作者发现，已有的保护政策存在临时性等问题，建议加强暴力防御机构的合作，加强对儿童暴力的监管及政策效果的跟踪[2]。

五、儿童福利服务改进研究

儿童福利服务队伍是儿童福利实施效果的重要影响因素，Julie Farber 等（2010）从加强儿童福利机构人员素质、技能的角度研究儿童福利。文章回顾了在集体诉讼背景下争取加强儿童福利服务队伍的状况，设计问卷对增强儿童福利服务队伍的影响因素进行调查，领导者、立法及预算成为最重要的三个因素。提出通过加强招募筛选、培训、提高福利、监管等方式增强儿童福利机构人员素质[3]。

Roger（2008）以法律的视角研究儿童福利，其中第二章关注了家庭、机构与儿童福利间的关系，从界定法律、机构、国家等公共主体在提供儿童福利、保护儿童权利时与家庭的边界问题出发，回溯了法律在处理儿童责任边界时的做法及问题[4]。

不同种族儿童间的歧视现象仍然存在。Carly（2012）以此为视角，将"儿童领养歧视率"和"保护性监管率"作为调查维度，对美国各州进行调查，结果发现黑人越多的州越少将儿童纳入保护性监管中，其儿童歧视率更高。文章认为原因可能在于文化认同和中产阶级影响力方面[5]。

Thomlison 等（1987）具体介绍了加拿大儿童福利政策的框架及运行。文章首先探讨了加拿大联邦政府与儿童福利体系、社会服务间立法、经济支持的关系，其次介绍了加拿大联邦和州政府的儿童福利政策：家庭津贴、儿童退税减免、儿童住房优惠和统一

---

[1] Anne K. Driscoll, Kristin A. Moore. The Relationship of Welfare Receipt to Child Outcomes[J], Journal of Family and Economic Issues, 1999(20):85-113.

[2] Theodore P. Crossa, Ben Mathewsb, Lil Tonmyrc. Child welfare policy and practice on children's exposure to domestic violence[J], Child Abuse & Neglect, 2012(36):6-210.

[3] Julie Farber, Sara Munson. Strengthening the Child Welfare Workforce: Lessons from Litigation[J], Journal of Public Child Welfare, 2010(4):132–157.

[4] Roger J.R. Levesque. Child Maltreatment and the Law[M], Library of Congress，2008：17-32.

[5] Carly Hayden Foster. Race and Child Welfare Policy: State-Level Variations in Disproportionality[J], Race and Social Problems, 2012(4):93-101.

收入保障计划等；加拿大儿童福利遵循家庭第一、国家补充的原则，包括儿童服务、儿童收养、儿童监护等项目。目前加拿大儿童福利正朝普遍保障和统一标准的方向发展[1]。

六、儿童福利发展方向研究

对儿童福利未来发展趋势及改进上，已有研究从对象、理念、机构、责任等多角度进行探讨，包括：

Asher（2010）研究儿童福利的发展趋势和方向：由救助困难儿童向儿童幸福、福利转变。作者首先由衡量儿童福利的指标开始，因为随着社会结构的快速变化，儿童面临的社会、家庭环境发生极大变化，所以对衡量儿童状况的指标也有日渐增加的需求。因此，作者介绍了三种具有代表性的儿童福利指标理论：儿童发展生态理论、儿童平等权利理论、"新"儿童社会理论[2]。

Linda（2012）以儿童机构的视角研究未来儿童福利的方向，儿童机构要实现儿童健康及全面发展，需完善政策、汇集多方力量、加大财政支持等[3]。Sandra（1992）对儿童福利的责任问题进行探讨，从新的视角提出应加强儿童福利专业人员的作用，而非一味强调政府、机构的责任。文章首先呈现了儿童寄养福利中的不连续性、无计划性，后分析了法律监管、限制专案工作的局限性；而后，对儿童福利的责任进行再思考，认为今后专业队伍责任的落实，儿童福利工作的系统化是关键[4]。

综上所述，亟需国家建立儿童福利体系，对孤残贫困儿童的生活进行补助，以满足这一群体生存和发展的需要。替代性养护对象中有亲生父母的正常儿童居多，其中既包括丧失父母的孤儿，也包括由于各种原因父母无力或不愿对其进行抚养，经过一段时间的机构照顾，返回到原来家庭的儿童。

第二节 国内研究综述

我国关于儿童福利的研究开始时间虽然相对较晚，但发展迅速，国内学者的研究主要涉及到孤儿现状、孤儿福利的政府责任、孤儿抚养津贴、孤儿福利服务模式、孤儿福利社会化问题和适度普惠型儿童福利等内容。

---

[1] Ray J. Thomlison, M.S.W., D.S.W., Catherine E. Foote. Child Welfare in Canada[J], Child and Adolescent Social Work, 1987(4):123-143.

[2] Asher Ben-Arieh. From ChildWelfare to Children Well-Being:The Child Indicators Perspective[J], Indicators and Research, 2010(1):9-23.

[3] Linda Mitchell , Randi Walters, Miranda Lynch Thomas. The Children's Bureau's Vision for the Future of Child Welfare[J], Journal of Public Child Welfare, 2012(6):550-568.

[4] Sandra Stehno O'Donnell. Re-Thinking Accountability in Child Welfare[J], Child and Adolescent Social Work Journal, 1992(9):261-270.

一、关于儿童福利的概念研究

由于经济条件、人口状况、社会保障发展阶段等国情的限制，中国儿童福利制度在覆盖人群、福利水平、责任主体等方面都存在自身的特殊性。因此，学界对中国儿童福利有狭义和广义之分。对狭义儿童福利的界定有：成海军（2013）认为，狭义的儿童福利是指特定形态的机构向孤儿、处于不幸境地的儿童等特殊儿童群体提供的救助、矫治、扶助等特定服务[1]；杨生勇等（2006）认为，狭义的儿童福利是指政府和社会为有特殊需要的儿童及其家庭提供的各种支持、保护和补偿性服务[2]。本书将狭义儿童福利界定为：政府、社会为特殊儿童群体及其家庭提供的经济、服务、政策支持等各种福利政策。

相对于狭义概念，广义的儿童福利在对象、内容、方式等方面涵盖更广。正如1959年出版的联合国《儿童权利宣言》所说："凡是以促进儿童身心健全发展与正常生活为目的的各种努力、事业及制度等均称之为儿童福利。"[3]学界对广义儿童福利的定义有：陆士桢等（2003）将其界定为面向所有家庭和儿童的制度化的福利制度的总和[4]，认为广义的儿童福利指一切可以影响儿童福利的各项活动和政策、立法和规范，如卫生、教育、国防活动等；徐月宾（2001）将其界定为政府或社会针对全体儿童的普遍需求，为促进儿童生理、心理及社会潜能的最佳发展而提供的各种服务[5]。因此，广义的儿童福利可定义为政府和社会提供的所有旨在保障儿童基本生活并提高儿童福利水平的服务、资助、设施的总和。

二、儿童福利对象研究

理论上儿童福利的对象应包含孤儿、残疾儿童、贫困儿童、流浪儿童等特殊儿童群体和普通儿童群体在内的全体儿童，而目前我国儿童福利制度正处于由面向特殊儿童向覆盖全体儿童的过渡阶段，因此，关于不同儿童群体的研究较丰富，具体有：

留守儿童是我国人口高度流动的社会背景下出现的特殊儿童，也是学界广泛关注的特殊儿童之一。目前已有研究主要集中于留守儿童的心理、教育、情感等需求，如杨菊华等（2008）关注留守儿童与流动儿童及其他儿童在教育机会上的差异：运用全国普查数据对不同儿童的在学率进行统计分析，结果表明，留守儿童在学率高于流动儿童，同母亲留守的儿童教育机会改善，教育机会在性别间差异较大[6]。周宗奎（2007）[1]、赵峰

---

[1] 成海军. 制度转型与体系嬗变：中国普惠型儿童福利制度的构建[J]，2013(2):79-82.
[2] 杨生勇，冯晓平. 中国儿童福利研究综述[J]，中国青年研究，2006(1):39-42.
[3] 来自《儿童权利宣言》P44
[4] 陆士桢，常晶晶. 简论儿童福利和儿童福利政策[J]，中国青年政治学院学报，2003(1):1-7.
[5] 徐月宾. 儿童福利服务的概念与实践[J]，论坛民政，2001(4): 17-22.
[6] 杨菊华，段成荣. 农村地区流动儿童、留守儿童和其他儿童教育机会比较研究[J]，人口研究，2008(1):11-20.

（2010）关注留守儿童的心理健康问题，采用调查问卷的方式进行结果分析，认为留守儿童在孤独感、焦虑、心理承受力和人际交往等方面存在明显的劣势，即留守儿童整体上心理健康程度较低[2]。而万国威（2012）则从"福利供应及效果"的角度以定量研究的方法实地考察了四川兴文县留守儿童福利供应状况。文章以问卷方式从生活、教育、健康三个方面调查了兴文县的留守儿童和非留守儿童，结果发现留守儿童的福利供给存在明显衰减，通过统计分析指出"核心家庭"[3]对留守儿童福利减少影响最大，且母亲外出对留守儿童影响最明显，国家在留守儿童福利供给中作用不太显著[4]。

流浪儿童强制"回家式"的救助方式[5]一直广受争议。程福财以流浪儿童为研究主体，将流浪儿童对救助机构的评价作为评估政策绩效的依据，一定程度上体现了儿童作为福利政策主体的权利和平等理念；同时该研究采用民族志的方法对49名街头流浪儿童进行无结构式访谈，获取了一手资料。郅玉玲（2011）以孤儿为研究主体，运用访谈、问卷、观察相结合的方法获得浙江省孤儿福利政策的第一手资料，主要从以下角度进行分析：首先，浙江省孤儿福利政策体系主要包括低保、医疗救助、教育福利等内容；其次，调查结果显示：浙江省孤儿福利机构存在人员工资较低、人力资本投资及奖惩制度初步建立、信息化较高等情况；再次，孤儿寄养的家庭多数为农村家庭，经济条件一般；最后，社会散居孤儿多由其祖父母抚养，经济状况较差。从调查结果中可以看出，浙江省存在孤儿福利政策统一性缺失、保障水平低、福利机构缺乏稳定经济来源的问题，建议出台统一政策、加强部门协调、完善机构建设及家庭寄养等[6]。

除具体到不同类别儿童的研究外，学者们还对特殊儿童整体的福利和保护状况进行了研究：孙莹（2004）以需求分析的视角研究特殊儿童的福利问题，在理论归纳的基础上总结各类特殊儿童规范性福利需求，提出应对这些需求的策略：首先，支持家庭的儿童照顾功能，分担父母责任；其次，向单亲、贫困等弱势家庭倾斜，为儿童营造良好的家庭环境；最后，加强学校、医院、民政部门等的儿童心理辅导功能[7]。马亚静（2014）从南京饿死女童案引出对我国困境家庭儿童的关注，指出我国儿童保护观念偏离，未将儿童视为独立权利主体，法律缺乏儿童视角，儿童福利制度亟待完善等问题。文章认为

---

[1] 周宗奎，孙晓军，范翠英. 农村留守儿童心理发展问题与对策[J]，华南师范大学学报(社会科学版)，2007(6):119-126.

[2] 赵峰. 农村留守儿童心理健康状况及教育对策[J]，首都师范大学学报(社会科学版)，2010(3):128-130.

[3] 核心家庭指由夫妻两人及其未婚子女两代人组成的家庭。

[4] 万国威，李珊. "留守儿童"福利供应的定量研究——基于四川省兴文县的实证调研[J]，中国青年研究，2012(12):43-50.

[5] 在我国流浪儿童的救助中，儿童被视为缺乏民事行为能力的个体，无论其意愿如何，一律将流浪儿童视作自愿接受救助，坚持实行"发现一个救助一个"的政策。

[6] 郅玉玲. 基于社会保障理论的孤残儿童福利研究[J]，人口与发展，2011(1):86-94.

[7] 孙莹. 我国特殊困难儿童的福利需求分析及其应有的干预策略[J]，青年研究，2004(1):8-15.

目前我国应从建立普惠型儿童福利、健全儿童立法和完善儿童保护实施机制上推进困境家庭儿童福利工作[1]。

三、儿童福利法制建设研究

法律法规是一切政策、制度的基础和保障，对于需要全社会共同关注的儿童更是如此；因此，儿童福利的法制建设尤为重要。

邓元媛（2012）从法制角度对日本和我国的儿童福利法制进行研究并提出了相关的建议。她概括了日本儿童福利制度的特点：第一，完善详尽的立法为儿童福利的执行提供有力的法律依据；第二，强调家庭为中心，社会多方参与的福利模式，日本强调家庭在儿童成长中的责任，同时政府、地方公共组织、企业共同分担；第三，随着经济发展，儿童福利转变为面向所有儿童的普惠型；第四，少子化背景下日本加强各类育儿支援的福利政策，儿童福利中育儿福利迅速发展。针对我国儿童福利法制缺失、缺少社会多元力量参与、儿童福利选择性过强而普惠性不足等问题,提出健全我国儿童福利法律体系、设立专门管理机构、促进多方力量参与、推进"普惠型"儿童福利建设等发展建议[2]。

刘继同（2010）系统梳理了1949年以来中国儿童福利立法与政策框架，对我国已有的儿童福利法律、政策、公约等进行层次划分，认为我国存在儿童福利法律框架与服务体系建设之间相互分隔的突出问题；指出儿童福利的法制建设应与社会转型、儿童需求等相同步，尽快出台儿童福利基本法[3]。成海军同样对我国儿童福利法律法规按制定部门的层级进行分类，认为中国儿童福利的法律具有应急性、不稳定性、法治化转型等特点和立法层次低、实践性差、零散化等不足，亟需出台《儿童福利法》，加强儿童福利法治建设[4]。

四、借鉴国外儿童福利经验[5]

西方发达国家在儿童福利方面发展早、体系完善、法制健全，因此，我国学者对国外儿童福利的研究较为丰富，主要有：

（一）国外儿童福利经验介绍

美国素有"儿童天堂"的美誉，儿童保障在美国受到极高重视。自1909年起，美

---

[1] 马亚静. 由"南京女童饿死案"透视我国困境家庭儿童的保护[J], 中国青年政治学院学报, 2014(3):38-42.
[2] 邓元媛. 日本儿童福利法律制度及其对我国的启示[J], 青年探索, 2012(3):80-84.
[3] 刘继同. 中国儿童福利立法与政策框架设计的主要问题、结构性特征[J], 中国青年研究, 2010(3):25-33.
[4] 成海军,陈晓丽. 中国儿童福利法治建设及其不足[J], 青少年犯罪问题, 2011(4):47-51.
[5] 王建云. 我国孤儿生活津贴标准适度性研究[D].上海：华东师范大学, 2014.

国政府召开了一系列有关儿童福利的会议，针对不同时期的儿童福利问题进行讨论并提出对策。如1909年，西奥多·罗斯福召开关于"依赖儿童"的会议，1919年，威尔逊在会议上确立"需要特别照顾儿童"的最低保护原则，1940年儿童会议的议题为"民主政治生活中的儿童"等。

薛在兴（2009）回顾了美国儿童福利制度的发展阶段，介绍美国儿童福利的总体框架，其福利内容可分为：经济补助、儿童营养、社会服务、教育培训、保健和住宅六大项，其中面向全体儿童的项目居多。根据儿童福利与家庭保障之间的关系可分为：协助家庭成员、密切家庭关系的支持性服务；填补父母职责缺失的补充性服务和取代监护人承担儿童抚养责任的替代性服务。薛在兴同时介绍了美国儿童福利中最具代表性的抚养未成年人家庭援助计划（AFDC）[1]的发展演变，从而指出美国儿童福利的发展趋势是提高受益要求，强调父母责任，摆脱福利依赖[2]。

李晓云（2013）介绍了英国儿童福利的主要项目及政策特点，对比我国的儿童福利问题提出建议。英国儿童福利主要包括儿童福利金、儿童信托基金、监护人津贴、儿童税收抵免、教育维持津贴。英国儿童福利具有立法完善、政府作为责任主体，面向全体儿童同时向贫困家庭倾斜、各种力量广泛参与、形成服务网等特点。李晓云认为我国目前儿童福利政策存在管理及立法分散，缺乏统一体系；资金来源不稳定；政府责任不明确，未形成社会多元参与的格局；覆盖面窄等问题。提出应树立儿童享有与成人平等权利的福利理念，强化政府的责任主体意识，逐步建立多层次、普遍性的儿童福利[3]。

邹明明（2010）从管理体制、儿童福利项目和福利立法三方面对日本儿童福利进行分析，介绍了日本儿童福利的管理体制：中央一级设儿童和家庭局，负责全国儿童福利事务；地方上都道府县各级政府都设立儿童福利理事会和儿童指导中心，负责儿童福利政策的执行。福利项目包括儿童津贴、单亲家庭儿童抚养津贴、障碍儿童保育政策等[4]。

（二）国外儿童福利制度对比

董小平（2011）从中美比较的角度研究儿童福利，主要从历史沿革、政策现状和发展趋势三方面对中美儿童福利进行对比。历史沿革方面，两国都经历了儿童福利从临时性、非制度性到制度化的过程，其中美国儿童福利发展较为稳定、迅速，儿童福利的立法更为全面，而我国的儿童福利经过停滞甚至倒退阶段，整体立法层次较低；政策现状上，美国面向儿童及其家庭的经济福利，包括收入补偿计划（AFDC）、食品券项目、"全国午餐计划（NSLP）"、住房补贴等，医疗福利包括婴儿、儿童及女性的医疗援助，教

---

[1] AFDC是美国政府在20世纪主导实施的一项公共援助计划，旨在为抚养未成年子女的贫困家庭提供现金补助。
[2] 薛在兴. 美国儿童福利——政策的最新变革与评价[J], 中国青年研究, 2009(2):16-21.
[3] 李晓云. 英国儿童福利政策分析及对我国的启发[J], 劳动保障世界, 2013(9):177-178.
[4] 邹明明. 日本的儿童福利制度[J], 社会福利, 2010(1):53-54.

育方面有公立幼儿园资助项目、教育券等。中国的儿童福利项目包括儿童救助、妇幼保健、义务教育、犯罪未成年人援助等，整体来看我国的儿童福利水平较低且与儿童救助的边界不清晰。发展趋势上，美国逐渐重视家庭在儿童保障中的核心作用，福利改革体现"回归家庭"的趋势，同时更加强调受保障家庭的工作义务，减少福利依赖。整体上，美国儿童福利开始转向注重家庭和个人作用的普遍覆盖型；而我国儿童福利中政府责任开始加强，逐渐向适度普惠型转变。通过比较，得出对我国的启示：扩大儿童福利覆盖面，设立专门管理机构及人员，细化福利项目，如建立单亲儿童、残疾儿童等的津贴制度[1]。

张晓霞（2003）认为发达国家在儿童福利方面都有较好的发展，但各国在儿童福利的覆盖面、项目内容和态度上存在差异。文章从收入支持、儿童照顾、医疗福利三个儿童福利的主要方面对美国、法国儿童福利的差异进行对比。首先，儿童照顾方面：美国主要的儿童照顾服务是公立幼儿园项目，由政府资助，减轻父母负担，但美国公立幼儿园为半日开放制，因此不能满足全日制工作的父母的需要；相对而言，法国在儿童照顾方面政策更全面：资助婴儿日托中心、儿童用品支出补贴、免费公立幼儿园政策、产假津贴等，为父母提供全方位支持。其次，收入支持方面，法国的儿童福利津贴政策十分丰富，涵盖新生儿津贴、住房津贴、单亲父母津贴、家庭津贴等，对象包括全体儿童及其家庭；美国也有完善的儿童收入支持政策，但区别在于美国倾向于特殊儿童、贫困儿童等弱势群体的资助，属补救型福利，包括：抚育未成年孩子的家庭援助计划、食品券项目、所得税信贷等。最后，医疗福利方面，法国为婴儿和孕妇提供预防性医疗服务 PMI，即由专门的医护人员上门问诊；美国政府主要针对贫困及无工作父母提供医疗补助项目，医疗保险未覆盖全部儿童[2]。

（三）国外儿童福利回顾总结

仇晓兰（2011）梳理了日本儿童福利的建立发展历程，从中总结出其儿童福利的经验及对我国的启示。在日本儿童福利的发展过程中，以下事件具有重要意义：首先，1947年《儿童福利法》的颁布，确立"国家责任""面向所有儿童""儿童权利保障"等儿童福利的理念和原则，标志着日本儿童福利的真正开始；其次，20世纪60年代起，《母子福利法》《儿童抚养津贴法》等一系列儿童福利法律的出台，将儿童福利上升到更核心的国家政策层面，儿童福利政策得到极大的充实和发展；第三，1994年，日本批准联合国《儿童福利公约》，儿童福利理念进一步转变：尊重儿童的权利、重视"家庭"为单位的儿童福利，福利理念转为帮助儿童自立的"自立支援"。由此，日本儿童福利经历了由补救型向普惠型、由家庭育儿到"社会育儿"、由"保护型"到"自立支援型"

---

[1] 董小苹,王丛彦. 中美儿童福利制度比较研究[J], 当代青年研究, 2011(7): 24-29.
[2] 张晓霞. 美法两国儿童福利制度的差异比较[J], 社会, 2003(6):46-49.

的转变，形成了成熟完善、适应社会发展的儿童福利制度[1]。王晓燕（2008）则将日本儿童福利历史回溯至公元初，具体划分为：萌芽时期，公元6世纪前后皇室开展的宗教性儿童救济；雏形时期，明治维新时代日本政府制定儿童救助准则、设立救助机构、开展儿童教育；二战后全面推进时期，儿童政策开始在全国实施；20世纪70年代的完善调整期及90年代后的变革时期。此外，王晓燕指出日本强调家庭责任、女性角色的儿童福利带来的性别不平等、女性就业受阻等问题，提出对我国儿童福利的启示：建立以家庭为核心的儿童福利政策，汇聚社会多元力量共同参与儿童福利，健全法律，逐步走向"普惠型"儿童福利[2]。

秦宝玉（2014）呈现了英国儿童福利制度的发展过程并总结其特点，分析我国儿童福利的现状及问题并提出对策。英国儿童福利制度始于19世纪，儿童福利的发展经历救济性、非独立人格到人性化、尊重儿童独立人格的过程。目前，英国拥有完善的儿童福利法律体系，涵盖儿童津贴、儿童信托基金、教育福利等项目。英国儿童福利制度的特点包括：首先，尊重并积极维护儿童权利的福利理念；其次，福利主体多元化，充分发挥管理机构、民间组织、专业人员等的优势；第三，福利朝着普遍型、全面型发展。目前，我国儿童福利存在的问题有：覆盖对象有限且福利水平不高，停留在"救助型"福利；财政支持不足、管理不统一；儿童福利社会化程度低等。对策建议有：明确政府主体责任的角色，改变补救型福利；推进儿童福利法制建设，明确部门分工；将社会多元力量纳入儿童福利供给体系，充实儿童福利资金来源[3]。

欧小满（2014）从发展变迁的视角归纳美国儿童福利的历程：从最初的自由放任、政府较少涉入家庭事务到20世纪后政府积极干预、儿童福利迅速扩张，再到20世纪80年代后福利理念转变、强调家庭重要性和维护亲子关系的适度干预型儿童福利。从中总结出美国儿童福利具有"永久性家庭"[4]为核心的福利理念和多层次保障的机制，并对我国儿童福利提出建议：第一，我国儿童群体异质化增强，留守儿童、服刑人员子女、单亲家庭儿童等群体大量出现，应扩大覆盖面，建立多层次的儿童保障；第二，明确政府主体责任，完善立法和增加资金支持；第三，确立"家庭核心"的儿童福利理念，加强预防性服务[5]。

---

[1] 仇晓兰. 日本儿童福利政策的发展变迁[J], 当代青年研究, 2011(7): 30-35.
[2] 王晓燕. 日本儿童福利政策的特色与发展变革[J], 中国青年研究, 2009(2):10-15.
[3] 秦宝玉, 杨宏. 英国儿童福利制度及启示[J], 人才资源开发, 2014(11):37-38.
[4] 指美国将家庭视为儿童获得最佳照料和成长的场所，以关注建立家庭优势、确保家庭福利为儿童福利的最佳途径；当儿童需要被安置在家庭以外时，政府将建立永久性的安置计划。
[5] 满小欧, 李月娥. 美国儿童福利政策变革与儿童保护制度——从"自由放任"到"回归家庭"[J], 国家行政学院学报, 2014(2):94-98.

（四）国外儿童福利归纳

姚伟和薛在兴总结了美国儿童福利的特点：

一是立法先行，法治不断完善。薛在兴认为美国儿童福利立法完善而全面，健全的法律有利于保证政策公正性、权威性和资金来源的可靠性；姚伟（2011）则关注美国儿童福利法律在现实问题中不断完善的趋势：覆盖范围不断扩大、政策更具针对性等[1]。

二是服务项目包罗万象。姚伟（2011）认为，美国儿童福利的一大特征是服务项目超过现金项目，面向儿童的服务涵盖心理辅导、父母教养能力训练、寄养服务、儿童照顾等，充分满足不同儿童的多样化需求[2]。

三是管理上采取政府分权制。政府与州政府在儿童福利上有明确的分工：联邦政府制定全国性政策法规，确立儿童福利的一般性原则，州政府根据本州情况进行具体规定和执行。

四是普惠性的发展方向。从工业化早期针对特殊儿童、低水平单一化的福利政策，到适应理念转变、社会需求增加，儿童保护和教养以作为国家责任而深入人心，美国儿童福利发展为覆盖全体儿童、内容广泛、促进儿童身心全面发展的政策。

五是儿童福利社会化。姚伟（2011）认为，多元主义的福利理念深深影响了美国儿童福利的实施：联邦政府与州政府在具体项目上分工合作，专业技术机构负责特殊服务提供，社会组织广泛参与，形成社会力量共同参与的社会化福利特征[3]。

王晓燕（2009）从总结日本儿童福利政策特色、回顾日本儿童福利发展史、分析其中存在的问题及对我国的启示四个方面进行研究。

日本儿童福利政策的特色有：第一，以"家庭"为中心的儿童福利。日本十分强调家庭对儿童成长、教育的重要性，认为"家庭是最高的学校"，同时西方国家福利病的教训也使日本更加强调家庭在儿童福利中的主体地位。第二，来自各级政府、社会组织、企业等多元化的福利供给。中央政府只负责政策的指导和监督，有地方政府具体提供儿童福利；同时作为社会责任的一部分，儿童福利也是企业福利待遇的一部分。第三，帮助儿童自立的福利理念。日本针对残疾、贫穷、心理障碍等各类儿童，都有相应的扶助方式，以最大程度恢复儿童自立能力[4]。

徐建中（2011）总结了英国儿童福利的主要特征：儿童立法健全且根据社会变化不断修订，满足儿童多样化需求；福利项目十分丰富，包括儿童津贴、家庭寄养、早期教育等；政府间分工明确，管理机构运行高效[5]。卢亦鲁（2001）在实地考察的基础上指出：英国政府承担主要责任，在法律制定、管理监督、协调社会各方力量上发挥主导作

---

[1] 姚伟,王宁. 当代美国儿童福利政策的特点[J]. 外国教育研究, 2011(5):62-65.
[2] 姚伟,王宁. 当代美国儿童福利政策的特点[J]. 外国教育研究, 2011(5):62-65.
[3] 姚伟,王宁. 当代美国儿童福利政策的特点[J]. 外国教育研究, 2011(5):62-65.
[4] 王晓燕. 日本儿童福利政策的特色与发展变革[J]. 中国青年研究, 2009(2):10-15.
[5] 徐建中,陈鲁南. 英国的儿童福利[J]. 社会福利, 2011(8):50-51.

用；民间组织广泛参与；儿童福利服务多样化、全方位等儿童福利的特点[1]。

五、福利效果研究

福利效果是儿童福利政策实现程度的核心反映，也是社会关注的重点。学界对儿童福利效果的研究多以特殊儿童群体为对象，包括：陈晨（2013）采用实地调查的方式，以特殊儿童群体——孤儿的心理需求为研究对象，对我国十省市儿童福利机构进行问卷调查。调查结果显示：女孩的心理状况较男孩差，低龄孤儿对情感关心需求高，大龄孤儿的社交需求强，整体上孤儿心理较乐观，但对回归家庭的渴求强烈。因此，儿童机构应坚持"儿童利益最大化"原则，提高对孤儿心理诉求的关注度[2]。胡安军（2013）将阿马蒂亚·森的能力理论[3]与模糊数学法[4]相结合，对贵州省毕节市留守儿童的福利状况进行调查计算。文章从生活照顾、教育状况、心理状况、健康状况等六个方面对留守儿童的福利水平进行调查，经过模糊数学法的计算，留守儿童在物质条件上有一定改善，但在教育、心理和亲情状况上明显下降。因此，国家和父母需从政策、教育体制、亲子关系上作出努力[5]。王振红（2013）则以局部均衡理论为理论基础，对比了儿童补贴对一般儿童和残疾儿童的效果，结果显示儿童补贴能够增加儿童及其家庭所获得的福利，能够优化残障儿童的医疗资源获取并减少抛弃残障儿童的现象。文章提出了实现儿童补贴政策的路径：逐步转为"普惠型"补贴，形成多力汇聚的模式，提高补贴水平，丰富补贴形式[6]。

陈云凡（2008）以比较发达国家儿童福利的财政支出规模为角度，以商品化程度[7]为依据，选取自由主义模式的美国、英国为代表国家，保守主义的德国、法国和社会民主主义的瑞典、挪威、丹麦以及东亚的日本、韩国，运用层级聚类法进行比较，结果显示，社会民主主义各国儿童支出占 GDP 的比重处于高层次，保守主义国家处中间层次，自由主义处中低层次，而东亚国家处于低层次，这与各国的福利体制与理念相对应。此外，社会民主主义国家在项目安排上侧重于实物、服务支持，集体主义倾向显著；而保守主义、自由主义和东亚国家则倾向于现金支持的个体主义。社会民主主义模式下儿童福利

---

[1] 卢亦鲁. 他山之石——赴英国儿童福利工作考察报告, 民政论坛, 2001(8):60-62.
[2] 陈晨. 我国孤儿心理需求状况调查——基于 10 省市儿童福利机构的调查数据分析[J], 中国特殊教育, 2013(11):8-13.
[3] "阿马蒂亚·森的能力"指一个人有可能实现的功能性活动的组合，表示人可支配的自由。
[4] "模糊数学法"是一种基于模糊数学的综合评标方法。该方法根据模糊数学的隶属度理论把定性评价转化为定量评价，即用模糊数学对受到多种因素制约的事物或对象做出一个总体的评价。
[5] 胡安军，王素君. 农村留守儿童福利水平影响因素的研究——以毕节试验区为例[J], 毕节学院学报, 2013(3):65-72.
[6] 王振红. "儿童补贴"的福利经济效应与实现路径[J], 中国青年研究, 2013(12):43-47.
[7] 来自艾斯平-安德森的理论，指个人必须依赖市场才能活动以满足生活需求的程度。

的保障效果最好[1]。

六、儿童福利改进研究

已有研究通过对我国儿童福利发展的回顾总结及现状分析，均从不同角度提出了对我国儿童福利未来发展的建议和展望。

覆盖人群上，学者基本认为应将覆盖对象由特殊儿童扩大到全体儿童，如成海军（2013）提出构建普惠型儿童福利的构想，认为我国存在"儿童优先"理念、经济可行条件和社会现实需求等三个普惠型儿童福利建立的条件，在此基础上提出我国构建普惠型儿童福利制度的实现路径：确定目标、受益人群细分、建立儿童福利津贴制度及行政管理体制[2]。曹艳春（2014）提出构建中国适度普惠型儿童福利的构想，创造性地运用SSM方法建立模型与现实的反复对比。在模型构建、实地调查等基础上导出中国适度普惠型儿童福利体系的基本框架，从而得出我国构建适度普惠型儿童福利的具体时间节点及相关制度保障[3]。

制度建设方面，刘继同（2012）从中国儿童福利时代的到来着眼，着力于宏观上设计并实现中国儿童福利制度框架。刘继同提出"国家"为本的儿童福利制度设想，对建立"国家儿童福利"的主客观条件及需要进行分析，解释"国家儿童福利"的含义、性质及部门设置。对于国家儿童福利的实施，认为关键在于中央政府的认识和决心，并提出具体实施的原则和步骤[4]。高华俊（2013）总结我国儿童福利制度民间化、专业化、理念成熟化等特点，认为我国在儿童津贴制度、保障范围、服务措施等方面取得了一系列成就；对今后的儿童福利发展，提出在巩固特殊儿童福利的同时应建立面向全体儿童的普惠福利的建议，并重点探索儿童家庭津贴制度的建立[5]。窦玉沛（2011）从儿童福利机构的发展变迁角度对我国儿童福利中心的转型及其意义进行总结，在向普惠型儿童福利的转型中机构应在完善收养机制、信息管理、理念优化等方面发挥更大作用[6]。刘继同（2002）从欧美国家已形成的四类儿童福利范式出发，介绍了社会救助模式、教养取向发展型儿童福利、社会保护型儿童福利和社会参与式整合型儿童福利。在借鉴四种类型并结合国情的基础上，提出"发展取向的参与型儿童福利模式"作为我国今后的发展方向。该模式的核心是以全体儿童的全面发展为核心目标，以社会广泛参与作为实现

---

[1] 陈云凡. OECD十国儿童福利财政支出制度安排比较分析[J], 欧洲研究, 2008(5): 96-108.
[2] 成海军. 制度转型与体系嬗变：中国普惠型儿童福利制度的构建[J], 2013(2):79-82.
[3] 曹艳春, 戴建兵. 基于SSM的我国适度普惠型儿童福利体系构建[J], 大连理工大学学报(社会科学版), 2014(4):101-107.
[4] 刘继同. 中国儿童福利时代的战略构想[J], 学海, 2012(2):50-58.
[5] 高华俊. 中国儿童福利的制度转型与政策设计[J], 社会福利, 2013(6):15-18.
[6] 窦玉沛. 儿童福利：从补缺型向适度普惠型转变[J], 社会福利, 2011(4): 6-7.

路径的儿童福利[1]。

还有学者从发现问题并改进的角度研究我国儿童福利。仇雨临（2009）从儿童福利政策、组织机构、儿童发展三个维度对我国儿童福利的现状进行呈现，并选取健康、教育、法律、生活环境四个角度呈现我国儿童发展情况。通过对现状的分析，指出存在以下问题：儿童福利立法层次低、可操作性低；多头管理，协调性差；未调动社会力量。提出应倡导普惠型、多元参与的儿童福利理念，拓宽政策视角、以儿童全面发展为目标，并加快立法，整合资源，加强监督[2]。张艳丽（2014）关注我国儿童福利机构的预算管理问题，分析我国儿童福利机构存在的预算管理理念淡薄、预算体系不健全、预算执行不力和监管缺乏等问题，提出应加强预算意识、完善预算体系并提高其科学性，严格预算执行[3]。

七、关于孤儿现状研究

（一）关于孤儿生活的研究

1. 关于孤儿产生原因的研究

杨生勇和徐晓军（2005）通过对武汉市郊农村孤儿的形成原因、监护状况和特点进行考察，发现：绝大部分的农村孤儿是由父亲因不可抗拒的原因（疾病、意外事故、车祸等）去世后，其寡母主动（自杀、改嫁、失踪等）放弃子女造成的。由于缺少劳动力，绝大部分农村孤儿所在家庭的经济状况处于穷困状态，其物质照顾并不太理想[4]。王飞鹏（2010）也发现父母一方死亡、另一方再婚是农村孤儿形成的主要原因，在农村存在很多父亲不在、母亲活着却让孩子成为"孤儿"的家庭[5]。尚晓援（2008）通过对北京市孤残儿童致残原因分析发现，孤儿大多来自外地的农村，且具有女童多于男童、残疾比例高的特点，认为孤儿产生原因包括非婚生、超生、来自问题家庭和艾滋病家庭等。

2. 关于孤儿物质生活状况的研究

田珂（2008）认为民政部门应对持有孤儿救助证的孤儿进行救助，每月发给孤儿一定的生活费，确保孤儿的生活水平不低于当地的平均水平；对有亲属抚养，经济上又确有困难的孤儿给予一定的生活补助。韩伟等（2010）调查秦皇岛市抚宁县和卢龙县的孤儿生活状况时发现：孤儿监护人半数以上都已经退休、下岗或者生活在农村，经济困难，尚需政府救济。在农村或者乡镇，孤儿主要由他们的祖父母进行照料，六七十岁老年人

---

[1] 刘继同. 儿童福利的四种典范与中国儿童福利政策模式的选择[J]. 青年研究, 2002(6):38-43.
[2] 仇雨临, 郝佳. 中国儿童福利的现状分析与对策思考[J]. 中国青年研究, 2009(2):26-31.
[3] 张艳丽. 浅析儿童福利机构预算管理存在的问题及解决对策[J]. 现代商业, 2014(4):202-203.
[4] 杨生勇,徐晓军.农村孤儿的成因及其现状分析——以武汉市郊李集镇、山坡镇义务教育阶段的孤儿为例[J].青年研究,2005,(6).
[5] 王飞鹏.农村孤儿的抚养模式与生活状况的实证分析——以山东烟台部分农村调查为例[J].中国青年研究,2010,(2):60.

照顾孙女或孙子的情况相当普遍[1]。郄玉玲（2011）进一步提出，制定全省统一的机构供养孤儿、社会散居孤儿最低养育标准；每名孤残儿童每月基本生活费补助不低于"低保"标准的2倍，机构供养孤儿基本生活费由省、市两级财政分担，社会散居孤儿基本生活费由省、市、县（区）三级财政分担；建立孤残儿童基本生活费增长机制，将基本生活费用水平与当地"低保"水平挂钩，同比例、同时间增长，确保孤儿基本生活水平不低于当地平均生活水平。

（二）关于儿童身心健康的研究

1. 关于孤儿情感和心理的研究

杨生勇和徐晓军（2005）认为，农村孤儿精神照顾方面较好，但是由于孤儿照顾主体是祖辈（孤儿的爷爷或奶奶）或叔伯，监护人年龄偏大，身体健康状况也逐渐下降，因此照护质量有所下降。王飞鹏（2007）也认为完全靠祖辈或叔伯抚养孩子存在诸多问题：一方面，这些亲属与孤儿的年龄相差较大，沟通方面有很大困难，他们对孩子的思想状况基本不关心，这对孩子的成长极为不利；另一方面，老人本身也存在养老问题，能解决自己的温饱已经不易，再扶养孙辈犹如雪上加霜[2]。许莉娅（2007）从儿童发展角度提出，统一的服务和集体管理院舍养护严重影响孤儿的情感需要、社会性成长及良好习惯的形成等。在院舍模式下，孩子们得不到亲情享受，家庭观念淡漠；封闭的环境与社会隔绝，不利于儿童健全人格的培养，无法顺利完成社会化[3]。田珂（2008）认为，在农村亲属关系比较密切的地区，农村孤儿主要由他们的祖父母、其他亲属等进行照料与代养；在亲属比较少的家庭中，少量的农村孤儿没有固定的照料者，单独居住。韩伟等（2010）通过对秦皇岛市孤儿调查，得出结论：少数孤儿由于承受了太多与年龄不相符的生活和精神压力，陷入极度自卑的深渊；因缺少沟通和抚慰，变得性格内向、情感压抑，甚至向自闭抑郁性发展。

2. 关于孤儿医疗保障的研究

王飞鹏（2007）认为，大病医疗难保障，多数孤儿的温饱没有问题，但孤儿的营养状况令人担忧，有的孤儿和同龄孩子相比个子偏低，得了重病会拖着不去治疗。虽然多数家庭参加了新型农村合作医疗制度，但由于报销条件有限制，未起到明显作用。郄玉玲（2011）调查浙江省孤儿状况发现：大多数孤儿已纳入城镇居民医疗保险和新型农村合作医疗体系。享受"三无"和"五保"补助的孤儿，省级财政按每人每年300元给予医疗补助。另外，"残疾孤儿手术康复明天计划"和"残疾人共享小康工程"有计划地

---

[1] 韩伟,罗利君,李珂.多元化孤儿救助模式研究[J].商品与质量,2010,(7):35.
[2] 王飞鹏.农村孤儿生活状态调查——以烟台部分农村为例[J].中国社会保障,2007,(10):70.
[3] 许莉娅.失依儿童福利院内家庭养护模式探索性研究——以北京市儿童福利院孤残儿童为例[J].中国青年政治学院学报,2007,(4):9.

稳步推进残疾孤儿手术康复，符合条件的社会散居孤儿均被纳入其中[1]。

（三）关于孤儿教育的研究

王飞鹏（2007）提出，祖辈抚养孤儿的经济来源大多来自子女或者低保金，只能保证孩子的温饱；即使很少的教育费用也是沉重的负担，有些小孩难免会被迫辍学；虽然部分孤儿由妇联牵线，得到企业和个人的资助，但是一旦失去资助，这些孩子就会再次辍学。田珂（2008）也认为，由于丧失了主要的赡养人，无力负担教育和医疗费用，不少农村孤儿被迫提前退学，外出流浪或者打工；对于留在学校中的孤儿，供养家庭为了筹措学费也往往负债累累。尚晓援（2008）认为当前孤儿教育问题没有得到解决的主要原因是：该政策在一些地区没有完全落实[2]。刘晓红和宋继芳（2008）认为，虽然国家一系列政策的出台让更多贫困孩子有了上学的机会，但仍有孤残儿童因为买不起必要的文具、交不起学杂费而辍学，其根本原因就在于孤儿救助物质基础缺乏。韩伟等（2010）对秦皇岛市孤儿调查结果同样显示：经济困难依然是影响孤儿正常就学的最大难题，这导致孤儿提前退学。郅玉玲（2011）调查发现，浙江省已对孤儿实行全日制义务教育和特殊教育，健康孤儿全部在全日制学校随班就读，义务教育阶段免除书费、学杂费等，在高中、高职就读的孤儿减免学费或按照一定比例减免学杂费，并广泛开展对脑瘫、弱智、聋哑等各类残疾儿童的特殊教育和康复工作。但是，大部分其他地区孤儿教育资金匮乏，亟需政府资助。杨瑛（2011）认为孤儿教育救助仍处于教育学界学术研究关注之外：一是从有关"教育救助"的专门研究来看，研究对象具有明显的排孤性；二是从有关"孤儿救助"的专门研究来看，研究主体主要是来自社会学、心理学、医学、人类学等领域的研究人员，而没有教育学领域的研究者[3]。

（四）关于孤儿就业的研究

刘晓红（2008）研究发现，有些孤儿把社会资助看作理所当然，迷失自己的价值感和自尊，成年后继续等待救助，不愿靠双手养活自己，甚至不知道怎样去爱别人，如何交流沟通，给找工作带来困难[4]。

田珂（2008）建议优先安排孤儿成年就业，劳动和社会保障部门及有关部门应当对城镇登记失业的适龄孤儿，按规定提供职业培训补贴和免费职业介绍，并落实小额担保贷款政策，鼓励和帮助其自谋职业和自主创业。

郅玉玲（2011）调研得出，浙江省孤儿在就业方面压力很大，机构供养的孤儿成人后，具有劳动能力的基本上都由民政部门帮助解决工作；各级政府部门应通过提供免费

---

[1] 郅玉玲.基于社会保障理论的孤残儿童福利研究[J].人口与发展,2011,17(1):87.
[2] 尚晓援等著.中国孤儿状况研究[M].北京:社会科学文献出版社,2008:30.
[3] 杨瑛.教育学视域下的中国孤儿教育救助[J].当代青年研究,2011,(1):72.
[4] 刘晓红,宋继芳.孤儿救助及其存在的问题[J].西安电子科技大学学报(社会科学版),2008,(1):164.

职业介绍、给予职业培训补贴、落实小额贷款、引导进城务工和进行技能培训等途径，帮助孤儿就业。

（五）关于孤儿住房的研究

郅玉玲（2011）调研发现，浙江省孤儿的住房保障按城乡"低保"家庭廉租住房政策和危房改造政策标准，城镇孤儿享受廉租房优惠政策（货币化补助）；农村孤儿享受危房改造政策（县、乡、村出资改造）；符合廉租住房、经济适用房条件的无房孤残儿童，当地政府和建设部门应当优先安排。

综上所述，目前国内学者主要利用调查问卷和访谈方法对孤儿的生活现状、教育现状、身心健康状况、就业培训和住房方面进行研究。但是，我国现有的儿童福利是否已经保障孤儿的基本生存和发展需要，尚未有学者进行研究。虽然相较于儿童福利院，家庭和亲属网络提供的替代性养护在儿童的心理健康照顾方面具有一定优势。但是，由于政府对社会散居孤儿生活保障不到位、受抚养家庭经济条件的制约等原因，这些孤儿正面临着生活、教育和医疗等方面的困难，急需得到国家和社会的帮助。

八、关于儿童福利的政府责任研究

长期以来，亲属家庭养育在我国整个儿童福利体系中居于基础性地位。河南"兰考事件"后，民政部有关负责人接受记者采访时表示，目前未满18周岁的未成年孤儿有61.5万名，而民政部儿童福利机构养育的孤儿只有10.9万名[1]。陆士桢（2001）认为，在政府缺乏投入的前提下，孤儿福利制度开展很难满足实际需要。杨生勇和徐晓军（2005）认为，农村孤儿的经济支持仍然以传统的血缘亲属网络为主，而现代社会所倡导的社会中介组织、政府保障体系所发挥的作用均不是第一位的。政府资助力度太小，是因为农村存在大量需要照顾的民政优抚对象，有限的资源只能采用"撒胡椒面"的方式进行，而这一点点的资助对于受助者没有太大的意义。王飞鹏（2007）认为，国家和社会对农村孤儿的社会救助参与度偏低，资助力度有限。邹明明（2008）认为，我国目前的五保制度在理论上能够覆盖到农村孤儿，但理论上的覆盖只是象征性、极不稳定的。实践中，孤儿福利工作，只是把孤儿纳入现有的城乡居民最低生活保障制度和农村五保制度予以保障，难以覆盖所有孤儿，尤其是农村孤儿。即使被纳入了"低保""五保"的孤儿，保障也达不到平均生活水平。田珂（2008）认为，应将孤儿救助资金纳入政府专项财政预算；而对那些农村边远地区，中央财政需要加大转移支付力度，确保救助资金从源头上的保障。孙莹（2002）提出，我国的孤儿福利救助可以完全由国家承担。政府介入儿童福利事业后，主要责任不是为困难儿童直接提供具体服务，而是要将工作重点放在儿童福利政策的规划与制定方面。但是朱媚华和蔡屹（2007）从儿童福利机构的

---

[1] 中国青年网.[EB/OL]. http://www.youth.cn,2013-01-10/2013-6-20.

成本负担角度，认为用于残疾儿童的治疗和养育的经费日益上升，机构已不堪重负。

综上所述，众多学者只强调应加强政府的福利投入，并没有对政府具体的儿童福利政策保障力度进行探讨；提出我国政府应该对孤儿福利政策的实施提供保障资金，但没有提出政府对儿童福利机构应该补贴多少才适度；指出政府应承担全国孤儿的养育责任，但是并没指明具体应该承担哪些养育责任。

九、关于儿童津贴的研究

陈云凡（2008）通过对 OECD 中代表性国家及日本与韩国共 10 个国家的分析发现，一个国家的社会性支出比重越高，对儿童福利越重视，对儿童保护性方面的支出也就越慷慨[1]。庞媛媛（2009）认为，英国的儿童福利制度在二战后进入黄金时期，除通过大量的立法来保证儿童的基本权利，增加儿童福利的项目，还扩大了儿童福利规模，提高福利标准。战后"福利国家"给儿童提供国民医疗保险——儿童可以享受除牙科手术、视力检查和配眼镜以外的一切免费医疗，还提供涵盖产妇津贴、单亲津贴、生育补助、儿童津贴、儿童特别津贴、儿童监护津贴等内容的家庭补贴，同时提供免费的中小学教育，配套以免费的课本、文具和在校午餐。这是"儿童权利高于一切"的英国儿童福利原则的集中体现，是现代社会国家制度的重要组成部分[2]。瑞典被称为"儿童天堂"，福利项目设置和福利支付形式多种多样，充分考虑到儿童成长过程中的种种需要。邹明明（2009）指出，瑞典 1947 年起实行的儿童津贴，不需要家庭收入调查，费用由政府承担，只要是没有满 16 岁的儿童都可以领取，同时分为 4 个档次，针对普通儿童、初中生、多子女家庭和高中学生分别施以不同的津贴[3]。同时，瑞典还存在单亲儿童津贴、残疾儿童津贴，前者每月是 1173 克朗，后者主要为满足残疾儿童的需要，最高额度为每年基本费用价格的 2.5 倍[4]。邹明明（2009）指出，在 1909 年美国联邦政府就设立了负责儿童事务的美国儿童局，各州也相继制定法律提供儿童津贴，这种津贴始于孤儿等困境儿童，主要支付形式是寡妇年金和母亲年金，并在日后逐渐发展成以联邦政府为主导的儿童福利体系[5]。

综上所述，福利国家在二战后就已经建立普惠式的儿童福利津贴，而我国直到现在才刚刚开始实行，我国应该积极借鉴国外的经验和教训，更好地实施儿童生活津贴制度。

---

[1] 陈云凡.ECD 十国儿童福利政策支出制度安排比较分析[J].欧洲研究,2008,(10).
[2] 庞媛媛.英国儿童福利制度的历史嬗变及特征[J].阳师范学院学报(哲学社会科学版),2009,(4).
[3] 邹明明.瑞典的儿童福利制度[J].社会福利,2009,(12).
[4] 王亚萍.评瑞典福利制度模式——兼论其对中国建立社会保障体系的启示[J].世界政治经济论坛,2004,(7).
[5] 邹明明,赵屹.美国的儿童福利制度[J].社会福利,2009,(10).

十、关于替代性养护模式的研究

（一）集中供养模式研究

1. 关于儿童福利机构管理研究

集中供养也称为"院舍养护"，张红霞（2003）从院舍的管理角度指出，我国儿童福利机构长期面临人员缺乏、照顾对象复杂、管理模式单一和弃婴这四大问题，这些问题制约了儿童福利机构规模的进一步壮大。然而，成海军（2004）认为，院舍养护是一种团体式的养护，院舍配有医生、护士、护理员、教师、娱乐员、社会工作者等人员，对儿童进行24小时护理、监控和照顾；有经过专业训练的工作人员和特殊的专业设备，可以满足特殊儿童的特殊要求[1]。

2. 关于儿童福利机构人员专业化研究

孙奕和巩桂双（2008）认为，护理员分正式编制的护理人员和临时护理员，正式编制护理员中有35%不做具体护理员工作（如儿童生活区的班组长、配餐员等）；临时护理员全部从事一线护理工作；护理人员的年龄普遍偏大，虽都具备一定的护理经验，但是所接受的培训仍不能满足孤残儿童的需要；从待遇上看，临时护理员月收入普遍偏低；护理人员岗前培训多靠传帮带的方式学习，缺乏正规的培训和考核计划，临时护理员没有外出学习机会[2]。朱丽平（2008）认为，孤残儿童对护理的需求性很大，但是护理人员大多学历较低，中专以下学历约占全体护理人员的72.73%，其专业护理知识不能满足实际工作需要，护理业务知识的学习和培训相对滞后[3]。姚建平和梁智（2010）认为，需要从三方面入手：一是加强对现有工作人员的培训，不断地提高护理人员专业素质，加强职业技能；二是要提供制度保障，针对儿童福利机构中大多数"康复医师"和"康复治疗师"是由其他临床专业医务人员来担任、没有培训认证就上岗的现象，应推行社会工作者资格认证制度；三是通过解决福利服务工作者的职称问题，使他们在使用、晋升、待遇等方面受到政府和社会的关注，从而实现专业化[4]。

（二）亲属供养模式研究

王飞鹏（2007）认为，亲属供养的孤儿中，因为祖辈本身无经济能力，生活靠子女资助，所以老人和孤儿共同分享子女给的钱物，很难满足孤儿的生活需要；叔伯或者舅舅家庭虽然有一定的收入，但往往自己的孩子处于未成年状态，家庭负担较重，很难兼

---

[1] 成海军.从中外儿童福利院舍照顾的比较与变化看我国儿童福利的发展方向[J].社会福利,2004,(10):8.

[2] 孙奕,巩桂双.儿童福利机构孤残儿童护理人员现状基线调研报告[J].中国民康医学,2008,20(19):2293.

[3] 朱丽平.儿童福利机构护士工作现状研究[J].护理管理杂志,2008,(8):7.

[4] 姚建平,梁智.从救助到福利——中国残疾儿童福利发展的路径分析[J].山东社会科学,2010,(1):52.

顾到孤儿。田珂（2008）认为，有些孤儿被寄养后，由于增加了养护负担，导致亲属家庭出现内部矛盾（如夫妻不和），被寄养的孤儿很难获得健康成长的精神环境和生活环境，甚至发生亲属虐待孤儿的事件。此外，在亲属比较少的家庭中，有少量的农村孤儿没有固定的照料者，吃百家饭，穿民政救济的衣服，独自居住在父母留下的房子中，年龄稍大就选择外出做童工或流浪，极易为成年犯罪分子或恐怖主义集团所利用。

（三）家庭寄养模式研究

冯立伟（2004）认为，随着经济社会的发展，在社会的共同关注之下，发展儿童寄养、社工参与等多元化照顾模式能更好地促进儿童德智体的全面发展。中国台湾学者郑郭淳等人（2005）指出，美国儿童寄养机构的运作，主要由民间组织负责，而政府则通过政策制定和机构监管等工作，对儿童寄养系统进行宏观管理。金洁（2002）和吕学静（2006）对日本的家庭寄养制度作了比较详细的介绍，通过和院舍照顾模式的比较，认为家庭寄养制度更能符合儿童的成长需要。王先进（2007）也认为，随着社会福利社会化改革的不断深入，家庭寄养作为一种新型的儿童福利服务模式，已被引入我国。许莉娅（2007）认为院内家庭养护模式有自身优势：一是为家庭领养儿童搭建从机构集体养护环境到家庭的桥梁，帮助儿童学习从机构的集体生活向家庭生活过渡，解决儿童与领养家庭的不适应问题；二是兼顾残疾儿童康复治疗和家庭生活经验的双重需要。田珂（2008）通过对比，发现孤儿在孤儿院中成长不是最好的方法，孤儿院中的孩子很容易产生各式各样的心理问题，孤儿寄养在家庭中是一个最好的方法，因此应建立社会寄养机制。韩伟等（2010）认为家庭寄养模式节省了人力和物力，提高了工作效率，使孤儿获得家的关爱，有利于孩子身心健康成长，但是寄养时间的不确定性，也易给儿童心理造成波动。

（四）儿童收养研究

王飞鹏（2007）认为，孤儿被没有血缘关系的家庭收养的情况比较特殊，抚养孤儿的家庭经济状况相对较好，孤儿没有受到家庭的冷落，而是受到收养人的倍加呵护，他们也把养父母当作亲生父母。韩伟等（2010）认为，最好的儿童福利是家庭福利，对机构集中养育和家庭寄养的孤儿，福利院要主动积极地为其寻找合适的领养家庭，鼓励孤儿福利由"寄养"变"收养"，防止孤儿被二次遗弃，避免对孤儿造成更大的伤害。窦玉沛（2011）认为，应该积极拓展涉外收养渠道，建立健全社会散居孤儿涉外送养程序，帮助孤残儿童通过收养实现妥善安置，高度关注儿童收养后的生活成长情况，大力开展"寻根回访"，不断加强收养跟踪反馈，提高国内收养工作的规范化水平，推动建立国内收养与涉外收养相互联动、相互促进的工作机制[1]。

---

[1] 参考窦玉沛 2011 年 3 月 26 日在中国儿童福利和收养中心揭牌暨全国儿童福利信息管理系统启动仪式上的讲话。

综上所述，孤儿作为一个具有特殊需要的特殊群体，应建立"政府出资、社区支持、家庭抚养、社会关爱"的养护模式：第一，家庭保障是基础，应由孤儿扩展家庭和亲属网络肩负起抚养孤儿的责任；第二，国家是保障，应由国家出资为孤儿提供生活津贴，满足孤儿最基本的生存和发展需要，保障孤儿福利机构的正常运作；第三，街坊邻居和社区应对孤儿提供一定的支持，为孤儿成长营造一个安定祥和的环境；第四，社会慈善组织和志愿者个人应该对孤儿进行关爱。只有国家、扩展家庭和亲属网络、社会组织和志愿者个人等多元化孤儿福利提供主体，密切联系，相互作用，才能调动社会各阶层的积极性，广泛利用各种社会资源，最终满足孤儿的多种需要。因此，政府应当鼓励、引导个人、组织或社会第三部门创办孤儿院等福利机构，适当给予税收优惠或财政补贴。

十一、关于儿童福利体系的研究

（一）关于孤儿福利体系内容的研究

田珂（2008）认为，孤儿基本生活保障工作取得了一些成效，但总体来说孤儿救助工作仍是零散的、临时性的、单一性的救助，应建立针对孤儿生活、学业、就业、医疗等方面需要的孤儿救助和服务体系并将其制度化[1]。王飞鹏（2010）认为，应通过社会各界和各种媒体持续开展孤儿保护教育，提高全民的孤儿保护意识，营造关注未来、关注孤儿、保护孤儿的社会氛围；要鼓励社会力量参与到农村孤儿的救助工作中，在条件成熟的时候，建立农村孤儿救助基金，开展对农村孤儿群体的专项救济。韩伟等（2010）认为，应从生态系统的视角整体把握，构建孤儿成长的寄养家庭和机构环境、学校环境、社区环境及社会环境四个层面互相监督、互相渗透的福利体系。郏玉玲（2011）认为，孤儿救助机制还不够完善，缺少统一政策，缺少统一的养育、医疗、教育、康复、住房等方面的福利标准和办法；我国孤儿政策仅限于救助，未提升到福利政策层面；政策覆盖面不广，很多政策局限在机构孤儿，没有覆盖社会散居孤儿。

（二）关于孤儿福利体系服务提供者的研究

成海军（2003）认为，只有全社会共同参与，共同营造出一个关心特殊儿童的局面，才能真正实现社会福利社会化。冯立伟（2004）认为要实行社会福利社会化，不但要充分利用社会资源服务于机构内的孤残儿童，同时也要使机构自身的资源最大化地服务于社会，成为本地区儿童福利的资源中心。黎昌珍（2006）认为，应把农村孤儿作为一个具有特殊需要的特殊群体，建立"政府出资、社会支持、家庭抚养、家庭关爱"的农村孤儿现代救助模式：第一，家庭保障是基础，在此基础上开展社区互助；第二，实行福利服务内容多元化制度，应完善包括保障其生存权、被抚养权、受教育权、社会交往权等在内的多项内容，如家庭生活扶助、亲子教育、休闲娱乐、孤儿咨询等；第三，构建

---

[1] 田珂.孤儿救助的制度化:孤儿的最好出路[J].重庆城市管理职业学院学报,2008,(1):8.

家庭、社会及政府共同参与的农村孤儿服务现代农村社会服务网络[1]。邹明明（2008）认为，孤儿福利政策首先应该采取"以孤儿为中心、以家庭为重点"的政策导向，让孤儿回归亲属家庭，政府出资对其进行补贴；其次，争取中央财政社会保障专项投入，专款专用，建立孤儿福利制度；最后，探索建立孤儿养育服务监察制度。政府提供给孤儿家庭补贴，要及时评估、监督孤儿家庭对孩子的照料情况。仇雨临和郝佳（2009）认为，应建立由政府、个人、企业以及社会第三部门等孤残流浪儿童福利事业参与主体的多元治理机制；尽量减少孤残流浪儿童福利事业运作中的信息不对称，促使孤残流浪儿童福利资源运作信息透明化；在政策设计上达到激励与约束的相容，促进孤残流浪儿童福利事业的良性持续发展；政府应当鼓励、引导个人、组织或社会第三部门创办孤儿院等福利机构，适当给予税收优惠或财政补贴[2]。晏月平（2012）认为，经过核实与确定的艾滋孤儿，有城市户口的及时纳入城市居民最低生活保障制度，农村户口的列入常规救济、临时救济或"五保"供养范围；政府或NGO针对艾滋孤儿一般都实行"分散供养为主，机构供养为辅"的安置政策[3]。

综上综述，我国应该建立一个保障孤儿生存权、被抚养权、受教育权、社会交往权等多项内容在内的"政府出资、社会支持、家庭抚养、家庭关爱"的新型孤儿福利体系，为我们考察孤儿福利的综合保障力度以及提出政策建议提供参考。

十二、关于适度普惠型儿童福利的研究

台湾地区学者周震欧（1996）认为，台湾地区的儿童福利从范围来看属于"狭义儿童福利"，是特定形态的机构向特殊的儿童群体提供的一种特定的服务[4]。

刘继同（2003）认为，目前我国大陆地区儿童福利事业基本处于社会救助为主和狭义社会保护为辅的阶段[5]。吴鲁平和韩小雷（2006）也认为，政府没有达到为所有儿童提供高质量福利服务的水平，仅能为特殊儿童提供更好的、更人性化的服务，帮他们满足多层次的需要。

邹明明（2008）认为，"补缺"是指福利保障对象是补缺的，过去相当长一段时期内，我国儿童福利局限于福利机构内集中养育的孤儿和弃婴，现阶段逐步扩大到社会散居孤儿和事实上无人抚养的孤儿。但儿童福利的标准和内容不应是补缺的，而应当满足孤儿生存和发展的各方面需要。

成海军（2012）认为，按世界银行划分标准，我国已属中等发达国家，构建一个合

---

[1] 黎昌珍.从西方儿童福利范式的演变看我国农村孤儿救助制的转型[J].学术论坛,2006,(12):71.
[2] 仇雨临,郝佳.中国儿童福利的现状分析与对策思考[J].中国青年研究,2009,(2):30.
[3] 晏月平.我国现行艾滋孤儿救助安置问题及对策研究[J].社会保障研究,2012,(1):72.
[4] 周震欧.儿童福利[M].中国台北:台湾巨流图书公司,1996:15.
[5] 程海军.中国儿童福利制度转型与体系嬗变[J].社会福利(理论版),2012,(9):26.

理平等的儿童福利体系或社会福利体系,在经济上是可以承受的。应该通过建立适度普惠型的儿童福利制度和儿童公共服务体系,满足儿童基本生活、健康、医疗、教育、救助、社会服务等发展需要,真正落实儿童优先和平等发展的原则,真正实现儿童权利。

综上所述,我国目前的儿童福利是补缺型的儿童福利政策,要从整个儿童群体福利角度进行顶层设计,儿童福利体系的设计必须既要具有可行性又要具有科学性。

第三章 概念界定和理论基础

第一节 儿童及儿童福利相关定义

从一般意义上讲,儿童包括普通儿童和特殊儿童。本书中涉及的孤儿、残疾儿童、流浪儿童、留守儿童、城乡流动儿童、受艾滋病影响儿童等属于特殊儿童。按照民政部进行适度普惠型儿童福利建设试点意见,儿童可以分为四个类别,第一类是孤儿,第二类是困境儿童,第三类是困境家庭儿童,第四类是普通儿童。其中,第一类到第三类都属于特殊儿童。

一、孤儿[1]

孤儿,最早的解释是"幼儿无父曰孤"(《孟子·梁惠王下》);《现代汉语词典》中,"幼年丧父或者父母双亡"的则被称为"孤儿"。在现代社会,孤儿的概念在发生着变化。一般认为,失去父母的儿童是孤儿[2]。

当代社会,对孤儿概念的界定也随着实际情况不断变化。1989年,民政部发布的《关于贯彻执行〈军人抚恤优待条例〉若干具体问题的解释》中指出:"孤儿是指革命烈士、因公牺牲军人、病故军人的未满18周岁的子女且丧失父母(抚养人)者。"1992年,发布的《民政部关于在办理收养登记中严格区分孤儿与查找不到生父母的弃婴的通知》中规定:"我国《收养法》中所称的孤儿是指其父母死亡或人民法院宣告其父母死亡的不满十四周岁的未成年人。"2006年,《关于加强孤儿救助工作的意见》中将失去父母和事实上无人抚养的未成年人称之为孤儿。2007年,民政部在《全国孤残儿童信息系统用户使用说明》中将4种情况认定为孤儿:(1)父母双亡或法院宣告父母死亡的0-18岁儿童;(2)父母一方死亡,另一方未履行监护照料义务一年以上的0-18岁儿童;(3)查找不到生父母的0-18岁儿童;(4)父母双方未履行监护照料义务一年以上的0-18岁儿童。2010年,国务院办公厅《关于加强孤儿保障工作的意见》中明确指出:"孤儿是指失去父母、查找不到生父母的未满18周岁的未成年人,由地方县级以上民政部门依据有关规定和条件认定。"

从国务院办公厅和民政部的表述中,我们可以看出,孤儿的概念有几个非常明确的特征:第一,孤儿是指父母双亡,或父母长时间失踪事实上无父母抚养,或者查不到生身父母的儿童;第二,在年龄上为未满18周岁的未成年人。

---

[1] 王建云.我国孤儿生活津贴标准适度性研究[D].上海:华东师范大学,2014.
[2] 汪自成.如何界定孤儿.检察日报[N].2008—06—28.

二、残疾儿童

残疾儿童属于残疾人的概念范畴。关于残疾人的定义，国际上和我国法律都有明确的界定。1975年联合国大会通过的《残疾人权利宣言》中关于残疾人的定义："残疾人"一词的意义是指任何由于先天性或非先天性的身心缺陷而不能保证自己可以取得正常的个人生活和社会生活上一切或部分必需品的人[1]。1982年，联合国大会第三十七届会议通过的《关于残疾人的世界行动纲领》中区分了缺陷、残疾和障碍三者的关系，称残疾是指由于缺陷而缺乏作为正常人以正常方式从事某种正常活动的能力。"残疾人并不是一个单一性质的群体，包括精神病者，智力迟钝者，视觉、听觉和言语方面受损者，行动能力受限者和'内科残疾'者等。"1983年，国际劳工组织通过的《残疾人职业康复和就业公约》中明确提到：本公约所称"残疾人"一词，系指因经正式承认的身体或精神损伤，从而在获得、保持适当职业并得到提升方面的前景大受影响的个人。1984年，中国残疾人福利基金会在其宣传提纲中称："世界上一切生物群无不由健全者和残疾者共同构成。自从人类出现迄至今日，残疾人一直伴随着健全人同时存在。残疾人是指由于心理状态、生理功能、解剖结构的异常或丧失，而导致其部分或全部失去以正常人的方式从事某项活动的能力，因而在正常的社会生活中不能充分发挥正常作用的人。"我国于1990年通过、2008年修订的《中华人民共和国残疾人保障法》第二条规定：残疾人是指在心理、生理、人体结构上，某种组织、功能丧失或者不正常，全部或者部分丧失以正常方式从事某种活动能力的人。并进一步明确，残疾人包括视力残疾、听力残疾、言语残疾、肢体残疾、智力残疾、精神残疾、多重残疾和其他残疾的人。

关于残疾儿童的定义，各种统计文献将其定义为14周岁以下的残疾人，许多学者也将残疾儿童的年龄界定为0-14岁[2]，部分学者在研究范围上将其界定为0-5岁[3]。目前，一般认为残疾儿童是指年龄在18周岁以下的残疾人[4]。根据《中华人民共和国残疾人保障法》对残疾人的界定，本书将残疾儿童定义为生理、心理或解剖结构上的组织器官、功能等部分或全部丧失，不能像正常人那样从事生活、学习和社会交往的18周岁以下儿童。残疾儿童包括视力残疾、听力残疾、言语残疾、肢体残疾、智力残疾、精神残疾、多重残疾和其他残疾的儿童。

---

[1] 王利肖.河北省残疾人福利供需状况及其影响因素研究[D].石家庄：河北大学，2011.
[2] 李莎.残疾儿童特殊教育法律问题研究[D].重庆：西南大学，2012：12.祝慧萍.残疾儿童健康与意外伤害研究[D].武汉：华中科技大学，2012：11.
[3] 张磊.我国残疾儿童学前教育开展状况述评[J].上海教育科研，2011（10）：83-86.闫伟.残疾儿童抢救性康复政策发展及完善研究[D].北京：首都经济贸易大学，2012：13.
[4] 赵启峰.论我国残疾儿童权利的法律保护[J].河南师范大学学报(哲学社会科学版)，2007，34（6）：96-99.

三、流浪儿童

流浪儿童,也称流浪未成年人,是指年龄在 18 周岁以下,脱离家庭或离开监护人流落社会连续超过 24 小时,失去基本生存保障而陷入困境的人[1]。也有学者认为流浪儿童是指 18 周岁以下,脱离了监护人及抚养人的有效能力范围,目前处于无固定居住场所和只有依靠自己满足衣食住行基本物品生活资料的边缘性生存状态的那部分儿童[2]。2006 年,民政部公布的《流浪未成年人救助保护机构基本规范》中对流浪未成年人的界定是:脱离监护人有效监护,在街头依靠乞讨、捡拾等方式维持生活的未成年人。也有学者根据国际的认同和分类标准,把流浪儿童称之为"Street Children"(街头儿童)[3]。

不管怎样界定,可以看出,流浪儿童有几个显著性特征:第一,流浪儿童脱离家庭监护,流浪在外,可能在城市,也可能在乡村;第二,流浪儿童以流浪为生,无力通过劳动或自身力量满足其基本生活需求;第三,流浪儿童陷入生活或社会生存的困境;第四,流浪儿童属于未成年人;第五,流浪儿童需要得到来自家庭、国家或者社会的保护和救助。

四、留守儿童、城乡流动儿童

农村留守儿童和城乡流动儿童这两个概念是"流动人口子女"概念命题下的一对子概念,但常常遭到误用[4]。

"留守儿童"一词最早出现在 20 世纪 90 年代初期,指的是因父母出国工作或求学而留在国内的儿童[5];当代意义上的"留守儿童"概念是 20 世纪 90 年代中后期出现的[6]。学术界一般认为,农村留守儿童是指父母双方或一方进城或到经济发达地区务工,而被留在老家的那些孩子[7]。

城乡流动儿童是与农村留守儿童相对应的一个概念。范先佐认为,流动儿童是指随

---

[1] 安怀世.流浪儿童问题的国际背景和干预途径[J].社会福利,2002(10):28-34;刘娟. 完善我国流浪儿童监护和社会保障制度的法律思考[J].理论月刊,2007(2):152-154.

[2] 赵维泰.关于中国流浪儿童问题的调查分析[J].中州学刊,2005(7):98-101.

[3] 姚建平.儿童社会福利的三个世界——以流浪儿童为中心的考察[J]. 青少年犯罪问题,2008(1):4-9.

[4] 佘凌,罗国芬.流动人口子女及其教育:概念的辨析[J].南京人口管理干部学院学报,2003(4):7-9.

[5] 瘩一张. 留守儿童[J]. 嘹望,1994(45):37.

[6] 周福林,段成荣. 留守儿童研究综述[J].人口学刊,2006(3):60-54.

[7] 范先佐.农村"留守儿童"教育面临的问题及对策[J]. 国家教育行政学院学报,2005(7):78-84. 任运昌. 我国农村留守儿童教育研究的进展与缺失[J].中国教育学刊,2007(12):21-24,72.

父母移居城市上学的进城务工就业的农民工子女，与"留守儿童"相对应[1]。段成荣认为流动儿童少年人口，是指一个地区的外来人口中15周岁及以下的儿童和少年人口[2]。

本书采用中华全国妇女联合会在2013年《我国农村留守儿童、城乡流动儿童状况研究报告》中的概念："农村留守儿童是指父母双方或一方从农村流动到其他地区，孩子留在户籍所在地的农村地区，并因此不能和父母双方共同生活在一起的儿童。流动儿童是指随务工父母到户籍所在地以外生活学习半年以上的儿童。儿童年龄界定在18岁以下（0-17岁）"。[3]

五、受艾滋病影响儿童

受艾滋病影响儿童是随着艾滋病的出现而产生的脆弱群体。"受艾滋病影响儿童"也译为受艾滋病打击儿童（CABA）、艾滋病孤儿及脆弱儿童（OVC）等，不同国家和地区、不同组织对于"受艾滋病影响"有各自不同的定义，但通常是指本人、父母、同胞或其他家庭成员为HIV感染者/AIDS病人/AIDS死亡者的儿童[4]。联合国艾滋病规划署（UNAIDS）认为，受艾滋病影响的儿童包括年龄在18岁以下的、父（母）亲或父母双亲死于艾滋病的儿童，或与感染了艾滋病病毒或患艾滋病的父母或亲属生活在一起的儿童[5]。中国疾病预防控制中心认为：受艾滋病影响儿童是指处于以下四种情况的儿童：患艾滋病的儿童，艾滋病人的遗孤，父母一方因艾滋病去世，父母双方都是艾滋病病毒感染者[6]。学者高耀洁认为，艾滋孤儿是艾滋病死亡者的遗孤，是指没有感染艾滋病病毒的健康儿童[7]。黄翠萍认为，受艾滋病影响儿童包括三类：第一类是父亲(或母亲)因为艾滋病去世而变成一个真正的孤儿，也即艾滋孤儿；第二类是父母中的一方因患艾滋病死亡的单亲家庭的孩子；第三类是父母双亲都还健在但其中一方或双方感染艾滋病病毒家庭的孩子[8]。

本书按照中国疾病预防控制中心的定义，认为受艾滋病影响儿童不仅指受到艾滋病影响的健康儿童，还包括感染艾滋病病毒的儿童或艾滋病患儿。

---

[1] 范先佐."流动儿童"教育面临的财政问题与对策[J].教育与经济，2004（4）：1-5.
[2] 段成荣.要重视流动儿童少年的教育问题[J].人口学刊，2001（1）：54-57.
[3] 中华全国妇女联合会.我国农村留守儿童、城乡流动儿童状况研究报告[EB/OL]. 2013-5-14，http://www.women.org.cn/allnews/02/3906.html.
[4] 王宇，张曼华.受艾滋病影响儿童心理现状及干预研究[J].中国儿童保健杂志，2012，20（1）：41-44.
[5] 徐韬，吴尊友.受艾滋病影响的儿童社区关怀干预研究进展[J].卫生研究，2007，36(5):123-125.
[6] 中国疾病预防控制中心，中英性病艾滋病防治合作项目.艾滋病防治常用术语手册[M].北京：人民卫生出版社，2005: 92-93.
[7] 高耀洁.艾滋孤儿抚养之我见[J].广西民族学院学报，（哲学社会科学版），2005（2）：68-69.
[8] 黄翠萍. 受艾滋病影响儿童的家族抚育模式[D].武汉：华中师范大学，2008：11.

六、儿童福利

关于儿童福利，世界各国政府和学者进行了不同的界定。1959年11月20日，联合国颁布《儿童权利宣言》，对儿童应当享有的各项基本权利进行明确的规定。《儿童权利宣言》认为，儿童福利是指"以促进儿童身心健全发展与正常生活为目的的各种努力、事业及制度"[1]。《儿童权利宣言》对如何保障儿童应当享有的福利制度提出十条原则，包括：任何儿童，不论种族和性别、肤色等，均平等地享有宣言中规定的一切权利；应当通过法律保护儿童，使儿童得到健康发展；儿童享有姓名和国籍授予权利；儿童享有社会安全保护的权利，残疾儿童享有特别的治疗、教育和照料等权利；儿童享有娱乐和游戏等权利等。

《儿童权利宣言》中对儿童福利的界定可以从广义和狭义两方面来分析，狭义的儿童权利包含特殊儿童享有的福利，如特别治疗和教育等权利；从广义来说，任何儿童，包括普通儿童和特殊儿童，均享有受保护权、受教育权和发展权等。

学者陆士桢认为，儿童福利是国家或社会为立法范围内所有儿童提供的旨在保证其正常生活和健康发展的资金和服务[2]。该定义从儿童福利主体、对象和内容来进行界定，认为儿童福利提供主体是国家或社会，福利客体是全体儿童，包括特殊儿童和普通儿童；提供内容是资金和服务。

本书认为，儿童福利由国家或社会提供，面向所有儿童，不仅要向特殊儿童提供养育、照顾和康复治疗等福利，也要为特殊儿童和普通儿童提供发展性福利。提供方式可以是资金，也可以是服务。因此，可以概括为：儿童福利是政府和社会提供的为保障儿童生理、安全、交往、尊严和发展的资金和服务，以满足儿童的生理需要、安全需要和发展需要。

根据我国经济社会发展阶段，我国儿童福利可以分为补缺型儿童福利、适度普惠型儿童福利和普惠型儿童福利三个阶段。划分的时间节点为：建国以后到2010年，为补缺型儿童福利阶段，主要面向残疾儿童、孤儿等特殊儿童，儿童福利水平较低，项目较少；2011年开始，随着民政部提出建设适度普惠型儿童福利制度，并指定浙江省海宁市等四个试点地区，设立面向所有孤儿的津贴制度和面向所有艾滋病相关儿童的艾滋病儿童津贴制度，我国儿童福利制度进入适度普惠型福利制度阶段；预计到2050年左右，我国经济社会高度发展，将进入普惠型儿童福利制度阶段。

---

[1] http://baike.baidu.com/link?url=c45efJShQb7VmYR2rp_Pvlt69ew6zrKD-i4klirK43NDBloIZBsd-yMmSGBBTDMMaEjtOiyFWNn4Fz-OcOiaaK.儿童权利宣言.
[2] 陆士桢.简论中国儿童福利[J].华中师范大学学报（哲学社会科学版），1997（6）：10.

第二节　儿童福利理论基础

一、国家责任学说

国家责任学说起源于古希腊的雅典社会。古代雅典人认为，要培养公民在履行公共职责时具有的理智、聪慧和公正品格，需要由国家来制定正确的规章制度。国家负有对儿童抚养和教育的责任。国家责任学说假设儿童是心智不全的人，认为儿童需要得到成年人的监护和保护，以避免儿童受到不应有的侵犯和伤害。国家负有保护儿童的责任和义务，国家是实现儿童权利和承载儿童幸福的主要依托主体。

现代国家责任理论包括两个方面：一是国际责任，指国家承担国际上的道义责任，国家负有保护人类安全和幸福的义务。二是国内责任，指国家应当对本国人民负责，国家应当发展公平和正义，使所有国民享有健康、幸福和安全的生活，国家具有保护儿童的责任。

德国行政法学家厄斯特·福斯多夫提出"生存照顾"和"服务行政"的概念[1]。他认为，自由人权、个人主义以及旧的契约思想等观念已经过时，取而代之的是新的人权思想：一种建立在政治团体、国家力量基础上的国家政治责任。他认为，当个人的能力无法达到照顾自己的时候，国家的公权力必须介入，政党和国家必须为个人提供生存保障，提供生存照顾服务，国家干预必须适当增加，政府可以介入私人生活。福斯多夫同时主张放松国家管制行政，发展服务行政。他认为政府的职责不仅在于发布命令，还在于为民众提供需求服务。国家应通过社会政策创造人民谋求幸福的社会条件。国家应保护弱势的社会群体，减少社会不公，增进社会和谐。为此，政府应树立服务理念。"服务"与"生存照顾"是法治国家的核心理念。为人民群众提供保护、为弱势群体尤其是儿童提供保障，是一种进步的治国理念和积极的国家行为。

综上所述，儿童福利是政府应当承担的责任。在我国经济发展过程中，儿童等弱势群体要得到公正的对待，其权利要得到有效的保障，离不开国家的行政干预。只有政府运用国家权力，运用较为完善的制度为儿童提供"生存照顾"和公共服务，才能保障儿童的基本人权，促进儿童的健康成长。

国家责任学说在本书对适度普惠型儿童福利制度建设的必要性和可行性分析和适度普惠型儿童福利制度的保障机制分析中得到充分的体现。

二、社会公民权理论

公民权是指一个共同体的完全成员，被授予民事权、政治权和社会权等三种权利。其中，民事权是指个人拥有人身自由、言论自由、思想自由和信仰自由等权利；政治权

---

[1]陈新民.公法学札记[M].中国台北：三民书局，1993：61-62.

是指民众达到一定的年龄后，具有选举和被选举的权利，可以通过国会和地方政府参与国家政治；社会权是指公民可以享受国家经济和安全，按照社会通行标准享受文明生活的权利等。公民可以获得受教育权和接受社会服务的权利，公民可以得到社会保障。

社会公民权理论起源于古希腊和古罗马的公民权模式，古希腊公民权模式强调普通公民统治权与被统治权的平等，古罗马公民权模式强调公民法律地位的平等，两者都是将人框定于政治权利图式之中。社会权利的引介与公民权的发展紧密相关。英国社会学家马歇尔指出，公民权是给予那些某个共同体的完备成员的一种地位，就这种地位所授予的权利和义务来说，所有拥有这种地位的人是平等的。但是在前市场经济社会，底层群体的社会权利处于缺失状态，步入工业社会以后，社会权利被看做是一种获得实际收入的普遍权利，这种权利实际上使人脱离了市场力量。丹麦社会学家艾斯平－安德森认为：社会权利是一种去商品化的容纳能力。社会权利的应然状态是去商品化或去市场化，底层群体有权免费享受社会共同成果，而不是货币化的；实然状态却是，在现代社会中，社会权利需要通过货币去购买，按市场规律去运作。因此，社会权利的真正实现需要国家的介入。

西方社会公民权理论分为两大学派，一派是以英国洛克为代表的自由主义学说；另一派是以雅典直接民主为代表的共和主义学说，代表人物是法国的卢梭。19世纪以后，英国思想家约翰·穆勒将自由主义与共和主义的思想进行融合，认为国家干预行为的目的是保护公民享有自由，国家职能将进一步扩大。马歇尔指出，社会成员都可以享受社会文明生活，每个社会成员享有基本的平等权利。

社会公民权理论对于儿童福利制度的发展有重要指导意义。补缺型儿童福利制度下，强调家庭和市场的作用，只有在家庭或市场功能缺失的情况下，国家才介入儿童福利。而按照社会公民权理论，公民权是共同体中每一成员都能享有的权利，国家应该介入以保障一切群体共享社会成果。这就为适度普惠型儿童福利制度的实现提供了理论依据。

综上所述，社会公民权理论强调社会共同体中每一成员基本的平等权利，而公民自由平等权利的实现需要国家的干预。社会公民权理论与国家责任学说的结合，为适度普惠型儿童福利制度建设准备了理论基础。

三、公共产品理论

美国经济学家萨缪尔逊在 1954 年发表的《公共支出的纯粹理论》中指出，纯公共产品是指任何一个人对某种产品的消费不会减少别人对这种物品消费的物品。因此，只要有一定数量的纯公共物品被生产出来，社会成员都可以消费，具有非竞争性和非排他性。只有购买了某种物品的人才能消费的物品是纯私人物品。1965 年美国经济学家布坎南在《俱乐部的经济理论》中指出，只要是集体或社会团体决定，由集体提供的物品或服务就是公共产品。准公共产品包括私人部门生产的公共产品和由公共部门提供的私人产品。如果准公共产品的排他性比较突出，就称为排他性公共产品；如果准公共产品的竞争性比较强，则称为拥挤性公共产品。"林达尔均衡"指个人对公共产品的供给水平以及它们之间的成本分配进行讨价还价，并实现讨价还价的均衡。根据公共产品理论，由于存在"市场失灵"，市场机制难以在一切领域达到"帕累托最优"。由私人通过市场提供公共产品，不可避免地会出现"免费搭车者"，从而导致英国学者休谟所指出的"公共的悲剧"，难以实现全体社会成员的公共利益最大化，这时就需要政府来提供公共产品或服务。此外，由于外部效应的存在，私人不能有效提供也会造成其供给不足，这也需政府出面弥补这种"市场缺陷"，提供相关的公共产品或服务[1]。

私人追求的是自身利益最大化，只有孤儿或孤儿家庭付费，使私人或企业有利可图，市场才会提供孤儿福利。如果不收费用，没有盈利，那么私人或企业就没有动力生产和提供孤儿福利或服务。孤儿失去家庭和父母，没有付费能力，因此，无论孤儿是否为社会做出贡献，只有政府提供孤儿福利和服务，才能实现孤儿以及全体社会成员的公共利益最大化。

综上所述，孤儿福利是一种公共产品，具有正外部性（如图 3.1），如果由私人部门提供孤儿福利，社会资源配置很难达到"帕累托最优"。其中 S 表示孤儿福利的边际成本线；D_1 表示边际社会效益线，D 表示边际私人效益线；Q_0 和 Q_1 分别代表私人愿意提供的孤儿福利或服务的数量和社会效益最大化下应该提供的孤儿福利或服务的数量。因为孤儿福利是公共产品，所以当私人选定边际成本与边际效益相等的点 E，将提供 Q_0 的孤儿福利或服务。因为私人和企业既没有考虑外溢到社会中的边际收益，也没有享受到这些收益，所以他们尽可能少地提供孤儿福利或服务。孤儿生活津贴应该由国家财政拨款，才能确实保障孤儿生活，满足孤儿最基本的生存和发展需要。

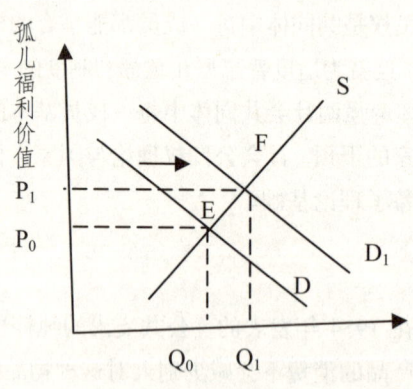

图 3.1 孤儿福利的外部性影响

---

[1] http://www.hudong.com.公共产品理论.2012-02-03.

四、需要理论

美国心理学家马斯洛 1943 年在其著作《人类激励理论》中指出，人作为一个有机整体，具有多种动机和需要。这些需要由低到高分为五个层次：生理需要（physiological needs）、安全需要（security needs）、归属与爱的需要（love and belonging needs）、自尊需要（respect & esteem needs）和自我实现需要（self-actualization needs）。他认为，需要可以分为两级，其中生理需要、安全需要和情感需要都属于低一级的需要，通过外部条件就可以满足；而尊重需要和自我实现需要是高级需要，只有通过内部因素才能满足。同一时期，一个人可能有几种需要，但每一时期总有一种需要占支配地位，对行为起决定作用。任何一种需要都不会因为更高层次需要的发展而消失。各层次的需要相互依赖和重叠，高层次的需要发展后，低层次的需要仍然存在，只是对行为影响的程度减小[1]。

美国耶鲁大学的克雷顿·奥尔德弗（Clayton Alderfer）在马斯洛提出的需要层次理论的基础上，提出了 ERG 理论，即生存需要（Existence）、相互关系需要（Relatedness）和成长发展需要（Growth）。

五、人力资本理论

20 世纪 60 年代，美国经济学家舒尔茨和贝克尔先后创立了人力资本理论。舒尔茨认为资本分为物质资本和人力资本，其中人力资本投入对经济技术发展和人类社会进步具有决定性的意义，并提出人力资本的投资标准主导人力投资的未来收益，包括个人的预期收益和社会的预期收益，这种收益要大于它的成本。贝克尔在《人力资本》一书中提出，任何一项费用的开支，只要能影响未来的收益，就是投资。因此，传统消费观念中的教育、卫生保健、在职训练、劳动力迁移等能影响未来的生产力也应当是投资。他对家庭生育行为的经济决策和成本－效用进行分析，提出了孩子的直接成本和间接成本、家庭时间价值和时间配置、家庭中市场活动和非市场活动等概念。他在人力资本形成、正规教育、在职培训等方面以及"年龄－收入"曲线的研究基础上，强调教育与培训对形成人力资本的重要作用。

人力资本对经济增长的作用大于物质资本，人力资本的核心是提高人口质量。教育投资是人力投资的主要部分，这种投资的经济效益远大于物质投资的经济效益。儿童是未来社会的主人，儿童教育支出是投资，对儿童提供社会福利也是一种投资。因此，儿童福利是中国经济可持续发展中的重要一环，政府必须发挥主导角色。首先，承担起为孤残儿童和困境儿童提供福利的责任；其次，树立"全面实现儿童权利"的决心与魄力，解决所有儿童基本生活保障问题。图 3.2 人力资本投入对人一生影响示意图中，点 E 表

---

[1] 王建云.我国孤儿生活津贴标准适度性研究[D].上海：华东师范大学，2014.

示成年并开始参加社会工作的最低年龄,曲线 A、B 分别表示社会生活中的两类人:A 类人人力资本投入较少,在成年并参加工作之后对社会的产出也较少;B 类人人力资本投入较多,在成年并参加社会工作后,社会产出较多[1]。

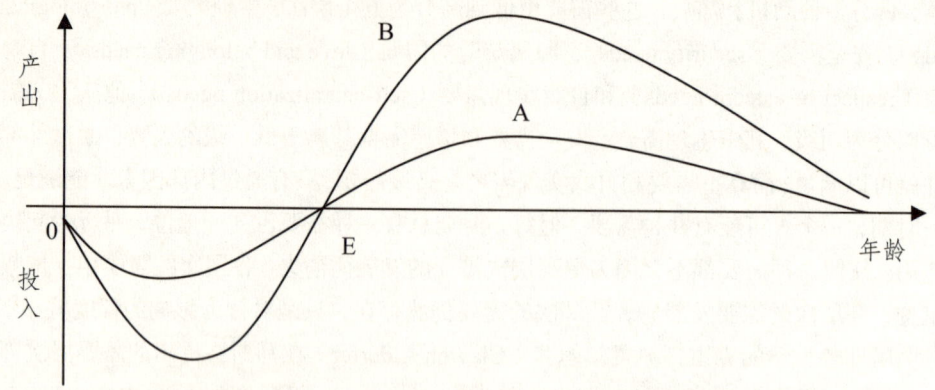

图 3.2　人力资本投入对人一生的影响示意图

六、反贫困理论

贫困问题一直是众多学者关注的焦点问题。1901 年,英国经济学家西博姆·朗特里提出:"贫困标准就是购买生活必需品所需的收入,这些必需品只包括最简单的膳食,以及衣物、住房和取暖等方面的需要。"印度经济学家阿马蒂亚·森 1970 年使用权利方法提出一个与众不同的贫困理论,认为贫困的真正含义是贫困人口创造收入能力和机会的贫困,这意味着贫困人口缺少获取和享有正常生活的能力。新的贫困线标准增加了福利内容,例如基本的教育和知识,医疗和保健,住房与环境,生命和财产安全,政治参与等。因此,人们对贫困的判定既包括收入等物质层面,也包括教育、文化、权利、能力、脆弱性、能力缺乏、社会排斥、健康状况差、缺乏医疗保健、缺少机会和权利等非物质层面。

随着对贫困问题研究的深入,当代西方的主流经济学家对反贫困战略的研究已从注重物质资本投入转移到关注人力资本投资,后来又过渡到综合反贫困战略[2]。现在的主流反贫困理论可以分为以下两个方面:一是生产要素角度的反贫困理论。它认为制约经济发展的主要因素是资本和技术的缺乏,想要摆脱贫困必须要实现资本供给,为经济发展创造条件。二是多因素的反贫困理论。瑞典经济学家冈纳·缪尔达尔 1968 年提出了著名的"循环积累因果论",指出造成发展中国家落后的原因不是单方面的,而是多个因素共同导致的,因而,这些国家必须进行政治、经济、文化等全方位的改革,才能实现社会公平、摆脱贫困。

---

[1] 王建云.我国孤儿生活津贴标准适度性研究[D].上海:华东师范大学,2014.
[2] 叶普万,王军.世界反贫困战略演变书评[M].山东社会科学,2009:10.

七、梯度增长理论[1]

梯度增长理论[2]是由英国经济学家皮库克与维斯曼在20世纪60年代对英国1890年以后的公共支出历史数据进行经验分析后提出的，他们认为内在因素和外在因素共同导致公共支出增长，其中外在因素是导致公共支出快速增长的主要原因。正常年份，一个国家和地区的经济发展将带来居民收入水平的提高，政府以不变的税率所获得的税收会增加，所以政府支出会随着国民经济的发展而上升，两者之间存在线性关系，这是内在因素作用的结果；但当社会经历激变时（如战争、经济大萧条或其他严重灾害），政府将提高税率，公众在危机时期会被迫接受提高后的税率，公众税收容忍度提高后会产生"替代效应"，公共支出将会替代私人支出，政府的公共支出比重将会增加；当激变时期过后，公共支出将无法退回到危机时刻之前的水平。

根据梯度增长理论，在正常社会情况下，政府公共支出会随着国民经济的发展而增加，但如果外部条件突然变化，那么政府公共支出将快速增长，但是危机过后，公共支出将无法回到突发事件之前。如果儿童福利标准提高得过快，将会对政府的财政造成巨大的负担，因为公共支出的增长无法退回到外部环境变化之前的水平。因此，儿童福利标准的制定一定要综合考虑和分析各方面的适度性。

八、社会保障水平理论

社会保障发展水平曲线理论[3]是穆怀中教授在2003年提出的，他认为社会保障水平的发展不是直线上升的趋势，而是一种曲线发展模式，在不同时期，社会保障水平的发展速度和轨迹是不同的。社会保障水平先是快速增加，在超出适度性水平后，开始放慢增速，持续一段时间后，将逐渐落回并接近适度水平[4]。也就是说社会保障水平，即社会保障占国内生产总值的比重一直呈线性上升趋势，但是随着国家财政负担的增加，社会保障支出水平并不是无限制上升的，当它达到一定限度后就会稳定发展，甚至还会逐渐下降。他提出了两个假设：社会保障水平有一个"度"的界限；社会保障水平的发展轨迹不是无限的直线上升，而是一个适度性发展的曲线。在人均国民收入很低时，经济仅能维持人们的生存，这时的社会保障是低水平的、不完全的，大多以社会救助的形式出现，所以把这段时期称为"前社会保障时期"。当经济发展到较高水平时，人均国民生产总值超过人们基本生存需要水平线，两极分化越来越严重，社会保障水平会迅速上升，以缓解阶级矛盾，这一时期称为"社会保障水平迅速上升期"。当国民经济发展到

---

[1] 王建云.我国孤儿生活津贴标准适度性研究[D].上海：华东师范大学，2014.
[2] 郭庆旺,赵志耘.公共经济学(第二版) [M].北京:高等教育出版社,2009:62-63.
[3] 穆怀中.社会保障水平发展曲线研究[J].人口与社会保障,2003,27(2):22-28.
[4] 穆怀中.社会保障水平发展曲线研究[J].人口与社会保障,2003,27(2):22-28.

中产阶级占绝对多数，贫困人口逐渐减少时，社会保障支出水平下降，这段时间称为"社会保障水平回落期"。

2004年，杨翠迎和何文炯通过分析社会保障水平与国民经济增长的适度性，提出了社会保障水平发展系数，即社会保障水平增长率与国民经济增长率之比，这可以反映社会保障水平的增长对国民经济发展的反应度[1]。

$$CSS= RSSL/RGDP=(\Delta SSL/\Delta GDP)\times(GDP/SSL)$$

其中，CSS为社会保障水平发展系数，RSSL为社会保障水平（SSL）的增长率，可以是人均社会保障支出的增长率或社会保障支出的增长率。RGDP为国民经济发展水平的增长率，可以用GDP增长率或人均GDP增长率[2]。当CSS=1时，表示社会保障水平同国民经济发展同步增长，两者处于最佳适应状态，这时的社会保障水平是适度的。当0<CSS<1时，表示社会保障水平增速与国民经济增速正相关，社会保障水平随国民经济增长而增长，但其增速略低于国民经济增长速度，处于基本适应状态。当CSS<0时，表示社会保障水平增长与经济增长负相关，当国民经济增长时，社会保障水平是下降的；当国民经济水平负增长时，社会保障是相对上升的，两者是不适度的。当CSS=0时，表示社会保障水平在原有基础上没有增长，如果国民经济是正增长，则说明社会保障水平是下降的，两者是不适度的。当CSS>1时，表示社会保障水平的增长速度超越了国民经济的增长速度，社会保障水平增长过快，会带来沉重的经济负担，两者处于不适应状态。

第三节 儿童福利标准计算办法

儿童基本生活最低养育标准应保障儿童的基本生活水平不低于当地城乡居民的平均生活水平。因此，要分析儿童生活津贴标准的适度性，必须要了解当地城乡居民的平均生活水平和最低生活水平。在津贴标准的测算方法中最常用的有恩格尔系数法、市场菜篮子法、国际贫困标准法、生活形态法、马丁法、灰色系统模型法、扩展线性支出模型法等方法，以上方法各有利弊，需要综合各种方法对儿童生活津贴标准进行测算。

一、津贴标准理论测算方法[3]

（一）恩格尔系数法

德国统计学家恩格尔在1950年提出"恩格尔系数法"。一个家庭的收入越少，生存所必需的食品支出在家庭总消费中所占的比例就越大，即恩格尔系数大；相反，家庭收

---

[1] 杨翠迎,何文炯.社会保障水平与经济发展的适应性关系研究[J].公共管理学报,2004,1(1):83.
[2] 秦印.广东省财政社会保障支出水平研究[D].广州：暨南大学，2009.
[3] 王建云.我国孤儿生活津贴标准适度性研究[D].上海：华东师范大学，2014.

入越多，生存所必需的食品支出在家庭总消费中所占的比例就越小，即恩格尔系数小；随着一个家庭收入的增加，食品支出所占的比例是逐渐下降的，即恩格尔系数逐渐变小[1]。利用恩格尔系数可以测定某一地区的贫困水平，依据最低营养标准和各地的饮食习惯测算最低食品支出，并确定食品支出在总消费支出中的比例，就可以测算某一地区的贫困线。恩格尔系数只能测算居民最基本的食品需要，不能测算衣着、医疗、教育、住房等非食品需要。

恩格尔系数可以测算居民生活水平的高低，它是衡量家庭经济状况的重要指标。其计算公式如下：

$$E=F/C$$

其中，E 为恩格尔系数，F 为保持生存的食品支出金额，C 为家庭消费总额。恩格尔系数法通常被用来衡量一个国家或地区人民生活水平。根据联合国规定，恩格尔系数 $E≥59\%$，是贫困的；$50\%≤E<59\%$，是温饱的；$40\%≤E<50\%$，是小康的；$30\%≤E<40\%$，是富裕的；$E<30\%$，是最富裕的。

（二）市场菜篮子法

市场菜篮子法是根据一个人的生存和发展所必需的开销并按照市场价格计算这种生活消费的方法[2]。1978 年，美国人提出划定贫困标准的指标（食品、衣服、家具、交通、住房、医疗等），并按照市场价格，计算维持人们生存和发展必不可少的基本需要的开支，从而得出最低生活保障线。1990 年，世界银行提出以人们日常生存消费支出的总费用贫困线。日常生存消费支出包括食品、生活必需品、住房和交通等费用。但由于市场菜篮子法有较强的主观性，为了保证它的科学性，必须由群众和专家共同决定市场菜篮子的内容。

儿童福利是我国福利体系的重要组成部分。因此，我们可以使用市场菜篮子法对儿童生活津贴标准进行必要的核算。通过搜集各地区儿童群体的食品、房租、衣服、家具、交通、卫生保健、生活必需品的需求，依据市场上这些必需品和有关服务项目的价位，计算出维持儿童生存和发展基本需要的开支，从而得出满足儿童生存和发展的最低养育标准。

（三）国际贫困标准法

国际贫困法是由欧洲经济合作与发展组织提出的一种收入比例法，根据一个国家或地区的社会平均收入水平来确定满足居民生存和发展需要的最低标准，国际上通用的比例是最低生活标准相当于社会平均收入的 50%~60%。社会平均收入水平表示在一定生

---

[1] 中华人民共和国国家统计局.恩格尔定律与恩格尔系数[EB/OL].http://www.stats.gov.cn/tjzs/tjcd/t20020605_21533.htm,2002-06-05/2013-7-18.

[2] 郑功成.社会保障学[M].北京:中国劳动社会保障出版社,2005.271-274.

产力水平下，一个国家或地区社会成员满足其基本生活需要所需要的平均消费价格。同理可知，一个国家和地区也存在最低消费价格和最高消费价格。为满足社会成员的最低生活消费，必须把社会平均收入水平按照一定比例向下调整作为国家贫困标准。

（四）生活形态法

生活形态法是从人们的生活方式、消费习惯等生活形态入手，让被调查者回答有关贫困居民户生活形态的问题；然后，从中选择若干剥夺指标，确定被调查者的实际生活状况；最后，确定贫困者。利用归纳的方法，归纳贫困者被剥夺的需要，根据当地的消费品价格求出最低生活标准。

（五）马丁法

马丁法是由经济学家马丁提出的测算贫困的方法。马丁法是在考虑不同地区家庭的消费习惯、家庭结构、生产结构等因素对居民消费支出，特别是食品消费支出的影响下设定的两条贫困线，分为低贫困线和高贫困线。

低贫困线是利用回归模型，选取生活贫困的居民户，分析他们的食品支出，确定食物贫困线，再分析食物贫困线的居民户的人均可支配收入或人均消费支出，计算他们的非食品支出，确定贫困户的最低非食品支出。食物贫困线是根据各地区的饮食习惯和食品价格，确定达到食物营养需求的最优食品组合的价格。这一组合的实际消费将会上升或下降，直到他们确实达到了规定的食物能量需求。高贫困线是指那些可支配收入多于低贫困线家庭，人均消费支出低于贫困线又高于食物贫困线的贫困户，拟合适当的回归模型求得[1]。

（六）灰色系统模型法

灰色系统是介于白色系统和黑箱系统之间的过渡系统。白色系统表示某一系统的信息全部都已知；黑箱系统表示某一系统的信息全部未知；灰色系统表示某一系统的信息，一部分信息已知，一部分信息未知。灰色系统理论认为，预测那种既含有已知信息又含有未知信息或者不确定信息的系统，以期在随机的、杂乱无章的现象中，发现系统中潜在的联系和规律[2]。

灰色预测根据同一系统中各因素之间发展趋势相异的程度，并对大量原始数据进行处理，并进行关联分析，生成有规律性的数据序列，并建立相应的微分方程模型，从而

---

[1] 百度知道.经济学中马丁法的介绍
[EB/OL]http://zhidao.baidu.com/link?url=5JsN64mhSizQR227xffiVUU5RuqYOLSrkq1uqr7z_6lW7V1JBlfl-P5fT8Eef3q6ldfFoYUGf8omQGzpZ1y2O_,2012-08-22/2013-11-24.
[2] 百度百科.灰色预测法[EB/OL]http://baike.baidu.com/link?url=cAy_6y71Y7UDswq_tCzpNziPCiAA_5_rUyDLtO33EN31L9yDtp0l4vCSC1G94-lysc57-SVIWnqoUQqsM0VQS_,2013-08-15/2013-11-24.

预测事物未来发展趋势[1]。

（七）扩展线性支出模型法

美国经济学家朗茨于 1973 年提出扩展线性支出模型，他认为人的消费需要分为基本消费需要和根据个人偏好选择的超额需要。扩展线性支出模型法是利用计量经济学的原理，依靠大量数据，用定量的方法研究居民消费的一种方法[2]。例如，根据食品支出情况，可以预测家庭成员的贫困程度；根据家庭教育支出情况，可以预测家庭成员受教育的情况；根据医疗支出的情况，可以预测家庭成员的健康水平。虽然对于同一商品，不同的人具有不同的需要程度，但人们对最基本消费需要的需求程度是一致的，因此，消费者基本消费需要可利用扩展线性支出模型法计算出消费者最基本的生活消费支出标准，并以此作为贫困线。本书可借鉴此方法，从儿童的基本生活需要出发，以截面数据作样本，排除主观因素的影响，更客观、更准确地确定儿童养育津贴标准。

二、津贴测算方法评述

上述津贴标准理论测算方法从理论基础、路径分析和限度分析三个方面考察，各有特色和可取之处，但也存在缺陷和一定的局限性。恩格尔系数法要求食品支出和总支出的稳定性，以及居民消费习惯的科学性，但我国各地区受物价、地域等因素影响，往往很难科学地计算恩格尔系数，确定社会救助标准时，易受主观判断影响。用市场菜篮子法测量儿童生活津贴标准也容易受主观判断影响。在不同地区或同一地区的不同家庭中，必需品和超必需品很难界定，测算标准往往相差很大，而且测算标准偏低。国际贫困标准法的比例很难界定，目前我国实施的贫困线标准远远低于国际通用的 50%~60%，因此，国际贫困法还需要根据各地区的实际情况适当调整，切不可机械套用。生活形态法的贫困对象的确定存在很多主观性的因素，缺乏足够的客观性和科学性。马丁法的测算区分了食物贫困和非食物贫困，但不能体现劳动力的特殊性，即津贴不仅要满足人的温饱需要，还要满足人的发展需要。灰色系统模型法仅是静态的研究津贴标准，不能进行动态研究。扩展线性支出模型法不能分析所有的非线性关系，如果过于追求各因素的关系，反而会偏离方向，造成测算结果失真。

---

[1] 百度百科.灰色预测法[EB/OL]http://baike.baidu.com/link?url=cAy_6y71Y7UDswq_tCzpNziPCiAA_5_rUyDLtO33EN31L9yDtp0l4vCSC1G94-lysc57-SVIWnqoUQqsM0VQS_,2013-08-15/2013-11-24.
[2] 百度文库.扩展线性支出系统模型简介[EB/OL]http://wenku.baidu.com/link?url=zju-uLwRuIOonMxSHKKWE0bXDoCSj9j_ho4v0kYT10NPPGBpxuu0AGy2fATIOwVG06CfMzNnyPFrbmcjiwaPWuHBQzuH9cacq8YnJpGyY4W,2012-08-21/2013-11-24.

第四章 儿童福利制度国际比较

第一节 各国儿童基本公共福利比较

西方发达国家儿童基本公共福利日趋完善,成效显著。首先,表现为基本医疗卫生制度的完善,新生儿死亡率逐年降低。从2005年到2012年,OECD(经济合作发展组织)国家新生儿死亡率均呈下降趋势(见表4.1)。其中,冰岛的新生儿死亡率(每1000个新生儿中死亡人数)从2005年的2.3个千分点下降为2011年的0.9个千分点,是新生儿死亡率最低的国家。芬兰、挪威、瑞典、日本等国的新生儿死亡率也非常低。这些进步与各国实施的公共福利政策是分不开的[1]。

表4.1 OECD各国新生儿死亡率(‰)

国家	2005年	2006年	2007年	2008年	2009年	2010年	2011年	2012年
澳大利亚	5.0	4.7	4.2	4.1	4.3	4.1	3.8	--
奥地利	4.2	3.6	3.7	3.7	3.8	3.9	3.6	--
比利时	3.7	4.0	3.9	3.8	3.5	3.6	3.3	
加拿大	5.4	5.0	5.1	5.1	4.9	--		
智利	7.9	7.6	8.3	7.8	7.9	7.4	--	
捷克	3.4	3.3	3.1	2.8	2.9	2.7	2.7	
丹麦	4.4	3.5	4.0	4.0	3.1	3.4	3.6	
爱沙尼亚	5.4	4.4	5.0	5.0	3.6	3.3	2.5	
芬兰	3.0	2.8	2.7	2.6	2.6	2.3	2.4	
法国	3.8	3.8	3.8	3.8	3.9	3.6	3.5	3.5
德国	3.9	3.8	3.9	3.5	3.5	3.4	3.6	
希腊	3.8	3.7	3.5	2.7	3.1	3.8	3.4	
匈牙利	6.2	5.7	5.9	5.6	5.1	5.3	4.9	--
冰岛	2.3	1.4	2.0	2.5	1.8	2.2	0.9	
爱尔兰	4.0	3.6	3.3	3.4	3.3	3.8	3.5	--
以色列	4.4	4.0	3.9	3.8	3.8	3.7	3.5	
意大利	3.8	3.6	3.5	3.3	3.9	3.4	--	
日本	2.8	2.6	2.6	2.6	2.4	2.3	2.3	

---

[1] 戴建兵.我国适度普惠型儿童社会福利制度建设研究[D].上海:华东师范大学,2015.

国家	2005年	2006年	2007年	2008年	2009年	2010年	2011年	2012年
韩国	4.7	4.1	3.6	3.5	3.2	3.2	3.0	--
卢森堡	2.6	2.5	1.8	1.8	2.5	3.4	4.3	--
墨西哥	16.9	16.3	15.7	15.1	14.6	14.1	13.6	--
荷兰	4.9	4.4	4.1	3.8	3.8	3.8	3.6	--
新西兰	5.0	5.1	4.8	5.0	5.2	5.5	--	--
挪威	3.1	3.2	3.1	2.7	3.1	2.8	2.4	2.8
波兰	6.4	6.0	6.0	5.6	5.6	5.0	4.7	--
葡萄牙	3.5	3.3	3.4	3.3	3.6	2.5	3.1	--
斯洛伐克	7.2	6.6	6.1	5.9	5.7	5.7	4.9	--
斯洛文尼亚	4.1	3.4	2.8	2.4	2.4	2.5	2.9	--
西班牙	3.7	3.5	3.4	3.3	3.2	3.2	3.2	--
瑞典	2.4	2.8	2.5	2.5	2.5	2.5	2.1	--
瑞士	4.2	4.4	3.9	4.0	4.3	3.8	3.8	--
土耳其	21.4	16.5	13.9	12.1	10.2	7.8	7.7	--
英国	5.1	5.0	4.8	4.7	4.6	4.2	4.3	--
美国	6.9	6.7	6.8	6.6	6.4	6.2	6.1	--
（平均）	5.3	4.9	4.7	4.5	4.4	4.2	3.9	3.2

注：以色列的统计数据由以色列政府提供。

数据来源：OECD Health Data/ Health status/ OECD Health Statistics (database)

其次，从 OECD 国家在 2003 年、2007 年和 2010 年 3 岁以下儿童接受托幼机构的正式照料比率来看，2010 年儿童入托率高于 50%的国家有丹麦、挪威、冰岛、荷兰和韩国。如图 4.1 和表 4.2 所示：

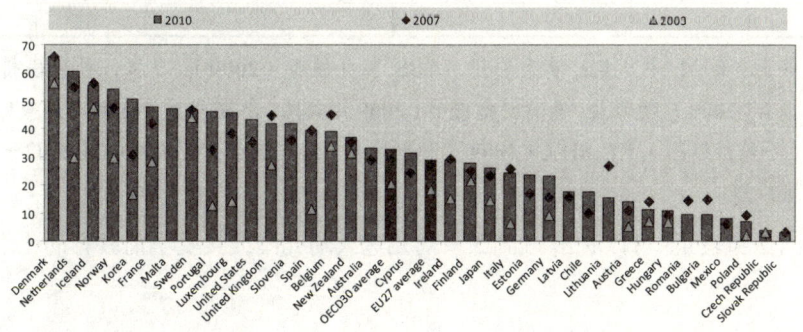

数据来源：OECD Health Data/ Health status/ OECD Health Statistics (database)

图 4.1　正规托幼机构中三岁以下儿童的平均入学率（%）

表 4.2 OECD 各国 3 岁以下儿童进入正规托幼机构的比率（%）

国家	2003 年	2007 年	2010 年	国家	2003 年	2007 年	2010 年
丹麦	56.1	65.7	65.7	爱尔兰	15.0	29.0	28.8
荷兰	29.5	54.9	60.6	芬兰	21.3	25.0	27.7
冰岛	47.6	56.3	55.7	日本	14.5	23.2	25.9
挪威	29.5	47.3	54.0	意大利	6.3	25.8	24.2
韩国	16.7	30.6	50.5	爱沙尼亚	--	17.0	23.6
法国	28.0	42.0	48.0	德国	9.0	15.5	23.1
马耳他	--	--	47.2	拉脱维亚	--	15.6	17.7
瑞典	44.1	46.7	46.7	智利	--	9.8	17.6
葡萄牙	12.7	32.5	45.9	立陶宛	--	26.9	15.6
卢森堡	14.0	38.4	45.8	奥地利	5.2	10.9	13.9
英国	27.1	44.8	42.0	匈牙利	6.7	9.0	10.9
斯洛文尼亚	--	35.9	41.8	罗马尼亚	--	14.3	9.7
西班牙	11.3	39.3	39.3	保加利亚	--	14.6	9.6
比利时	33.6	45.0	39.2	墨西哥	--	5.9	8.3
新西兰	31.5	35.1	36.8	波兰	2.0	9.1	6.9
澳大利亚	--	29.0	33.2	捷克	3.0	2.6	4.0
（OECD30 国平均值）	20.5	29.3	32.6	斯洛伐克	--	3.0	3.0
塞浦路斯	--	24.3	31.4	美国	--	35.2	43.2
（欧盟 27 国平均值）	18.4	27.0	29.0	希腊	7.0	14.2	11.3

数据来源：0-2 岁儿童：澳大利亚，ABS 托儿服务（2009）；日本，社会福利行政、服务统计报告（2009）；新西兰，教育计数统计（2009）；美国，早期儿童计划参与调查（2009）；欧洲国家（不包括德国），EU-SILC（2009）：管理数据；北欧国家：NOSOSCO（2007-2009）；其他：国家政府。

从图 4.2 和表 4.3 可以看出，3 到 5 岁幼儿进入幼儿园或接受学前教育的比率较高。

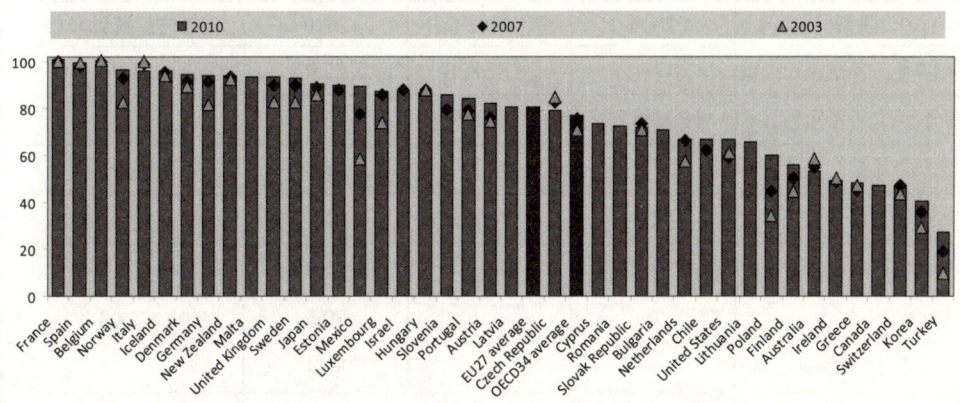

图 4.2 学前教育计划中 3－5 岁儿童的平均入学率（%）

如表 4.3 所示，一些国家，如法国，2010 年 3－5 岁儿童进入幼儿园或接受学前教育的比率达到 100%。高于 90% 的国家有西班牙、比利时、挪威、意大利、冰岛、丹麦、德国、新西兰、马耳他、英国、瑞典和日本。

表 4.3　OECD 各国 3－5 岁儿童进入幼儿园或接受学前教育的比率（%）

国家	2003	2007	2010	备注：统计年份
法国	100.0	100.0	100.0	
西班牙	99.4	97.7	99.3	
比利时	100.0	99.7	99.0	
挪威	82.5	92.8	96.2	
意大利	100.0	98.8	95.7	
冰岛	94.0	95.5	95.6	
丹麦	89.3	91.3	94.1	
德国	81.5	91.2	93.9	
新西兰	92.2	93.4	93.6	
马耳他			93.5	2005
英国	82.5	89.7	93.3	
瑞典	82.4	89.9	92.9	
日本	85.5	88.7	90.3	
爱沙尼亚		87.7	89.8	
墨西哥	58.5	77.3	88.9	
卢森堡	73.9	85.6	87.3	

国家	2003	2007	2010	备注：统计年份
以色列		87.8	87.0	
匈牙利	87.8	87.8	86.7	
斯洛文尼亚		79.5	85.8	
葡萄牙	77.6	78.8	84.1	
奥地利	74.3	76.1	81.9	
拉脱维亚			80.6	2008
（欧盟 27 国平均值）			80.4	
捷克	84.6	82.4	78.9	
（OECD34 国平均值）	70.8	75.1	76.9	
塞浦路斯			73.4	2008
罗马尼亚			72.5	2008
斯洛伐克	70.7	73.5	71.7	
保加利亚			70.7	2008
荷兰	57.2	66.3	66.9	
智利		62.2	66.5	
美国	61.2	59.1	66.5	
立陶宛			65.5	2008
波兰	34.6	44.6	59.7	
芬兰	44.5	50.2	55.8	
澳大利亚	58.3	54.9	53.1	
爱尔兰	50.4	48.4	49.3	2009
希腊	47.4	45.3	48.3	
加拿大			47.3	
瑞士	43.7	46.9	46.5	
韩国	29.4	36.1	40.4	2009
土耳其	9.7	19.0	27.0	

注：OECD 各国 3-5 岁儿童入学率按降序排列

数据来源：3-5 岁儿童：OECD 教育数据库；加拿大，全国儿童和青少年纵向调查（2009）；韩国，卫生和福利部；非经合组织国家，欧盟统计局（2009）。

第二节 各国儿童福利内容比较

一、不同经济发展阶段儿童福利政策节点划分

儿童福利发展离不开经济的支撑。从世界各国儿童福利政策发展历程来看，具有几个明显而重要的时间节点。

（一）人均 GDP3000 美元开始着力建设适度普惠型儿童福利

在国际上，儿童福利的发展具有非常重要的时间节点。首先，1942 年，《贝弗里奇报告》的问世，标志着儿童福利开始建设。其次，到 20 世纪 70 年代，绝大部分西方国家开始大力建设儿童福利制度，儿童福利走向适度普惠。1970 年，从世界上发达的市场经济国家人均国内生产总值绝对值来看，人均国内生产总值平均为 2990 美元；从单个国家来看，美国人均国内生产总值为 4878 美元，加拿大为 3974 美元，法国为 2862 美元，瑞士为 3602 美元，德国和瑞典分别为 2672 美元和 4361 美元。当时，各国儿童福利政策主要覆盖贫困家庭、单亲家庭和其他困境家庭，福利水平与经济发展水平相适应。

（二）人均 GDP2 万美元开始建设普惠型儿童福利

20 世纪 90 年代，大多数西方国家人均 GDP 达到 2 万美元，儿童福利政策更趋完善，福利政策覆盖到普通家庭，福利水平逐步上升，福利项目逐步增多。

（三）人均 GDP3 万美元开始建设完善的儿童福利

瑞士、瑞典等北欧国家人均 GDP 在 1990 年全部突破 3 万美元，建立了完善的"从摇篮到坟墓"的儿童福利体系。2000 年以后，其他西方市场经济国家，如美国、日本等国的人均 GDP 均突破 3 万美元，福利水平进一步上升，福利政策更加完善。

表 4.4 全世界主要年份主要国家(地区)人均国内生产总值统计(1970－2007 年) （单位：美元）

国别（地区）\年份	1970	1980	1990	2000	2002	2003	2004	2005	2006	2007
（发达的市场经济国家平均值）	2990	10130	19620	26140	26750	29950	33070	34450	36020	--
美国	4878	11991	22480	34280	35820	37123	39271	41347	43562	45725
加拿大	3974	10968	21037	23621	23465	27379	31048	35071	39004	43674
日本	1945	9034	24431	36601	30630	33145	35876	35646	34661	34296
中国香港	967	5743	13311	25330	23982	22935	23740	25191	26575	29753

年份 国别（地区）	1970	1980	1990	2000	2002	2003	2004	2005	2006	2007
瑞士	3602	17289	34506	33875	37716	43877	48663	49282	50247	58513
荷兰	2742	12716	19912	24182	27189	33253	37399	38512	40535	46774
英国	2221	9525	17315	24500	26467	30378	35923	36954	39207	46099
法国	2862	12503	21290	21812	23662	29030	33005	33861	35375	42034
德国	2672	11747	21583	23086	24453	29546	33168	33718	34955	40400
瑞典	4361	15739	28296	27290	27305	33955	38792	39539	42170	49603

资料来源：联合国《国民核算统计年鉴》。摘编自《中国商务年鉴2009》。

二、各国儿童专项津贴内容比较

艾斯平－安德森曾经根据社会民主权利和去商品化程度的高低将福利资本主义区分为三种形态：自由民主型的福利国家、保守型的福利国家和社会民主型的福利国家。

（一）盎格鲁－撒克逊等自由民主型福利国家[1]

盎格鲁－撒克逊等自由型福利国家主要包括美国、英国、加拿大与澳大利亚。

1. 美国

美国儿童社会福利制度残补取向比较明显。但针对贫困家庭设计的福利项目比较全面。美国儿童福利制度中，在收入保障方面，最有代表性的制度是"抚养未成年子女家庭援助计划（AFDC）"[2]。"抚养未成年子女家庭援助计划（AFDC）"从1935年设立的"失依儿童补助（ADC）"演变而来，该计划的目的是为了帮助"父母一方丧失劳动能力、死亡、长期离家出走或失业家庭"中的儿童[3]。AFDC 计划对贫困家庭儿童的资助需要进行评估，只有真正贫困的家庭才能获得资助。资助的方式主要是直接由政府提供支票，进行现金给付。资助的金额也较高，例如，1989年，三口之家可以获得570美元的资助，这一标准是1988年贫困线的73%。AFDC 计划由于不强制父母必须工作，不可避免地会导致许多贫困家庭依赖这一资助制度，父母不去工作，陷入失业状态，整个家庭陷入"贫困陷阱"。因此，到1996年，美国废除了AFDC计划，颁布《个人责任与就业机会协调法》，用贫困家庭临时援助（TANF 计划）取代了 AFDC 计划。TANF 计划要求美国接受补助的家庭要积极参加工作。条件成熟的家庭在接受福利制度帮助后的两年内必须工作，一旦条件成熟，这些家庭的父母必须尽快参加工作。对参加工作的

---

[1] 戴建兵.我国适度普惠性儿童社会福利制度建设研究[D].上海：华东师范大学，2015.
[2] 龚婷婷.法国、美国和日本儿童福利的发展及其启示[J].教育导刊，2010（3）：88-92.
[3] 姚建平，朱卫东.美国儿童福利制度简析[J].青少年犯罪问题，2005（5）：57-61.

时间也有明确规定，单亲家庭的父亲或母亲每周必须工作 30 小时，双亲家庭则要求工作 35 小时或 55 小时。TANF 计划在给贫困家庭的儿童提供福利制度保护时，也用一些硬性规定刺激父母积极参与就业，进一步改善儿童生活条件。

美国为儿童设计的收入保障计划还包括所得税信贷计划（EITC）。在家庭中的父母参与工作后仍处于低收入状态时提供现金资助。信贷额度随收入的增加而逐渐降低。例如，1991 年，家庭年收入低于 6810 美元时，可以获得 17%的税收信贷。当家庭收入高于 20263 美元时，政府将不再为该家庭提供税收信贷。

美国联邦政府也为儿童提供食品券，进行食品补助。食品券补助主要给贫困家庭的孩子，保证这些家庭的孩子能满足基本的食品需要。同时，也可以确保这项补助不会被用于其他用途。食品券只授予真正贫困的家庭，联邦政府规定只有家庭毛收入低于联邦贫困线的 130%或者净收入低于贫困线的贫困家庭才能获得食品券。此外，为了确保儿童的营养摄入，美国设立了三个营养计划，如"全国学校午餐计划（NSLP）"、"全国学校早餐计划（NSBP）"和"暑期食品服务计划（SFSP）"。当家庭收入低于联邦贫困线的 130%时，可以享受免费的早餐和午餐。当家庭收入处于联邦贫困线 130%~185%段时，可以享受低价的早餐和午餐。美国的免费营养早餐和午餐计划保障了儿童的营养需要，同时也为农民的产品销售提供了支持。

2. 英国

英国的儿童福利制度内容广泛，包括儿童津贴、税收抵免、儿童生活费用津贴、家庭寄养制度、早期教育和特殊制度等。儿童津贴包括给予普通家庭的津贴和给予贫困家庭的补助。津贴的金额随着家庭中孩子数量的增加而提高。对于父母离异的孩子，还专门提供儿童生活费用津贴。除儿童津贴外，英国还提供儿童信托基金和税收抵免。儿童信托基金是为每个儿童建立一个专门的账户，当儿童出生时，政府为其存入 250 英镑作为起始资金，以后每年由其父母存入一定的金额，政府对儿童基金账户内的存款进行补贴和免税。在儿童年满 16 周岁或 18 周岁时，儿童信托基金内的资金才可以取出，为儿童提供培训或接受高等教育。税收抵免是当儿童和成人生活在一起时，不管是亲生父母还是养父母，成人都可以申请一定额度的税收抵免。

3. 加拿大

加拿大儿童福利金也称儿童牛奶金，对中低收入家庭中 18 周岁以下的儿童发放。儿童福利金由几部分组成，包括基本福利、国家儿童福利补助（NCBS）和残疾儿童福利补助三个部分（见表 4.5）。儿童福利金的数额大小主要根据家庭中儿童的数量、家庭中父母的收入、儿童的年龄、儿童是否残疾等因素来综合衡量。例如，2006 年，家庭中每个 18 周岁以下的儿童可以获得的儿童福利金为 104.58 加元[1]。

---

[1] 孙月蓉.加拿大低收入家庭保障计划对我国的启示[J].社会保障研究，2012（2）：107-112.

表 4.5　加拿大儿童福利金计发表（单位：美元）

儿童数量	基本补贴	NCBS	年度总金额	每月待遇
第一个儿童	1367	2118	3485	290.41
第二个儿童	1367	1873	3420	270.00
第三个及每一个其他儿童	1462	1782	3244	270.33

资料来源：宁亚芳.加拿大儿童税收福利制度及对中国贫困家庭儿童福利建设的启示[J].长沙民政职业技术学院学报，2011（3）：33-36.

4. 澳大利亚

澳大利亚为儿童设立家庭免税津贴制度，分为 A 和 B 两个部分。对于在家庭中照料婴幼儿的服务提供者，澳大利亚规定：只要在家庭管理机构进行过登记，就可以领取儿童照料津贴。不管是正式的照料还是非正式的照料，均可以领取。例如，在 2005 年，领取儿童照料津贴的儿童占儿童总数的比率如表 4.6 所示：

表 4.6　领取儿童照料津贴和不领取儿童照料津贴的儿童占儿童总数的比率（%）

年龄（岁）	0	1	2	3	4	5	6—8	9—12
不领取儿童照料津贴的比率	65.7	39.4	29.4	29.4	37.2	53.8	56.5	68.7
领取儿童照料津贴的比率	34.3	60.6	70.6	70.6	62.8	46.2	43.5	31.3

数据来源：ABS（2005）Childcare, Australia, june 2005.

（二）欧陆等保守型福利国家

欧陆等保守型福利国家包括法国、奥地利、德国和意大利。

1. 法国

法国对养育子女的家庭提供家庭津贴制度。无论是亲生子女还是收养子女，也不管是否参加社会保险，只要有养育子女的事实存在，不需要进行家庭财产调查，法国政府就为这些养育子女的家庭提供家庭津贴。

法国设立的家庭津贴制度，覆盖所有儿童。家庭津贴有两种形式，一是通过现金的方式，二是通过托育费抵税的方式。法国的家庭津贴制度设立的目的一是为所有儿童提供良好的生活条件，二是为了提高法国的生育率。因此，家庭津贴主要针对养育两个及两个以上子女的家庭。如果只养育一个子女，则不在家庭津贴制度覆盖范围之内。家庭津贴的数量与家庭养育孩子的数量成正比例关系，养育孩子数量越多，则家庭津贴总额越高。家庭津贴的供给年限为孩子年满十六周岁为止。

法国的家庭津贴与孩子年龄以及家庭中孩子个数成正比例，以 2003 年为例，每月津贴数额如表 4.7 所示：

表 4.7　法国家庭津贴金额（单位：欧元/月）

第二个孩子津贴标准	111.3
其他的孩子	142.6
第三个孩子 11–16 岁时的额外津贴	31.3
第三个孩子 16 岁以上时的额外津贴	55.63

数据来源：Benefits and Wages country chapter 2003

法国除为有两个及以上孩子的家庭提供家庭津贴制度外，还为怀孕的妇女提供新生儿津贴制度。新生儿津贴制度不考虑孩子的数量，只要是怀孕的妇女，从其怀孕第三个月起直到孩子出生后第三个月，每个家庭都可以领取到新生儿津贴。对于贫困家庭的怀孕妇女，还可以继续领取新生儿津贴，直到孩子满三周岁为止。1991 年，法国对每个孩子的新生儿津贴额为每月 134 美元。新生儿津贴制度为儿童在母亲怀孕及生产期间提供了良好的生活条件，提高胎儿孕育的质量，为胎儿及新生儿的成长提供了良好的制度保障。

法国为残疾儿童专门设立了残疾儿童补贴。日常生活无法自理的残疾儿童补贴比基本能自理的残疾儿童补贴金额较高一些，1991 年，前者每月补贴 304 美元，后者每月补贴 164 美元。

当孩子生活在单身父母家庭且没有收入或收入较低时，法国为这些家庭的孩子给予单身父母生活津贴。一般来说，孩子 3 岁以下就可以享受。当最小的孩子超过 3 岁时，可以视情况延长享受年限，但最长不超过 12 个月。

除家庭津贴外，法国还给儿童设立雇佣保姆津贴，符合父母均工作且孩子 3 岁以下的情况的家庭可以领取雇佣保姆津贴。抵扣税的做法也是法国盛行的一种儿童福利制度。当父母工作且把孩子送到幼儿园照料时，父母的税前收入可以扣除一定的金额，不用缴纳税收。例如，1991 年，法国父母把孩子送幼儿园时，家庭收入税可以扣除 2304 美元。当孩子不送幼儿园，而是雇佣工人在家里照顾时，则可以抵扣 1997 美元[1]。

此外，法国还为养育孩子的家庭提供住房津贴。无论是租房还是买房的家庭，都可以获得住房津贴。对于孩子所寄养的家庭，法国也为这些家庭提供寄养津贴。

2. 奥地利、德国和意大利

同为欧陆等保守型福利国家，除法国外，奥地利为 18 岁以下的儿童提供儿童津贴，如果家庭中的孩子年满 18 岁但仍是全日制学生，则可以继续领取津贴，直到年满 26 周岁为止。德国也为 18 周岁以下的儿童提供儿童津贴，但如果继续求学，接受全日制教育，则领取津贴的年限可以扩大到年满 17 周岁为止。意大利也是鼓励多生育的国家，如果家庭儿童数量达到 3 个及以上，则不需要进行家计调查，就可以领取家庭津贴，从 0 岁一直领取到 18 周岁为止。

---

[1] 张晓霞.美法两国儿童福利制度的差异比较[J].社会，2003（6）：46-49.

（三）斯堪的纳维亚社会民主型福利国家

斯堪的纳维亚国家包括如丹麦、挪威和瑞典。瑞典为儿童提供儿童津贴和家庭津贴。瑞典儿童在 0-16 岁期间可以领取固定的儿童津贴。如果遭遇特殊情况，瑞典儿童还可以领取其他补助。例如，如果父母双方分居，儿童可以领取一定的补助。如果父母一方或双方去世，则政府为该儿童提供儿童抚养金。如果丈夫去世，单亲母亲抚养孩子，则政府为母亲提供"寡妇补贴"。如果孩子较多，儿童及其家庭可以从政府领取到住房津贴。

瑞典的儿童还享受教育津贴。当孩子进入托儿所或幼儿园后，如果家庭经济状况比较困难，则可以得到伙食费或管理费补贴，对学龄前教育，政府是免费提供的。如果家庭需要人照看孩子，则政府可以派专门的服务员提供儿童照料。在接受中小学教育期间，儿童享受免费的文具、午餐甚至住校补贴等[1]。

（四）南亚和东南亚等国家

南亚和东南亚等一些国家，如印度、泰国、印度尼西亚等，为儿童提供较多福利项目。在印度，存在比较严重的儿童营养不良的问题。印度"拥有全世界20%的儿童，却拥有全世界40%营养不良的儿童"，超过30%的儿童上学时不吃早餐[2]。印度为改善儿童营养不良的局面，解决儿童不吃早餐上学的问题，2001年，政府通过《食品权力法案》，设立"免费午餐"项目。

在营养午餐的提供过程中，印度政府起主要作用，同时吸引社会组织积极参与这个项目，并对"营养午餐"项目进行监管，取得了良好的效果。在印度的营养午餐项目中，政府承担的职责主要有：一是按照政府提供的学生数量，安排食品公司提供足额的粮食；二是拨付财政款项，支付蔬菜、调料、油、煤气等费用；三是提供资金，为学校建设独立的厨房，购买厨具。营养午餐项目取得了较好的效果。

三、儿童福利服务比较

为保障美国儿童的健康，美国设立了医疗援助计划（Medicaid），对于符合"抚养未成年子女家庭援助计划（AFDC）"或"补充收入保障（SSI）"的贫困家庭，美国各州为其提供医疗援助，可以在接受治疗时免除部分或全部医疗费用。此外，美国设立了"妇女、婴儿和儿童特别补充食品计划（WIC）"。这种补充食品计划是一种预防性的健康计划，为婴儿、5岁以下的幼儿、孕妇和哺乳期妇女提供营养食品。获得这一计划资助的必须是家庭收入低于联邦贫困线185%的人群。"妇女、婴儿和儿童特别补充食品计划（WIC）"为各种因为贫困而导致营养不良的婴幼儿和孕产妇、哺乳期妇女提供营养保障。

在幼儿园方面，美国通过给予公立幼儿园大量的财政补助来降低儿童在幼儿园的费用和支出。此外，美国还为经济困难家庭里的儿童设立开端计划（Head Start），以便为

---

[1] 何玲.瑞典儿童福利模式及发展趋势研议[J].中国青年研究，2009（2）：5-9,15.
[2] 李建.学校营养[M].成都：四川大学出版社，2006:56.

贫困家庭的儿童提供教育补偿，确保所有儿童获得均等化的教育资源。美国还为贫困家庭提供教育券，为贫困家庭的子女选择公立或私立（非教会）学校提供教育券，学生可以用这些教育券购买教育。

英国建立了较为完善的寄养制度。在寄养制度下，70%以上的残疾儿童得以进入普通家庭，享受普通家庭的成长环境。英国对儿童的早期教育与特殊教育非常关注和重视，政府对家庭和学校、幼儿园等提供许多帮助。1998年，英国开始建立"确保开端（Sure Start）"儿童中心和延展学校，每所学校从早上8点到下午18点都对学生开放，学生可以在学校享受免费早餐、放学后可以享受各种活动和照料服务。英国对儿童心理健康非常重视，政府设置了儿童和青少年心理健康服务中心，为青少年儿童提供心理咨询和各种帮助。

法国除了津贴制度，还为儿童提供养育服务或照料服务。对于养育孩子的单亲母亲，法国设立母子短期保护所，为这些单亲母亲在外出工作或无能力养育和照料孩子时提供照看服务。对于职业父母家庭，法国设立团体托儿所、家庭托育中心或幼稚园。家庭托育中心也叫幼儿日托中心，分为集体日托和私人家庭日托两种形式。这些儿童照顾机构全部为免费，政府减免他们的税收，为这些机构的正常运营提供补贴。法国建立了完善的幼儿园制度，3岁半到6岁的幼儿进入公立幼儿园，不需要父母缴纳任何费用。法国的幼儿园全天候开放，有效地解决了双职工家庭无法照料孩子的困扰。从早上八点半开始，孩子就可以被送入幼儿园，一直被照管到下午四点半，才由家长接回家中。

日本的儿童福利机构也比较完善，厚生省设立了"儿童家庭局"，全国各地兴建了大量的"儿童之家""母婴院"以及残障儿童教养院。这些儿童福利机构为贫困儿童、残障儿童等提供照料服务，培养儿童的生活技能。在一些地方，日本设立儿童指导中心，为养育儿童的家庭提供咨询和庇护服务。日本建立了儿童寄养和收养制度。在收养制度上，日本有一个特别人性化的制度，就是在户籍上，对收养的儿童和亲生子女的等级不做区别，保证收养儿童和亲生子女在法律上具有同等的地位。

作为高福利国家的代表，瑞典为儿童建立了许多福利制度。首先，设立父母保险。1974年，瑞典开始实行父母保险制度，对于要养育婴幼儿的家长，规定给予产妇180－270天的生育津贴，父母可以享受带薪假期，并且政府承诺父母带薪休假后，能回到原来的工作岗位或相似的岗位。2002年，瑞典的父母津贴发放时间延长到480天。

瑞典为孕妇、产妇和婴幼儿设立母亲保健中心，产前产后的护理都可以全部享受免费。16岁以下的儿童看病全部免费。当儿童残疾需要父母照顾时，政府给予儿童照料补助。对半岁到6岁之间的儿童，可以享受免费的公共托育服务。在儿童接受教育期间，如果儿童生病而父母无法提供照看时，政府雇请专门人员提供照料服务。对离校较远的学生，政府提供车辆进行接送。

印度除了针对一般普通儿童的福利制度，还逐步完善流浪儿童福利制度。2000年，印度政府制定并通过了《青少年司法法案》，规定：雇佣儿童从事乞讨是非法行为，必须受到严厉惩罚。这部法律旨在预防儿童流浪，鼓励政府和非政府组织对儿童进行保护。1986年，印度颁布《儿童劳动法》，规定：14岁以下的儿童禁止参与工作，只有年满14岁以后，才能在一些相对安全的领域参加工作。

为了帮助流浪儿童，印度政府于1996年开始在孟买实行儿童热线，为寻求帮助的儿童提供各种信息，当儿童受到虐待、遗弃或被迫劳动等情况时，儿童热线将为其提供司法帮助和志愿者帮助。印度政府还成立儿童委员会，专门处理儿童权利相关法案。

印度政府在1993年开始启动流浪儿童融合项目，建立专门的机构为流浪儿童提供营养、卫生、医疗等方面的帮助。政府为这些机构提供绝大部分的财政支持。此外，政府还发起儿童融合发展项目，为被拐卖的儿童提供帮助，流浪儿童可以通过这个项目免费获取食物。对流浪儿童，政府还建立根除贫困项目，为他们提供食物以及职业培训，以便这些流浪儿童掌握一技之长，获得劳动技能，尽快融入社会。

在儿童教育领域，印度实施"整体性儿童发展服务"计划。1974年，印度通过《为了儿童的国家政策》，承诺"国家要向所有儿童提供充分的服务"[1]。为了实现这一目标，印度成立"全国儿童理事会"。对与儿童相关的各项事务进行管理。1974年，印度政府出台"整体性儿童发展服务"计划，1975年开始实施。

"整体性儿童发展服务"计划从儿童营养水平、医疗措施、照料等方面来规定儿童享有的福利，包含的内容主要有：一是提高6岁以下儿童的营养水平，提供免费午餐等计划；二是提高儿童医疗水平，减少死亡率和发病率；三是提高母亲照料儿童的能力，为儿童在家庭生活中满足营养需求和教育需求提供保障；四是实现各个儿童福利相关部门的协调，促进政策的一贯性[2]。

"整体性儿童发展服务"计划实施过程中，印度政府投入了大量的人力物力，取得了较为明显的效果。印度政府把全国划分为5630个项目单位，每个项目单位平均建立一个130个"幼儿之家"。在每个"幼儿之家"中，配备1名教师、1名教师助手、1名保育员。每个"幼儿之家"大约有60名6岁以下的儿童。教师和保育员的服务为这些"幼儿之家"的儿童获得福利做出了艰苦的努力。"整体性儿童发展服务"计划得到了联合国的关注和大力支持。

总的来看，无论是发达国家还是发展中国家，各国儿童福利制度的内容体系都相对完善，涉及的内容十分广泛。特别是发达国家，儿童福利制度的内容丰富，项目繁多。福利项目涵盖教育、医疗、生活、住房、收入、食品与营养、生育、家庭支持等各个领域；福利的形式则多种多样，既有现金补助，也有所得税减免，还有各种代金券，以及实物形式的物品、服务等。盎格鲁－撒克逊等自由民主型福利国家更多地关注贫困家庭

---

[1] Department of Women and Child Development, Ministry of Human Resource and Development. Convention on the Rights of the Child Coutry Report[R].India, 1997:12-13.
[2] 安双宏.论印度"整体性儿童发展服务"计划中的幼儿教育[J].比较教育研究，2008(8)：44-46.

儿童以及单亲家庭儿童等特殊儿童的福利保障,而欧陆等保守型福利国家以及斯堪的纳维亚社会民主型福利国家则将一切儿童纳入福利考察的范畴,在同等地重视普通儿童的基础上,更加重视特殊儿童,诸如孤儿、残疾儿童、贫困家庭儿童以及单亲儿童的生活保障。相对而言,社会民主型福利国家中儿童享有的福利项目多、福利标准高。

第二篇

我国儿童福利制度实证研究

第一章

第五章　中国补缺型儿童福利制度建设成效与特点

第一节　中国补缺型儿童福利制度建设成效

一、2000年以前儿童福利成效

新中国建立后到2010年,我国实施的补缺型儿童福利的最大特征就是儿童的生命权、生存权、健康权、受教育权等得到切实的保障。表5.1显示1991-2000年间我国新生儿死亡率、婴儿死亡率、五岁以下儿童死亡率等统计指标。数据表明,无论是我国城市还是农村,尽管各项指标值依然较高,但十年来儿童的生命权、生存权均已大大改善。

表5.1　我国新生儿死亡率、婴儿死亡率、五岁以下儿童死亡率三项指标

年份	新生儿死亡率（‰）			婴儿死亡率（‰）			5岁以下儿童死亡率（‰）		
	合计	城市	农村	合计	城市	农村	合计	城市	农村
1991	33.1	12.5	37.9	50.2	17.3	58	61	20.9	71.1
1992	32.5	13.9	36.8	46.7	18.4	53.2	57.4	20.7	65.6
1993	31.2	12.9	35.4	43.6	15.9	50	53.1	18.3	61.1
1994	28.5	12.2	32.3	39.9	15.5	45.6	49.6	18	56.9
1995	27.3	10.6	31.1	36.4	14.2	41.6	44.5	16.4	51.1
1997	…	…	…	33.1	13.1	37.7	42.3	15.5	48.5
1998	22.3	10	25.1	33.2	13.5	37.7	42	16.2	47.9
1999	22.2	9.5	25.1	33.3	11.9	38.2	41.4	14.3	47.7
2000	22.8	9.5	25.8	32.2	11.8	37	39.7	13.8	45.7

数据来源:《2003年中国卫生统计年鉴》

表5.2表明我国围产儿死亡率、新生儿破伤风死亡率、5岁以下儿童重度营养不良比率等指标情况。从1991年到2000年,出生体重<2500克人数的比重呈现出波动的态势,但总体上是降低的趋势,从1991年的5.85%下降到2000年的2.4%。新生儿破伤风发病率从1991年的万分之5.5下降为2000年的万分之1.88。新生儿破伤风死亡率从万分之4.9下降为万分之1.16。5岁以下儿童中重度营养不良比重从1992年的6.9%下降到2000年的3.09%。这些数据均表明,我国在保障儿童生命权和生存权方面作出了巨大的努力,取得较好的成效。

表 5.2　我国 1991—2000 年儿童情况表

年份	出生体重<2500克人数比重(%)	围产儿死亡率(‰)	新生儿破伤风发病率(1/万)	新生儿破伤风死亡率(1/万)	5岁以下儿童中重度营养不良比重(%)
1991	5.85	15.82	5.5	…	…
1992	2.52	15.84	…	4.9	6.9
1993	2.08	14.71	…	4	5.1
1994	2.08	7.4	…	3.8	…
1995	2.01	13.64	…	2.9	3.75
1996	1.98	14.44	4.12	2.9	3.73
1997	2.31	15.14	4.16	2.97	3.51
1998	2.58	14.94	2.74	1.86	3.41
1999	2.39	14.22	2.24	1.48	3.29
2000	2.4	13.99	1.88	1.16	3.09

数据来源：《2003年中国卫生统计年鉴》

1991年到2000年，主要的传染病监测数据如表5.3所示：

表 5.3　1991—2000 年我国几种主要的传染病监测数据（单位：1/万）

年份	鼠疫发病率	鼠疫死亡率	霍乱发病率	霍乱死亡率	脊髓灰质炎发病率	脊髓灰质炎死亡率	百日咳发病率	百日咳死亡率	白喉发病率	白喉死亡率
1991	0	0	0.02	0	0.17	0.01	0.93	0	0.02	0
1992	0	0	0.04	0	0.1	0	0.97	0	0.01	0
1993	0	0	0.95	0.01	0.05	0	0.79	0	0.01	0
1994	0	0	2.96	0.03	0.02	0	0.67	0	0.01	0
1995	0	0	0.95	0.01	0.01	0	0.5	0	0.01	0
1996	0.01	0	0.31	0	0	0	0.43	0	0	0
1997	0	0	0.1	0	0	0	0.75	0	0	0
1998	0	0	0.97	0	0	0	0.59	0	0	0
1999	0	0	0.42	0	0	0	0.5	0	0	0
2000	0.02	0	0.15	0	0	0	0.46	0	0	0
年份	布鲁氏菌病发病率	布鲁氏菌病死亡率	炭疽发病率	炭疽死亡率	黑热病发病率	黑热病死亡率	疟疾发病率	疟疾死亡率	登革热发病率	登革热死亡率
1991	0.07	0	0.24	0.01	0.03	0	8.88	0	0.08	0

年份	布鲁氏菌病		炭疽		黑热病		疟疾		登革热	
	发病率	死亡率	发病率	死亡率	发病率	死亡率	发病率	死亡率	发病率	死亡率
1992	0.04	0	0.15	0.01	0.02	0	6.4	0	0	0
1993	0.03	0	0.15	0	0.02	0	5.05	0	0.03	0
1994	0.05	0	0.11	0	0.01	0	5.29	0	0	0
1995	0.07	0	0.09	0	0	0	4.19	0	0.58	0
1996	0.21	0	0.09	0	0	0	3.08	0	0	0
1997	0.11	0	0.1	0	0.01	0	2.87	0	0.05	0
1998	0.09	0	0.1	0	0.01	0	2.67	0	0.04	0
1999	0.14	0	0.05	0	0.01	0	2.39	0.01	0.15	0
2000	0.17	0	0.05	0	0.01	0	2.02	0	0.03	0

数据来源：《2003 年中国卫生统计年鉴》

这一阶段，儿童受教育权得到发展。新中国建立初期，适龄儿童的入学率极低，全国女童的入学率不到 15%。经过新中国五十多年的发展，我国逐步普及九年义务教育。到 2000 年，全国小学在校生人数达到 13013.25 万人，小学适龄儿童净入学率达到 99.1%，其中女童的入学率也达到 99.07%；小学毕业生升学率为 94.9%。按中国现行测定普及小学义务教育的标准，占全国人口 95% 的地区基本普及了初等教育。这一阶段，中国的学前教育事业也得到发展。到 2000 年，全国有幼儿园 175836 万所，在园儿童达到 2244.18 万人[1]。

二、制定《中国儿童发展纲要（2001—2010 年）》[2]

2001 年，国务院妇女儿童工作委员会发布《中国儿童发展纲要(2001—2010 年)》。该纲要分为四个部分，第一部分是总目标；第二部分是主要目标与策略措施，阐述儿童发展的主要目标和可采取的措施，包括健康、教育、法律等方面；第三部分是组织与实施；第四部分是监测与评估。主要内容见表 5.4：

表 5.4 《中国儿童发展纲要(2001—2010 年)》的总目标与主要目标[3]

序号	观测点	摘要
1	总目标	坚持"儿童优先"原则，保障儿童生存、发展、受保护和参与的权利，提高儿童整体素质，促进儿童身心健康发展

---

[1] 教育部. 2000 年全国教育事业发展统计公报[EB/OL].2001-12-28, http://www.edu.cn/20011128/3012090.shtml.

[2] http://s.zi.gov.cn.中国儿童发展纲要（2001－2010 年）.2015－08－16.

[3] http://baike.baidu.com/link?url=g2Yoa28cbNM2o6qB7Uz5Elpg37EVDuqcB6IUsItAypLZ3FYNIcqrC_ndi3DuqrhrImPt92E91ft0olHi1fa-jq.国务院《中国儿童发展纲要（2001—2010 年）》.

序号	观测点	摘要
2	主要目标与策略措施	（1）儿童与健康：①提高出生人口素质；②保障孕产妇安全分娩；③降低婴儿和5岁以下儿童死亡率；④提高儿童营养水平，增强儿童体质；⑤加强儿童卫生保健教育； （2）儿童与教育：①全面普及九年义务教育，保障所有儿童受教育的权利；②适龄儿童基本能接受学前教育；③有步骤地普及高中阶段教育；④提高教育质量和效益；⑤提高家庭教育水平； （3）儿童与法律保护：①依法保障儿童生存权、发展权、受保护权和参与权；②依法打击侵害儿童合法权益的违法犯罪行为；③预防和控制未成年人犯罪；④在诉讼中依法维护未成年人的合法权益；⑤建立法律援助机构，为儿童提供法律援助； （4）儿童与环境：①改善儿童生存的自然环境；②优化儿童发展的社会环境；③保护困境家庭儿童
3	组织与实施	略
4	监测与评估	略

资料来源：国务院《中国儿童发展纲要（2001—2010年）》

主要目标的测量方面设定四大领域，其主要观测指标如表5.5所示：

表5.5 儿童发展四大领域的主要观测指标[1]

四大领域	主要观测指标
儿童与健康	婚前医学检查率城市达到80%，农村达到50%；孕产妇死亡率以2000年为基数下降25%；农村孕产妇住院分娩率达到65%，高危孕产妇住院分娩率达到90%以上，农村消毒接生率达到95%以上；孕产妇缺铁性贫血患病率以2000年为基数下降33.3%；孕产妇保健覆盖率在城市达到90%以上，在农村达到60%以上；婴儿和5岁以下儿童死亡率以2000年为基数分别下降20%；新生儿破伤风发病率以县为单位降低到1‰以下；免疫接种率以乡（镇）为单位达到90%以上。将乙肝疫苗接种纳入计划免疫；5岁以下儿童中、重度营养不良患病率以2000年为基数下降25%；低出生体重发生率控制在5%以下；婴幼儿家长的科学喂养知识普及率达到85%以上；婴儿母乳喂养率以省（自治区、直辖市）为单位达到85%；减少儿童维生素A缺乏；儿童保健覆盖率在城市达到90%以上，在农村达到60%以上；中小学生《国家体育锻炼标准》及格率达到90%以上
儿童与教育	小学适龄儿童净入学率达到99%左右，小学5年巩固率提高到95%左右；初中毛入学率达到95%左右；流动人口中的儿童基本能接受九年义务教育；发展0-3岁儿童早期教育；大中城市和经济发达地区适龄儿童基本能接受学前3年教育，农村儿童学前1年受教育率有较大提高；全国高中阶段毛入学率达到80%以上，大中城市和经济发达地区普及高中阶段教育

---

[1] http://baike.baidu.com/link?url=g2Yoa28cbNM2o6qB7Uz5Elpg37EVDuqcB6IUsItAypLZ3FYNIcqrC_ndi3DuqrhrImPt92E91ft0olHi1fa-jq.国务院《中国儿童发展纲要(2001—2010年)》.

四大领域	主要观测指标
儿童与法律保护	控制并减少侵害儿童人身权利的各类刑事案件；禁止虐待、溺弃儿童，特别是女婴和病残儿童；禁止使用童工（未满16周岁）和对儿童的经济剥削；控制未成年人犯罪率并减少重新犯罪率；中小学校普遍进行法律知识教育；保障未成年人参加诉讼和辩护的权利；基层法院建立少年法庭，对未成年人犯罪案件和涉及未成年人犯罪案件不公开审判，或采取适当的回避制度；建立法律援助机构，为儿童提供法律援助
儿童与环境	尊重、爱护儿童，使儿童免受一切形式的歧视和伤害；为儿童提供必需的闲暇、娱乐时间，保障儿童参与家庭、社会和文化生活的权利；提高儿童食品、玩具、用具和游乐设施的质量，保证其安全无害；为儿童提供健康向上的精神产品，净化儿童成长的文化环境；各类媒体传播有益于儿童健康成长的社会、文化信息，保护儿童免受不良信息影响；为儿童成长创造良好的家庭环境；增加社区儿童教育、科技、文化、体育、娱乐等课外活动设施和场所，90%以上的县（市）至少有1处儿童校外活动场所；提高残疾儿童康复率；改善孤儿、弃婴的供养、教育、医疗康复状况；基本达到每个地级市有1所具有养护、医疗康复、教育能力的儿童福利院

资料来源：国务院《中国儿童发展纲要（2001—2010年）》

三、制定《中国儿童发展纲要（2011—2020年）》

2011年，国务院发布通知，印发《中国儿童发展纲要(2011–2020年)》，其内容与《中国儿童发展纲要（2001—2010年）》有显著不同，如表5.6所示：

表5.6　2011年纲要与2001年纲要、90年代纲要在总目标和主要目标上的比较

	90年代纲要	2001年纲要	2011年纲要
总目标	无	坚持"儿童优先"原则，保障儿童生存、发展、受保护和参与的权利，提高儿童整体素质，促进儿童身心健康发展。儿童健康的主要指标达到发展中国家的先进水平；儿童教育在基本普及九年义务教育的基础上，大中城市和经济发达地区有步骤地普及高中阶段教育；逐步完善保护儿童的法律法规体系，依法保障儿童权益；优化儿童成长环境，使困境儿童受到特殊保护	完善覆盖城乡儿童的基本医疗卫生制度，提高儿童身心健康水平；促进基本公共教育服务均等化，保障儿童享有更高质量的教育；扩大儿童福利范围，建立和完善适度普惠的儿童福利体系；提高儿童工作社会化服务水平，创建儿童友好型社会环境；完善保护儿童的法规体系和保护机制，依法保护儿童合法权益
发展领域、主要目标	无	儿童与健康、儿童与教育、儿童与法律保护、儿童与环境	儿童与健康、儿童与教育、儿童与福利、儿童与法律保护、儿童与环境

资料来源：根据《九十年代中国儿童发展规划纲要》《中国儿童发展纲要（2001—2010年）》和《中国儿童发展纲要（2011—2020年）》整理

对《九十年代中国儿童发展规划纲要》《中国儿童发展纲要（2001—2010年）》和《中国儿童发展纲要（2011—2020年）》的内容进行对比，分为安全、弱势儿童保护、学校教育、儿童参与和普惠型儿童福利政策等五个方面，如表5.7所示：

表5.7 2011年纲要与2001年纲要、90年代纲要在部分具体指标上的比较[1]

	90年代纲要	2001年纲要	2011年纲要
安全	无	尊重、爱护儿童，使儿童免受一切形式的歧视和伤害。控制并减少侵害儿童人身权利的各类刑事案件。提高儿童食品、玩具、用具和游乐设施的质量，保证其安全无害	营造尊重、爱护儿童的社会氛围，消除对儿童的歧视和伤害。预防和打击侵害儿童人身权利的违法犯罪行为，禁止对儿童实施一切形式的暴力。加强社会治安综合治理，严厉打击强奸、拐卖、绑架、虐待、遗弃等侵害儿童人身权利的违法犯罪行为和组织、胁迫、诱骗儿童犯罪的刑事犯罪。保护儿童免遭一切形式的性侵犯
弱势儿童保护	大幅度减少残疾儿童出生率，促进残疾儿童的康复与发展，使多数残疾儿童能够入学。加强对残疾患儿的早期诊断、护理、康复和教育工作。妥善安排流浪儿的生活和教育。要特别关注离异家庭的儿童保护和教育，帮助单亲家庭的家长为儿童创设良好的家庭环境。继续实施"希望工程"，帮助家庭经济困难的儿童就学	减少出生缺陷的发生。提高残疾儿童康复率。禁止虐待、溺弃儿童，特别是女婴和病残儿童。改善孤儿、弃婴的供养、教育、医疗康复状况。关注女童和处于特殊困境的儿童，保证其获得健康成长和平等发展的机会。设立多种形式的流浪儿童收容教育机构，减少流浪儿童数量和反复性流浪。切实保障女童受教育的权利，消除阻碍女童入学的障碍。切实保障残疾儿童、孤儿和流动人口中儿童受教育的权利	减少出生缺陷所致残疾。提高0-5岁残疾儿童抢救性康复率。落实孤儿、残疾儿童、贫困儿童就学资助政策。加快发展特殊教育，为流浪儿童、有严重不良行为和违法犯罪行为的儿童平等接受义务教育创造条件。满足孤儿生活、教育、医疗和公平就业等基本需求，提高孤儿家庭寄养率和收养率。减少流浪儿童数量和反复性流浪。增加孤儿养护、流浪儿童保护和残疾儿童康复的专业服务机构数量。保障受艾滋病影响儿童和服刑人员未满18周岁子女的生活、教育、医疗、公平就业等权利。建立完善残疾儿童康复救助制度和服务体系。完善流浪儿童救助保护网络体系，健全流浪儿童生活、教育、管理、返乡保障制度，对流浪儿童开展教育、医疗服务、心理辅导、行为矫治和技能培训。探索建立流浪儿童早期预防干预机制。建立和完善流动儿童和留守儿童服务机制

---

[1] 根据《九十年代中国儿童发展规划纲要》《中国儿童发展纲要（2001—2010年）》和《中国儿童发展纲要（2011—2020年）》的资料整理。

	90年代纲要	2001年纲要	2011年纲要
学校教育	在全国普及初等义务教育，在城镇以及经济比较发达的农村基本普及初中阶段义务教育。3-6岁幼儿入园（班）率达到35%	全面普及九年义务教育，保障所有儿童受教育的权利。适龄儿童基本能接受学前教育。发展0-3岁儿童早期教育。有步骤地普及高中阶段教育。全国高中阶段毛入学率达到80%以上，大中城市和经济发达地区普及高中阶段教育	促进0-3岁儿童早期综合发展。基本普及学前教育。学前三年毛入园率达到70%，学前一年毛入园率达到95%；九年义务教育巩固率达到95%。普及高中阶段教育，毛入学率达到90%。中等职业教育规模扩大，办学质量提高。保障所有儿童享有公平教育，均衡配置教育资源，缩小城乡差距、区域差距、校际差距。学校标准化建设水平提高，薄弱学校数量减少
儿童参与	无	为儿童提供必需的闲暇、娱乐时间，保障儿童参与家庭、社会和文化生活的权利。鼓励儿童积极参与家庭、文化和社会生活，培养儿童做有理想、有道德、有文化、有纪律的四有新人	保障儿童参与家庭生活、学校和社会事务的权利。广泛开展以儿童优先和儿童权利为主题的宣传教育活动，提高公众对儿童权利尤其是儿童参与权的认识。保障儿童的参与和表达权利。将儿童参与纳入儿童事务和儿童服务决策过程，决定有关儿童的重大事项，吸收儿童代表参加，听取儿童意见。增加儿童社会实践机会，鼓励儿童参与力所能及的社会事务和社会公益活动，提高儿童的社会参与能力。鼓励儿童积极参与环保活动，引导儿童践行低碳生活和绿色消费
普惠型儿童福利政策	无	进一步完善医疗保障制度，确保儿童享有基本卫生医疗和保健服务	扩大儿童福利范围，推动儿童福利由补缺型向适度普惠型转变。保障儿童享有基本医疗卫生服务，提高儿童基本医疗保障覆盖率和保障水平，为贫困和大病儿童提供医疗救助。促进儿童基本医疗卫生服务的公平性和可及性。基本满足流动和留守儿童基本公共服务需求。提高面向儿童的公共服务供给能力和水平。完善基本公共服务体系，增加财政对儿童福利的投入，逐步实现儿童基本公共服务均等化

资料来源：根据《九十年代中国儿童发展规划纲要》《中国儿童发展纲要（2001—2010年）》和《中国儿童发展纲要（2011—2020年）》整理

第二节　中国补缺型儿童福利制度发展的主要特征

一、补缺为基础的儿童福利制度

中国儿童福利制度以 2010 年为界，2010 年以前主要是补缺型制度，2010 年以后以在全国范围内为一切孤儿建立基本生活制度为标志，中国儿童福利制度转入适度普惠型建设阶段，但仍然是以补缺为基础[1]。

纵观中国六十多年儿童福利制度的发展历程，可以看出补缺始终是我国儿童福利制度的基础。新中国成立初期一直到改革开放前，社会上存在大量的流浪儿童、孤儿、残疾儿童、弱智儿童、贫困儿童，大街上可以看到孤苦无依、贫病交集的流浪儿童，在乡村中则是大量失去父母、缺衣少食的贫困儿童，他们无法从家庭中获得满足最基本的生存需要。因此，国家承担补救家庭的社会责任显得非常必要。改革开放后，我国经济获得巨大发展，为儿童福利的发展提供了巨大的空间。但是 20 世纪五六十年代，一直到 70 年代的人口生育高峰，造成大量的人口基数和生育缺陷。这样，一直到 20 世纪 90 年代，孤儿、残疾儿童、流浪儿童、贫困儿童、大病儿童等社会弱势群体仍然是一个庞大的数字，他们迫切需要得到国家的救助。而国家在经济高速发展的初期，往往无法兼顾效率和公平，只能对部分迫切需要得到国家帮助的儿童采取一些临时性、补救性政策。20 世纪 90 年代以后，随着城市的发展和城乡流动的加剧，大批农村青壮年涌入城市，他们在为城市建设做出贡献的同时，他们的子女却成为留守儿童或者流动儿童，这些儿童的生活、就医、上学等成为城乡二元分割背景下的社会难题。

2010 年可以被看作是中国儿童福利制度发展的分水岭。2010 年，中国的国内生产总值超过日本，成为仅次于美国的世界第二大经济体。改革开放以来三十多年的高速经济发展，为我国儿童福利制度准备了巨大的财政保障。为所有儿童建立制度化而非补缺的福利制度的社会条件已经成熟。适度普惠型儿童福利制度建设逐步进入我国国家重要议事日程。

必须看到，对弱势儿童的救助性政策依然是国家儿童发展的主题。在我国弱势儿童的救助没有得到根本性改变以前，福利的补缺功能依然非常必要。中国儿童福利制度六十年的发展历程表明，补缺是与我国当时经济社会发展相适应的，是时代的产物。但随着我国经济的发展，建设适度普惠型儿童福利制度是社会发展的必然趋势。

二、地区发展不平衡，城乡差异显著

中国补缺型儿童福利制度呈现明显的地区差异、城乡差异，最主要表现在基本公共服务的严重不均等。在关系到儿童最切身的医疗、卫生和教育等基本公共资源的占有上，东、

---

[1] 杨雄主编.儿童社会福利政策[M].上海：上海人民出版社，2012：59.

中、西部地区，城市和农村之间表现出显著性差异。从表 5.8 可以看出，1990－2011 年，城乡卫生总费用的差距呈现逐年增大的趋势，而人均卫生费用，城市是农村的 3~4 倍。由于财政投入的偏向和财政经费的严重差异，儿童的出生缺陷发生率、新生儿死亡率、婴儿死亡率、5 岁以下儿童死亡率等指标在不同地区、城乡之间呈现明显的差异性。除此之外，由于不同地区、城乡之间在儿童问题上实施不同的政策，经济相对发达的地方对儿童保护的政策会更多，儿童能获得更好的福利，而经济相对不发达的地方，儿童所得到的福利就少。城市和乡村之间也因为政策上的不同，儿童所获得的福利差异性也很大。

表 5.8 城乡居民医疗保健支出

年份	卫生总费用（亿元）	城乡卫生费用（亿元）			人均卫生费用（元）			
	合计	城市	农村	城市/农村（倍）	合计	城市	农村	城市/农村（倍）
1990	747.39	396.00	351.39	1.1	65.4	158.8	38.8	4.1
1991	893.49	482.60	410.89	1.2	77.1	187.6	45.1	4.2
1992	1096.86	597.30	499.56	1.2	93.6	222.0	54.7	4.1
1993	1377.78	760.30	617.48	1.2	116.3	268.6	67.6	4.0
1994	1761.24	991.50	769.74	1.3	146.9	332.6	86.3	3.9
1995	2155.13	1239.50	915.63	1.4	177.9	401.3	112.9	3.6
1996	2709.42	1494.90	1214.52	1.2	221.4	467.4	150.7	3.1
1997	3196.71	1771.40	1425.31	1.2	258.6	537.8	177.9	3.0
1998	3678.72	1906.92	1771.80	1.1	294.9	625.9	194.6	3.2
1999	4047.50	2193.12	1854.38	1.2	321.8	702.0	203.2	3.5
2000	4586.63	2624.24	1962.39	1.3	361.9	813.7	214.7	3.8
2001	5025.93	2792.95	2232.98	1.3	393.8	841.2	244.8	3.4
2002	5790.03	3448.24	2341.79	1.5	450.7	987.1	259.3	3.8
2003	6584.10	4150.32	2433.78	1.7	509.5	1108.9	274.7	4.0
2004	7590.29	4939.21	2651.08	1.9	583.9	1261.9	301.6	4.2
2005	8659.91	6305.57	2354.34	2.7	662.3	1126.4	315.8	3.6
2006	9843.34	7174.73	2668.61	2.7	748.8	1248.3	361.9	3.4
2007	11573.97	8968.70	2605.27	3.4	876.0	1516.3	358.1	4.2
2008	14535.40	11251.90	3283.50	3.4	1094.5	1861.8	455.2	4.1
2009	17541.92	13535.61	4006.31	3.4	1314.3	2176.6	562.0	3.9
2010	19980.39	15508.62	4471.77	3.5	1490.1	2315.5	666.3	3.5
2011	24268.78	18542.37	5726.41	3.2	1801.2	2695.1	871.6	3.1

数据来源：《2012 年中国卫生统计年鉴》

从教育经费投入来看，东部上海、浙江、江苏等地的人均经费大约是中西部地区河南、湖南、贵州的2~3倍（见表5.9），表现出很强的地区分布差异：

表5.9 2009年人均教育经费地区比较

地区	教育经费投入（万元）	人口数（万人）	人均教育经费（元）	地区	教育经费投入（万元）	人口数（万人）	人均教育经费（元）
北京	5289432	1755	3014	湖北	5194495.2	5720	908
天津	2381672	1228.16	1939	湖南	5660684.2	6406	884
河北	6145260.6	7034.4	874	广东	12843085	9638	1333
山西	3809096.2	3427.36	1111	广西	3873253.1	4856	798
内蒙古	3187732.6	2422.07	1316	海南	1175474.1	864.07	1360
辽宁	5349184.1	4319	1239	重庆	3309977.1	2859	1158
吉林	3006987.5	2739.55	1098	四川	8088478.8	8185	988
黑龙江	3486162.9	3826	911	贵州	3094112.6	3798	815
上海	4937339.4	1921	2570	云南	4408080.7	4571	964
江苏	11054889.8	7725	1431	西藏	597447.7	290.03	2060
浙江	8911506.9	5180	1720	陕西	4637456.9	3772	1229
安徽	4873315.8	6131	795	甘肃	2761109.7	2635.46	1048
福建	4479126.3	3627	1235	青海	785820	557.3	1410
江西	3776515.8	4432.1581	852	宁夏	813070.5	625.2	1300
山东	8397428.9	9470.3	887	新疆	2959263.7	2158.63	1371
河南	7633496.3	9487	805				

数据来源：《2010年中国教育统计年鉴》

三、遵循国际标准，体现中国特色

中国补缺型儿童福利制度从1990年开始，明显地感受到它的国际化趋势。从1992年实施的第一个纲要算起，到目前为止，中国政府已经实施了三个纲要。而这三个纲要都是以联合国大会通过的《儿童权利公约》和联合国世界儿童问题首脑会议通过的《关于儿童生存、保护和发展的世界宣言》以及《执行九十年代儿童生存、保护和发展世界宣言行动计划》两个文件为蓝本，充分表明了中国的国际承诺，表达了中国政府对儿童生存与发展的关切。中国政府通过的三个纲要无论在总目标的表述上，还是主要目标的表述上，以及具体措施的表达上，都遵循国际标准，按照联合国关于儿童优先、儿童最大利益、儿童平等发展、依法保护等原则，维护儿童的生存权、发展权、受保护权、社会参与权等基本人权，展现了中国儿童福利制度的国际化视野。

但中国补缺型儿童福利制度又具有中国特色。第一，中国政府通过的与儿童有关的各种法律、法规、纲要和政策文件都以中国的特殊国情为基础。中国人口基数大，经济发展相对落后，人均资源占有量小。在不同发展阶段，对儿童福利的国际承诺必然各不相同。三个纲要体现了在不同经济发展时期中国政府对国际社会做出的不同阶段性承诺。随着中国经济的发展，中国政府的这种承诺越来越厚实，越来越有底气。第二，中国的弱势儿童类型多样，既有国际上普遍存在的贫困儿童、孤儿、残疾儿童、流浪儿童、艾滋病感染儿童，也有中国城市化进程中出现的留守儿童、流动儿童。因此，中国政府在儿童福利政策的制定上既参照国际经验，又依据中国的具体国情。第三，中国儿童福利制度还受到中国传统文化的影响。中国是一个尊老爱幼的国度，救助和慈爱儿童有着悠久的历史。中国政府开展的对儿童的各种救助和保护措施都深深地根源于中国的社会文化，具有中华民族的特色。

四、以儿童生存权、受保护权为基础，兼顾其他权利

回顾中国补缺型儿童福利制度六十多年的发展历程，中国政府始终把儿童的生存权和受保护权放在一个根本性地位。在不同的历史发展阶段，尽管社会状况各不相同，但儿童的生存性需要和获得来自国家的安全保护的基本需求始终没有改变。中国政府在财政紧张和资源相对不足的情况下，仍然把最大资金用于儿童生活需要和卫生医疗保障，这是十分不容易的。

中国政府在保障儿童最迫切需要的生存权益的基础上，同时兼顾儿童的其他权益，特别是儿童的受教育权。一个典型的例子是中国政府改变了自旧社会以来女童处于受欺凌、受奴役、受剥削、没文化的境地，新中国使千千万万女童获得受教育的权利，新中国建立初期女童的入学率还不到15%，而到2000年时，女童的小学净入学率达到99.07%，发生了天翻地覆的变化。当前中国社会女性在家庭中与男性平等的观念以及女性平等地参与社会工作的现实表明，受教育权改变整个社会的面貌，这正是儿童福利带给整个社会的福利。中国政府还正在扩大儿童的社会参与权利。

第六章 我国孤儿生活津贴制度的背景、内容及问题分析[1]

第一节 孤儿生活津贴制度的背景

孤儿群体自古就存在，早在商周时期，我国就有保障孤儿基本生活和发展的措施。在中国历史各朝代发展中，产生了最早的孤儿生活津贴制度萌芽。新中国成立后，我国逐渐建立起了孤儿生活津贴制度。

一、孤儿生活津贴制度的历史背景

我国历史上有关国家对特殊困境儿童的养护政策最早的史料记载可以追溯到商周时期。《易经》的"蒙以养正"、《周礼》的"慈幼"，都是施善政，对特殊困境儿童养护的表现。孔子指出，"人不独亲其亲，不独子其子，使老有所养，壮有所用，幼有所长，鳏寡孤独废疾者皆有所养"[2]。春秋战国时期管仲的"九惠之教"主张，城邑和国都要设"掌孤"的官，如果有失去父母无人供养的孤儿，"掌孤"把孤儿托付给邻居和亲朋好友，并以免除征役的方式来鼓励孤儿的同乡、熟人或朋友抚养孤儿。"掌孤"要经常了解孤儿的日常饮食和营养状况，对孤儿嘘寒问暖，从而对孤儿进行救助[3]。

秦汉时期有"赏赐长老，收恤孤独"的记载，通过给无父母亲属、无人供养的婴儿提供粮食和布匹，实现"老者以寿终，幼孤得遂长"[4]。魏晋南北朝"赡老恤孤"的孤独园，隋唐时的福田院和悲田养病坊，两宋时期的举子仓、慈幼局、婴儿局、福田院等，都收养弃婴、孤儿和流浪儿童，给予所收留的婴幼儿经济保障。这些收养孤儿的慈善机构，经常得到官府的资助，带有半官方半民间的色彩，但是重养轻教，导致孤儿成年后无以谋生。因此，变消极救济为积极救助，不仅要重视养活孤儿，还要教育孤儿，使孤儿成年后能够拥有一门技艺，自谋职业，养家糊口。《宋会要辑稿》中载录"民间欲收养为子""各自习学道业，求长久活路"，流浪儿童和孤儿可以入学堂，接受教育，获得谋生的手段，这就解决了孤儿长大后的生计问题[5]。明万历年间，对收养孤儿的民间家庭提供米粮，鼓励民间收养孤儿，同时增加监督手段，每季度对收养孤儿的家庭进行监督和检查。晚清时期，出

---

[1] 王建云.我国孤儿生活津贴标准适度性研究[D].上海：华东师范大学,2014.
[2] 礼记·礼运篇.见王处辉.中国社会思想史[M].天津：南开大学出版社,2011.60-69.
[3] 管子·入国篇.见王处辉.中国社会思想史[M].天津：南开大学出版社,2011.60-69.
[4] 武帝纪.见：（汉）班固撰.（唐）颜师古注.汉书（卷6）[M].北京：中华书局,1962.171-175.
[5] 黄永昌.宋代的慈幼事业与社会[J].华中师范大学研究生学报,2008,（4）：88-92.

现了教会，教会对民间流浪儿童和孤儿进行救助，但是这种救助带着明显的殖民色彩[1]。

综上所述，我国孤儿生活津贴制度的历史背景主要体现在两个方面：一是孤儿救助的提供主体在不断扩大。我国古代产生了由政府承担起养育和安置孤儿的责任，亲属家庭抚养，非亲属家庭收养及爱心人士捐助相结合的孤儿救助模式。随后，又出现佛教和道教等宗教慈善组织对孤儿的救助。在明清之际，出现了救助孤儿的教会组织。二是孤儿救助的内容在不断扩大。早期的"慈幼恤孤"模式"重养轻教"，只侧重有饭吃、有衣穿地养活孤儿，严重缺乏"教"；南宋末年，才出现"养"与"教"的结合的"慈幼恤孤"模式；直到晚清之际，手工业发展，产生资产阶级萌芽，才出现"养""教""工"结合的"慈幼恤孤"模式。

二、孤儿生活津贴制度的制度背景

新中国成立后，国家对孤儿群体采取城乡二元化的救助模式，保障城市地区的孤儿生活，放任农村地区的孤儿。国家在城市全额拨款，建立儿童福利机构，收养城市中的儿童，但是并没有对农村孤儿进行救助。因此，一直以来，农村孤儿大多依靠扩展家庭和村集体共同抚育，面临着许多抚育困境[2]。此后，城市"低保"和农村"五保"制度把农村孤儿纳入国家保障范围，城乡孤儿群体的生活才得以保障，但由于资助渠道比较窄，多是临时性救助，很多孤儿得不到资助。直到 2010 年，才在全国范围内建立起孤儿生活津贴制度，既保障集中供养孤儿的基本生活，也保障社会散居孤儿的生活。

孤儿生活津贴产生的制度背景主要体现在民政部门下发的文件中，具体表现为（如表 6.1 所示）：一是"孤儿"界定范围的扩大，民政部门对孤儿的界定由最初的失去父母的城市集中供养孤儿，到后来的农村孤儿、社会散居孤儿，孤儿救助工作的保障对象在逐渐扩大；二是由最初的其他福利和救助政策顺带孤儿福利制度，变为单独的孤儿生活津贴制度，可见国家逐渐重视孤儿救助工作；三是孤儿救助水平的提高，由最初只救助城市福利院内孤儿，到救助水平偏低的城市"低保"和农村"五保"，再到后来明确规定孤儿生活津贴标准，孤儿生活津贴标准逐渐提高。

表 6.1　我国孤儿生活津贴制度发展历程汇总表

时间	文件	孤儿生活津贴相关内容
1991 年	《民政部办公厅关于调整儿童村工作人员工资和孤儿生活费标准以及有关福利待遇问题的通知》	调整儿童村工作人员工资和孤儿生活费标准，青年村孤儿每月生活费 125 元，儿童村孤儿每月生活费 105 元

---

[1] 民政部.曾桂林.施善与教化:中国流浪儿童救助保护史述论[EB/OL].http://fss.mca.gov.cn/article/llyj/200711/20071100003568.shtml,2007-11/2013-6-20.

[2] 杨生勇.论农村孤儿抚育的变迁——从宏观社会结构与农村社会微观变动视角考察[J].中南民族大学学报（人文社会科学版）,2010,（3）:104-108.

时间	文件	孤儿生活津贴相关内容
1999年	《城市居民最低生活保障条例》	对城市孤儿提供城市居民最低生活保障补贴
2006年	《农村五保供养工作条例》	对未满16周岁的孤儿，提供农村五保供养待遇
2006年	《关于加强孤儿救助工作的意见》	孤儿救助资金纳入城乡社会救助和社会福利事业，保障孤儿的基本生活不低于平均生活水平
2009年	《民政部关于制定福利机构儿童最低养育标准的指导意见》	福利机构儿童最低养育标准为每人每月1000元
2009年	《民政部办公厅关于制定孤儿最低养育标准的通知》	社会散居孤儿最低养育标准，全国统一每人每月600元
2010年	《国务院办公厅关于加强孤儿保障工作的意见》	确定孤儿基本生活最低养育标准，并建立孤儿基本生活最低养育标准自然增长机制
2010年	《民政部、财政部关于发放孤儿基本生活费的通知》	统筹安排中央补助和地方资金，保障孤儿生活津贴的正常发放

资料来源：作者根据民政部相关政策法规整理而成。

第二节 孤儿生活津贴制度的内容

孤儿生活津贴制度，是指国家为保障孤儿基本生活水平而给予孤儿各种资金补助的规定、办法的总称。津贴制度包括享受对象范围、标准、计发办法、资金来源、审批程序等。本书对我国孤儿生活津贴制度的对象范围和津贴标准的相关内容汇总如下：

一、对象范围

按照本书第三章对孤儿界定的论述，我国各部门对孤儿的定义各有不同。本书认同孤儿的年龄可以定义为18周岁以下。因此，孤儿生活津贴制度的保障对象是失去父母或查找不到生父母的未满18周岁儿童或少年。

二、津贴标准

2010年制定了全国统一的孤儿最低养育标准，集中供养孤儿不低于每人每月1000元，社会散居孤儿不低于每人每月600元；此外，各省（自治区、直辖市）要在民政部制定的孤儿最低养育标准基础上，根据各地区实际情况，科学确定孤儿生活津贴标准[1]。

表 6.2　2010—2013 年我国孤儿生活津贴标准（单位：元/月/人）

时间 地区	2010 年		2011 年		2012 年		2013 年	
	集中孤儿津贴	散居孤儿津贴	集中孤儿津贴	散居孤儿津贴	集中孤儿津贴	散居孤儿津贴	集中孤儿津贴	散居孤儿津贴
北京	1000	600	1600	1400	1600	1400	1600	1400
天津	1000	600	1440	1440	1440	1440	1440	1440
河北	1000	600	1000	600	1000	600	1000	600
山西	1000	600	1000	800	1000	800	1000	800
内蒙古	700	860	1060	860	1060	860	1060	860
辽宁	1000	600	1000	600	1000	600	1300	800
吉林	970	670	970	670	970	670	970	670
黑龙江	1000	600	1000	600	1000	600	1000	600
上海	1000	600	1600	1400	1600	1400	1600	1400
江苏	1000	600	1000	600	1000	600	1000	600
浙江	1000	600	1205	723	1205	723	1205	723
安徽	1000	600	1000	600	1000	600	1000	600
福建	1000	600	1000	600	1000	600	1000	600
江西	1000	570	1000	570	1000	570	1100	700
山东	1000	600	1000	600	1000	600	1200	720
河南	1000	600	1000	600	1000	600	1000	600
湖北	1000	600	1270	800	1270	800	1270	800
湖南	1000	600	1000	600	1000	600	1000	600
广东	1000	600	1200	1000	1200	1000	1200	1000
广西	1000	600	1000	600	1000	600	1000	600
海南	600	600	1000	600	1000	600	1000	600
重庆	700	600	1000	600	1000	600	1000	600
四川	1000	600	1120	672	1120	672	1120	672
贵州	1000	600	1000	600	1000	600	1000	600
云南	1000	600	1000	600	1000	600	1000	600
西藏	1000	600	1000	600	1000	600	1000	600
陕西	1000	600	1000	800	1000	800	1000	800
甘肃	800	600	800	600	1000	600	1000	600
青海	1000	600	1000	600	1000	600	1000	600

---

[1] 资料来源：民政部.民政部财政部关于发放孤儿基本生活费的通知 [EB/OL].http://www.mca.gov.cn/article/zwgk/fvfg/shflhshsw/201012/20101200118262.shtml,2010-12-03/2014-02-15.

时间 地区	2010年		2011年		2012年		2013年	
	集中孤儿津贴	散居孤儿津贴	集中孤儿津贴	散居孤儿津贴	集中孤儿津贴	散居孤儿津贴	集中孤儿津贴	散居孤儿津贴
宁夏	1000	600	1000	700	1000	700	1000	700
新疆	1000	600	1000	600	1000	600	1000	600
全国平均	960.32	609.68	1073.06	730.16	1079.52	730.16	1098.87	744.68

资料来源：根据 2010－2013 年各省市政府办公厅网站《关于加强孤儿保障工作的实施意见》公布数据整理而成。

分析 2010－2013 年孤儿生活津贴标准（如表 6.2 所示），可以发现，孤儿生活津贴标准呈现一定的特点：

（一）全国各省市孤儿生活津贴标准呈增加的趋势

2010 年中央下达文件后，全国大部分地区建立了孤儿生活津贴标准，并执行集中供养孤儿不低于每人每月 1000 元，社会散居孤儿不低于每人每月 600 元的标准。现对孤儿生活津贴全国平均标准分析如图 6.1 所示，2010－2013 年间孤儿生活津贴全国平均标准呈增加趋势。

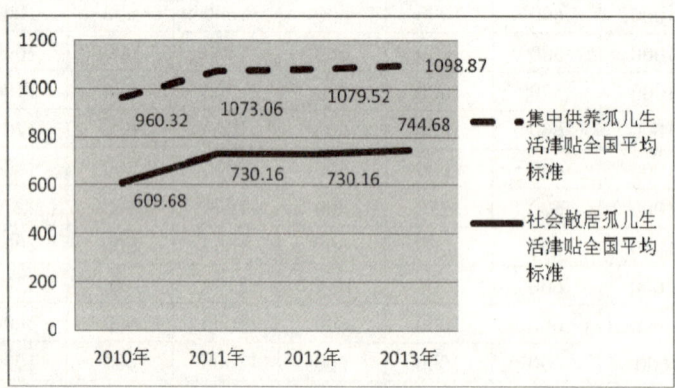

资料来源：根据表 6.2 绘制而成。

图 6.1 孤儿生活津贴全国平均标准趋势图

（二）各省市孤儿生活津贴标准调整幅度不一致

2011 年开始，北京、天津、山西、上海、浙江、湖北、广东、四川、陕西、宁夏 10 个省市在孤儿最低养育标准的基础上作了加法，提高了孤儿生活津贴标准。其中，北京、上海两地的社会散居孤儿生活津贴标准每人每月达到 1400 元，集中供养孤儿生活津贴标准每人每月达到 1600 元；天津孤儿生活津贴标准达到每人每月 1440 元。其他省市还是使用孤儿基本生活最低养育标准，在 2010－2013 年孤儿生活津贴标准增长率为 0。

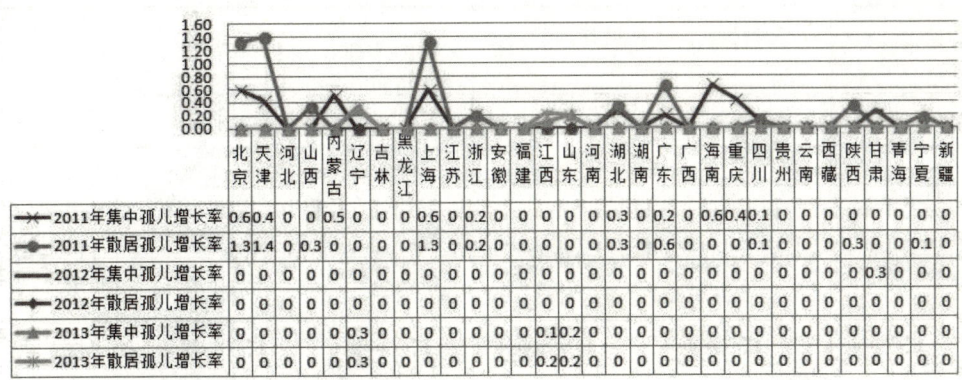

资料来源：根据表 6.2 绘制而成。

图 6.2　2010-2013 年各省市孤儿生活津贴标准增长率分布图

（三）各省市孤儿生活津贴标准调整频率不一致

纵观四年的孤儿生活津贴标准，大部分省（自治区、直辖市）都是在 2011 年对孤儿生活津贴标准进行了调整，之后没有再次调整。仅江西、山东两省在 2013 年进行了一定的调整，仍有 16 个省（自治区、直辖市）四年来一直执行社会散居孤儿最低养育标准每人每月 600 元。按地区来看，东部地区的河北、辽宁、江苏、福建、海南，中部地区的黑龙江、安徽、湖南、河南，西部地区的广西、重庆、贵州、云南、西藏、甘肃、青海等地区一直沿用孤儿生活最低养育标准，孤儿生活津贴标准未调整。

表 6.3　2010-2013 年各省市孤儿生活津贴标准调整频率表

调整 0 次的地区	调整 1 次的地区
冀、吉、黑、苏、皖、闽、豫、湘、桂、贵、云、藏、青、新	京、津、山、辽、沪、赣、鲁、鄂、粤、甘、琼、渝、川、陕、宁、浙、内蒙古

资料来源：根据表 6.2 整理而成。

由此可以看出，大多数省市的孤儿生活津贴没有进行动态调整，不符合孤儿生活津贴制度目标。孤儿津贴的调整幅度和频度没有结合当地的经济发展水平、居民生活水平、物价水平等因素。因此，我国急需调整孤儿生活津贴标准，落实孤儿保障政策（如表 6.4 所示），保障孤儿生活、医疗、教育、住房及就业等需求，为孤儿成长和发展提供必要的服务和支持。

表 6.4　我国孤儿保障政策汇总表

孤儿分类	机构内孤儿和社会散居孤儿			
孤儿需要	国家	扩展家庭和亲属网络	社会慈善组织	志愿者

基本生活	儿童福利院	低保	农村特困救助	五保	家庭支持	捐赠	捐赠
替代性养护	儿童福利院和养老院供养				扩展家庭和亲属照顾	捐助	捐助
教育	"两免一补"、特殊教育				负担学杂费、书本费以及学习用品费等	少数奖、助学金	少数奖、助学金
医疗	城镇居民医疗保险、新型农村合作医疗、医疗救助、"明天计划"[1]				负担医疗费用	捐助	捐助
就业	免费的职业培训、职业技能鉴定和职业介绍					提供就业岗位	
住房	"蓝天计划"[2]				"霞光计划"[3]		

资料来源：尚晓援,王小林,陶传进.中国儿童福利前沿问题[M].北京:社会科学文献出版社,2008.

第三节 孤儿生活津贴制度的问题分析

改革开放以来，我国经济快速发展，孤儿各项权益得到保障。发放孤儿生活津贴，维护孤儿的生存和发展权利，是保障孤儿健康成长，使孤儿共享经济发展成果的重要举措。但是，我国的孤儿生活津贴制度尚不健全，孤儿生活津贴标准缺乏明确的计发办法，津贴标准偏低，难以满足其成长需要；超龄孤儿的退出机制和衔接制度尚不健全；孤儿在医疗、教育、住房及就业等方面仍存在很多困难。本书认为，孤儿生活津贴制度的问题主要表现为以下几个方面：

一、有些地区生活津贴标准低，不能保障孤儿生活

孤儿生活津贴应当切实保障孤儿的吃饭、穿衣、教育、住房、交通、医疗等生存和发展需要。集中供养孤儿多是病残儿童，需要高额的医疗和康复费用，即便有"明天计划"等孤儿康复手术计划，仍有很多孤儿排除在计划之外。虽大多数社会散居孤儿是健康儿童，但大部分亲属家庭比较贫困，无法支付高额教育费用和医疗费用。因此，如果孤儿生活津贴标准过低，就不能满足孤儿生存和发展需要，亟待确定适度的孤儿生活津贴标准。

---

[1] "明天计划"即"残疾孤儿手术康复明天计划"，指民政部本着以民为本、为民解困的理念，通过集中使用彩票公益金来解决福利院残疾孤儿手术的医疗费用，使孤儿能够拥有美好的明天。
[2] "蓝天计划"即"儿童福利机构设施建设蓝天计划"，是"十一五"期间，地方政府的投入加上民政部门每年的 2 亿元福利彩票公益金，在全国大中城市建设和完善集养护、教育、康复于一体的儿童福利计划。
[3] "霞光计划"即"农村五保供养服务设施建设霞光计划"，计划"十一五"时期，在政府投入的基础上，利用发行福利彩票筹集的彩票公益金，修建、改建一批福利院等农村五保供养服务机构以及散居五保对象的集中居住点，集中解决各地农村五保供养设施滞后的问题。

二、有些地区孤儿生活津贴标准高，易导致财政负担

我国尚处于社会主义发展的初级阶段，地区间经济和消费存在很大差异，全国实行统一的孤儿生活津贴标准是不合理的。应该根据孤儿生活津贴标准与各地的居民生活水平、人均 GDP、人均财政收入的相关性，科学合理制定各地区的孤儿生活津贴标准。东部沿海地区的孤儿生活津贴标准应略高于孤儿生活津贴的全国平均标准，而中西部各地区孤儿生活津贴标准应该适当低于孤儿生活津贴的全国平均标准[1]。因此，实行全国统一的孤儿生活津贴标准，很容易导致西部地区的财政负担过重。

三、孤儿生活津贴标准尚未建立动态调整机制

自 2010 年确定我国孤儿生活最低养育标准后，各地区孤儿生活津贴标准一直执行孤儿生活最低养育标准，没有根据本地区实际情况进行适当调整。虽然有些省份在 2011 年根据自己的实际情况对孤儿生活津贴标准进行适当调整，并确定了比较合理的孤儿生活津贴标准，但在每年物价快速增长的现实背景下，尚未建立孤儿生活津贴动态调整机制。

四、没有明确的退出机制和衔接机制

我国孤儿生活津贴制度缺乏明确的退出机制和衔接制度。年满 18 周岁的孤儿要退出孤儿生活津贴制度，但是在校就读的学生可以适当推迟到毕业。集中供养孤儿，大多是残疾儿童或智障儿童，生活无法自理，不能进行生产活动，也没有经济收入，这就需要孤儿生活津贴制度与相关的社会救助或社会福利政策进行衔接，以保障他们的生活。

---

[1] 资料来源：百度知道[EB/OL].http://zhidao.baidu.com/question/52428347.html,2008-04-29/2013-08-15. 中国东中西部的划分为：东部地带（北京、天津、河北、辽宁、上海、江苏、浙江、福建、山东、广东、海南）、中部地带（黑龙江、吉林、山西、安徽、江西、河南、湖北、湖南）、西部地带（重庆、陕西、内蒙古、宁夏、广西、四川、贵州、云南、西藏、甘肃、青海、新疆）。

第七章　流浪儿童与残疾儿童福利制度现状分析

第一节　流浪儿童救助状况分析

一、全国流浪儿童数量及特征[1]

全国到底有多少流浪儿童？目前官方没有准确的统计数据。《民政部2000年流浪儿童救助教育工作进展》中提道，"到2000年，全国的流浪儿童已达15万人次"。2003年，在河北省石家庄市举行的"救助流浪儿童国际学术研讨会"上，有研究报告指出，"中国约有15万至30万流浪儿童"。2003年，国务院妇女儿童工作委员会委托石家庄市保护流浪儿童研究中心做的课题调查报告推测，"全国每年存在的流浪儿童人数应该在100万至150万之间"[2]。2006年，尚晓援等按照国际惯例推算，中国至少有30万以上的街头儿童[3]。鞠青等的《中国流浪儿童研究报告》提道："我们在前期调查中，访谈了民政部社会福利司的有关官员，他们根据目前全国流动人口的规模以及几个典型城市流浪儿童占流动人口的比例规律，推算出全国流浪儿童大约有100万。"[4]

尽管官方对流浪儿童的总体规模没有一个确切的说法，但不管怎样，流浪儿童是一个庞大的社会群体却是不争的事实[5]。

中国青少年研究中心2006年根据对全国138所流浪儿童救助站和部分民间救助流浪儿童组织进行的抽样调查分析，指出中国流浪儿童的地域分布为：流出省份前十位依次为四川、河南、安徽、湖南、山东、湖北、江苏、贵州、吉林、云南。流入省份前十位依次为四川、广东、河南、上海、湖南、江苏、吉林、山东、安徽、广西。四川、河南、安徽、湖南、山东、江苏流浪儿童流出和流入数量均居全国前列。流出多于流入数量的依次是安徽、黑龙江、重庆、湖北、陕西，流出少于流入数量的依次是广东、上海、湖南、北京、河南、天津[6]。

流动方向上，中国青少年研究中心"流浪儿童问题研究"课题组在对全国9大城市

---

[1] 戴建兵.我国适度普惠型儿童社会福利制度建设研究[D].上海：华东师范大学，2015.
[2] 国务院妇女儿童工作委员会办公室、石家庄市保护流浪儿童研究中心课题组.流浪儿童保护机制和对策研究[J].中国妇运，2005（6）：11-14.
[3] 尚晓援，吴文贤.对我国流浪儿童教育问题的探讨[J].青少年犯罪问题，2006（1）：34-37.
[4] 鞠青，张小亮，陈晨编.中国流浪儿童研究报告[M].人民出版社，2008：1.
[5] 孙玉琴.救助流浪儿童专项行动：由"接送回家"到"回校园"[J].中国民政，2013（6）：7-11.
[6] 陈晨.托起折翼天使——全国流浪儿童抽样调查报告[J].和谐社会建设与青少年发展研究报告——第三届中国青少年发展论坛暨中国青少年研究会优秀论文集（2007），2007：460-463.

的调查基础上发现，向经济发达的大城市流动、向交通枢纽城市流动、向气候适宜的旅游城市流动是流浪儿童流动的主要特点。群体特征方面，流浪儿童以男性为主，年龄基本在 12－16 岁的青少年，受教育时间短，多在中小学阶段辍学[1]。

二、流浪儿童救助实证分析

（一）与流浪儿童救助有关的法律法规

迄今为止，对于流浪儿童的保护与救助，我国已陆续出台一系列的法律法规。这些文件为流浪儿童的救助保护工作提供政策依据。

1. 国家层面的法律

1991 年通过、2006 年修订的《中华人民共和国未成年人保护法》第三条明确指出："未成年人享有生存权、发展权、受保护权、参与权等权利，国家根据未成年人身心发展特点给予特殊、优先保护，保障未成年人的合法权益不受侵犯。"这里包括对流浪未成年人的保护。第二十九条规定："对流浪乞讨或者离家出走的未成年人，民政部门或者其他有关部门应当负责交送其父母或者其他监护人；暂时无法查明其父母或者其他监护人的，由民政部门设立的儿童福利机构收容抚养。"第四十三条中又提道："县级以上人民政府及其民政部门应当根据需要设立救助场所，对流浪乞讨等生活无着未成年人实施救助，承担临时监护责任；公安部门或者其他有关部门应当护送流浪乞讨或者离家出走的未成年人到救助场所，由救助场所予以救助和妥善照顾，并及时通知其父母或者其他监护人领回。"这些条文明确了对流浪儿童的救助。

2. 国务院颁布的行政法规

1995 年，《中共中央办公厅国务院办公厅关于转发〈中央社会治安综合治理委员会关于加强流动人口管理工作的意见〉的通知》中指出："对在社会上长期流浪、无家可归、失去正常生活、学习条件和安全保障的少年儿童，要采取保护性的教育措施。可在流浪儿童较多的城市，试办流浪儿童保护中心。这项工作由当地政府负责，民政部门牵头，教委、妇联和共青团、公安、铁道等有关方面协助。"

2003 年，国务院总理第 381 号令颁布《城市生活无着的流浪乞讨人员救助管理办法》（以下简称《办法》）。在这部行政法规中，明确规定对城市生活无着落流浪、乞讨人员的救助。《办法》指出，县级以上城市人民政府应当根据需要设立流浪乞讨人员救助站，应当将所需经费列入财政预算，予以保障。并明确对受助人员应提供食品、住房、医疗和交通等帮助。"救助站应当劝导受助人员返回其住所地或者所在单位，不得限制受助人员离开救助站。救助站对受助的残疾人、未成年人、老年人应当给予照顾；对查

---

[1] 中国青少年研究中心"流浪儿童问题研究"课题组. 我国城市流浪儿童的基本特征分析[J]. 2008（6）：39-46

明住址的，及时通知其亲属或者所在单位领回；对无家可归的，由其户籍所在地人民政府妥善安置。"《办法》的颁布，实现了城市流浪人口救助从强制性收容遣送到自愿受助、无偿救助的重大转变。

　　国家出台的一系列法律法规，对流浪儿童的权益保护起到了积极的作用。但是随着我国人口流动的加速、家庭监护缺位和社会不良因素的影响，未成年人流浪现象依然存在。为进一步完善流浪儿童救助保护体系，2011年，国务院办公厅专门颁布《关于加强和改进流浪未成年人救助保护工作的意见》（以下简称《意见》）。《意见》明确了对流浪未成年人救助保护的总体要求和基本原则。提出加强和改进流浪未成年人救助保护工作的政策措施，包括五个方面：一是要实行更加积极主动的救助保护；二是要加大打击拐卖未成年人犯罪力度；三是要帮助流浪未成年人及时回归家庭；四是要做好流浪未成年人的教育矫治；五是要强化流浪未成年人源头预防和治理。《意见》指出，家庭是预防和制止未成年人流浪的第一责任主体，有关部门和基层组织要加强对家庭履行监护责任的指导和监督，对困难家庭予以帮扶，村（居）民委员会要建立随访制度。

　　2014年，《社会救助暂行办法》颁布，第五十一条规定：公安机关和其他有关行政机关的工作人员在执行公务时发现流浪、乞讨人员的，应当告知其向救助管理机构求助。对其中的残疾人、未成年人、老年人和行动不便的其他人员，应当引导、护送到救助管理机构。

3. 国务院有关部委的行政规章

　　2003年，民政部根据国务院第381号令出台了《城市生活无着的流浪乞讨人员救助管理办法实施细则》（以下简称《细则》）。《细则》明确了"城市生活无着的流浪乞讨人员"的对象，规定救助站为受助人员提供的食物和住处，应当能够满足受助人员的基本健康和安全需要，对于有医疗需求的要及时送医疗机构治疗，对于返回所在地却没有交通费的流浪人员准予搭乘交通工具。《细则》还规定对流浪乞讨人员救助的期限，流浪人员所在地乡镇、县级人民政府应承担的责任等。

　　2006年，民政部出台《救助管理机构基本规范》和《流浪未成年人救助保护机构基本规范》。这两个文件对于加强流浪儿童救助机构建设，推动流浪儿童的救助保护起到重要促进作用。

　　2006年，民政部、公安部等十九部门联合出台《关于加强流浪未成年人工作的意见》（以下简称《意见》）。《意见》指出，要以保障流浪未成年人合法权益为出发点，创造流浪未成年人回归社会的良好环境，促进流浪未成年人健康成长。《意见》认为，流浪未成年人工作是一项兼具救助性、福利性和管理性的工作。"预防是前提，救助是基础，管理是手段，教育是重点，保护是根本"。一要做好预防工作，避免未成年人流浪；二要保障流浪未成年人基本生活；三要强化对流浪未成年人的管理；四要加强对流浪未成年人的教育；五要促使流浪未成年人回归社会；六要打击利用流浪未成年人进行的犯罪活动；七要建立流浪未成年人救助保护机构。2014 年，民政部出台《家庭寄养管理办法》，对无法定监护人的孤儿、流浪儿童等儿童的家庭寄养从寄养家庭的条件、关系确立程序等进行了明确的法律安排。

（二）流浪儿童救助的主要措施

1. 建立流浪儿童救助保护中心

1992 年开始，民政部着手研究流浪儿童的救助保护工作。1995 年，民政部根据中共中央办公厅、国务院办公厅《关于转发〈中央社会治安综合治理委员会关于加强流动人口管理工作的意见〉的通知》，开始在流浪儿童较多的城市建立流浪儿童救助保护中心。截至 2012 年底，民政部共建立专门为流浪儿童提供紧急庇护的救助保护中心 261 个，床位 1.0 万张，全年救助生活无着流浪乞讨未成年人 15.2 万人次[1]。

2. 开展"类家庭""大房子"等救助保护模式实验

2003 年，民政部继续与联合国儿童基金会、英国救助儿童会合作，在河南省郑州市流浪儿童救助保护中心进行"类家庭"救助保护模式实验。"类家庭"是一个类似于家庭的养护模式，主要对象是 8-14 岁的流浪儿童。在环境比较合适的社区选购 1-2 套住房，以住房为"据点"建立一个类似于家庭的环境，招募 2 名以上有爱心和耐心的"妈妈"或志愿者，负责流浪儿童的生活和起居，对他们进行心理辅导和家庭教育，像一个正常的家庭一样让流浪儿童生活在其中。"类家庭"是一个集寄养、看护、教育于一体，融入社区，无"家"可归的流浪儿童之"家"，它是流浪儿童救助保护中心工作向社区的延伸。

同时，民政部还在长沙市流浪儿童救助保护中心开展"大房子"救助保护模式实验。"大房子"救助模式的对象主要是 7-15 岁的孤儿和无家可归的流浪儿童。方法是：为这些孤儿和流浪儿童在社区中安排一套大的住房，配备相应的生活设施，并为他们配备专职的保育员。"大房子"实行开放式管理，孩子们可以来去自由。这里配置有寝室、阅览室、餐厅、活动室、厨房、澡堂等。在这儿，孩子们可以像在家里一样自由自在地读书，看电视、上网学习、聊天，甚至还可以学习到生活技能[2]。

目前，"类家庭"养育模式已经在北京、天津、安徽、四川等地陆续开展，并成为民政部"蓝天计划"的子项目。"大房子"救助模式也在部分地区实验和推广。

3. 建立少年儿童救助保护中心

2003 年 11 月，广东省建立全国民政系统第一个专门开展流浪儿童救助保护的专职机构——广东省少年儿童救助保护中心。该中心的主要任务是负责广东省内无家可归流

---

[1] 数据来源：民政部 2012 年社会服务发展统计公报。
[2] 潇湘晨报. "大房子"收养流浪儿童[EB/OL]. http://news.sina.com.cn/c/2003-06-19/0755235218s.shtml, 2003-06-19.

浪儿童的救助、保护、教育和安置工作，负责广东省籍流浪儿童返乡安置和救助工作。主要对象有四类，一是公安机关解救的被拐卖儿童；二是正在城市中流浪乞讨的流浪儿童；三是有轻微违法犯罪的流浪儿童；四是父母正在服刑的流浪儿童。其后，北京市建立了专门的少年儿童救助保护中心。目前，哈尔滨、郑州等地也相继建立了少年儿童救助保护中心。少年儿童救助保护中心的建立，改变了过去流浪儿童救助保护机构与救助管理站合一的体制，强化了儿童保护功能。

4. 开展打击拐卖儿童专项行动

进入新世纪以来，国家加大了对拐卖妇女、儿童犯罪活动的惩治力度。但由于受到国际国内多种消极因素的综合影响，拐卖儿童、妇女犯罪活动没有得到根本遏制，一些地方甚至沉渣泛起，愈演愈烈，严重危害妇女儿童权益。2009 年开始，公安部在全国范围内开展打击拐卖妇女、儿童犯罪专项行动。据公安部的数据，2009 年 4 月全国范围内开展打击拐卖犯罪专项行动以来四年间，共摧毁约 1.1 万多个拐卖儿童犯罪团伙，解救 5.4 万余名被拐儿童[1]。

2013 年 3 月，国务院办公厅印发《中国反对拐卖人口行动计划（2013—2020 年）》的通知，要求进一步完善集预防、打击、救助和康复为一体的反拐工作长效机制，确保被拐卖受害人及时得到救助康复和妥善安置。这将进一步加大对受害儿童，包括流浪儿童的救助和保护。

5. 开展"接送流浪孩子回家"专项行动

为贯彻落实《国务院办公厅关于加强和改进流浪未成年人救助保护工作的意见》，2011 年 12 月 12 日，民政部、中央综治办等八部门联合下发《关于在全国开展"接送流浪孩子回家"专项行动的通知》。通知要求从 2011 年 12 月起至 2012 年底，在全国联合开展以"保护儿童，告别流浪"为主题的"接送流浪孩子回家"专项行动。积极主动救助和保护流浪未成年人，帮助流浪未成年人回归家庭、告别流浪，力争到 2012 年底基本实现城市街面无流浪未成年人的目标。

专项活动开展一年来，到 2012 年底，"接送流浪孩子回家"行动取得了明显成效，各城市主城区基本无流浪未成年人，无群体性跨区域流浪未成年人，基本做到一旦有报告能及时得到救助保护，基本实现城市街面无流浪未成年人的目标[2]。

6. 开展"流浪孩子回校园"专项行动

为巩固"接送流浪孩子回家"专项行动成果，深化流浪未成年人教育矫治和源头防治工作，帮助流浪未成年人顺利回归校园、融入社会、健康成长，2013 年，民政部、中央综

---

[1]新华网. 2009 年以来全国共解救 5.4 万余名被拐儿童[EB/OL].http://www.chinanews.com/fz/2013/03-25/4673938.shtml，2013-03-25.
[2]社会事务司."接送流浪孩子回家"专项行动进展情况[EB/OL].
http://sws.mca.gov.cn/article/gzdt/201212/20121200398097.shtml,2012-12-20.

治办等八部门又联合下发《关于在全国开展"流浪孩子回校园"专项行动的通知》。通知要求,"做好关爱帮扶和源头防治工作,加强未成年人家庭教育指导,引导父母履行未成年人监护责任,加大对农村贫困家庭扶持力度,提高家庭监护能力和养育水平,为流浪未成年人健康快乐成长创造有利条件和环境,有效预防和减少未成年人流浪乞讨现象"。

(三)取得的成就

1. 建立起相对完善的流浪儿童救助法律体系,为流浪儿童的救助提供政策依据

国家十分重视流浪儿童的救助保护,从人大常委会通过的法律,到国务院通过的行政法规,再到部门规章,形成了相对完善的流浪儿童救助保护法律体系,为流浪儿童救助提供政策依据。尤其是近年来,随着儿童为主体的救助理念的深入,人性化、灵活性的救助政策和方式不断发展完善,如在对流浪儿童的救助收容方面,改变了过去强制性的遣送制度,而是尊重儿童意愿、具体了解其家庭状况,根据不同情况进行处理,最大限度保护儿童权益。

2. 流浪儿童救助机构的建设为广大流浪儿童创造了一个暂时栖息的"家",减少社会流浪

目前,全国已经建立260多个流浪儿童救助保护机构,床位1万多张,救助流浪儿童达到15万人次,为流浪儿童创建了一个个暂时栖息的"家",使得广大流浪儿童在失去家庭温暖的时候,得到政府的关怀。流浪儿童救助保护中心为流浪儿童获得必要的食物、健康和教育创造了条件。郑州市流浪儿童救助保护中心创立的"郑州模式",即由街头流动救助、全天候救助、街头救助亭以及"类家庭"模式组成的救助体系,是一种建立新的流浪儿童保护制度的努力[1]。云南省家馨社区流浪儿童救助中心是致力于在街头寻找、救助流浪儿童和困境儿童综合救助的民间机构,它采取人性化的救助方式,在街头寻找流浪儿童;并采用开放式的管理模式,对流浪儿童的服务实行自愿原则。

广州、北京、哈尔滨等地建设的少年儿童救助保护中心,也为流浪儿童把脚留住、停止流浪做出了努力,减少了流浪儿童的社会流浪。

3. 开展各项专项行动,维护流浪儿童的生命权、生存权、受教育权和免受伤害的权利

"打击拐卖儿童"专项行动,解救了儿童,使千千万万儿童从拐骗和罪恶的黑手中获得新生,免受到伤害。"接送流浪孩子回家"专项行动,使更多的流浪儿童回归家庭,告别流浪。"流浪孩子回校园"专项行动,则使流浪在外的儿童重新回到校园,融入社会。一系列专项行动,使流浪儿童得到了保护,维护了他们的生命权、生存权、受教育权和免受伤害的权利。

---

[1] 尚晓援,张雅桦等.建立有效的中国儿童保护制度[M].社会科学文献出版社,2011:180.

4. 对流浪儿童的救助逐步由对其本人的生活救助转到对其家庭救助，这将从根本上解决儿童流浪问题

国家对流浪儿童的救助在很长时间里主要是为流浪儿童提供一个暂时的栖息场所，给他们提供必要的吃、穿、住和基本的医疗保障。可以说，对流浪儿童的救助主要是对其本人提供的一种临时性的生活救助。这种救助方式，虽然暂时性解决了流浪儿童的生存问题，但没有根除流浪的根源性问题。儿童流浪的根源性问题在于家庭的生活贫困、家庭监护缺位、家庭暴力、家庭教育不当等一系列家庭因素。因此，仍然存在着大量反复流浪现象。2011年开始，国家认识到对流浪儿童的救助要从源头预防和治理抓起。认识到家庭是预防和制止未成年人流浪的第一责任主体，提出要对困难家庭予以帮扶，提升家庭抚育和教育能力，帮助其解决实际困难。这就把对流浪儿童的救助转到对家庭的支持，实现从家庭支持到支持家庭的转变，这必将促进儿童流浪问题得以根本解决。

（四）存在的主要问题

1. 缺乏流浪儿童救助的专门性法规

尽管我国出台了一系列有关流浪儿童救助的法律和法规，但这些法律法规针对性不强，关于流浪儿童的救助内容只是散布其中，缺乏流浪儿童救助的专门性法规。如《中华人民共和国未成年人保护法》属于上位法，只是提到了流浪儿童的救助。而国务院的《城市生活无着的流浪乞讨人员救助管理办法》，流浪未成年人只是隐含其中，对流浪儿童并不完全适用。2011年，国务院办公厅发布的《关于加强和改进流浪未成年人救助保护工作的意见》，虽然专门针对流浪儿童，但只属于文件通知，缺乏法律刚性。

2. 流浪儿童救助机构存在缺陷

尽管我国已经建立200多个流浪儿童救助保护中心，但相对于大规模的流浪儿童数量，仍然不能满足救助的需要。流浪儿童救助机构在管理上生硬、僵化，使流浪儿童害怕进入保护中心。57.1%的流浪儿童认为流浪救助机构限制自由[1]。流浪儿童救助机构基础设施缺乏，69.2%的流浪儿童认为救助机构的基础设施简陋[2]。流浪儿童救助机构还存在着经费不足，活动项目缺乏，管理人员不够，管理水平不高等问题。

3. 社会参与度不高

当前，对流浪儿童的救助主要是政府部门的工作，社会参与度不高。"宝贝回家志愿者协会"是最有名的一个民间组织[3]。第三部门遭遇尴尬的主要原因是政府缺乏对民间组织的政策支持，特别是在土地、资金、税收优惠、身份等的认同上。另外，民间组织自身也存在问题。这些原因导致社会参与度不高。

---

[1] 鞠青，张小亮，陈晨编.中国流浪儿童研究报告[M].人民出版社，2008：88.
[2] 曾琼.我国流浪儿童救助问题研究[D].南昌：江西财经大学，2012:17.
[3] 尚晓援，张雅桦等.建立有效的中国儿童保护制度[M].社会科学文献出版社，2011：178.

4. 缺乏流浪儿童救助整体规划

流浪儿童问题是一个全国性问题，而我国在流浪儿童救助保护方面缺乏整体性规划，也缺乏长期规划，导致不同地区在管理上相互不衔接。我国流浪儿童流出地多是不发达的中西部地区，而流入地则主要是发达地区。但在对流浪儿童的管理问题上，却存在条块分割，地区分割。不同地区各负责自己辖区内流浪儿童事务，结果在联合打击利用流浪儿童违法犯罪及其流浪儿童管理上出现缺位或者扯皮的现象，影响了流浪儿童救助的效率。

5. 没有建立起全国范围的流浪儿童数据库

当前，我国流浪儿童信息资源十分缺乏。没有全国范围内的流浪儿童信息数据库，各个省市关于流浪儿童的信息不全、或者根本没有，对流浪儿童的数量、分布、基本信息、流浪原因、救助情况等没有详细的记录。这些严重影响到对全国流浪儿童基本情况的把握，也给流浪儿童的救助工作带来困难。

6. 无差异性的送返式救助方式不利于儿童的保护和社会化

我国目前的流浪儿童救助政策的核心方式是将流浪儿童送返回家，以实现"回归家庭"的目标。这一政策安排与国际通行的做法有一致性，也符合我国传统的抚养理念、家庭观念。

但另一方面，对于那些与家庭已断绝关系且修复困难、家长无能力承担监护责任的流浪儿童而言，送返回家会成为下一次离家的开始，这带来了重复性救助的问题。流浪儿童的真正需求没有被满足，救助资源浪费，还可能出现重复伤害。

第二节 残疾儿童福利实施状况分析

一、全国残疾儿童数量

从 1987 年我国第一次全国抽样调查数据可以得知，当时残疾儿童中，最多的是智力残疾，占残疾儿童总数的比率为 66%。其次是听力残疾、言语残疾儿童，占残疾儿童总数的比率为 14.2%。第三是多重残疾，占残疾儿童总数的比率为 9.9%。如表 7.1 所示：

表 7.1 第一次全国抽样调查残疾儿童数量及其占残疾人总数的比率

残疾儿童类别	残疾儿童数量（万人）	占残疾儿童总数的百分比（%）
听力残疾、言语残疾	116	14.2
智力残疾	539	66
视力残疾	18	2.2
肢残	62	7.6
精神残疾	1.4	0.17
多重残疾	80.7	9.9%

数据来源：中国残疾人联合会 1987 年全国残疾人抽样调查研究资料。

根据《2006年第二次全国残疾人抽样调查数据公报》，全国0-14岁的残疾人口有387万人，占残疾人总数的4.66%；6-14岁学龄残疾儿童为246万人，占全部残疾人口的2.96%。6-14岁学龄残疾儿童中，视力残疾儿童13万人，听力残疾儿童11万人，言语残疾儿童17万人，肢体残疾儿童48万人，智力残疾儿童76万人，精神残疾儿童6万人，多重残疾儿童75万人。学龄残疾儿童中，63.19%正在普通教育或特殊教育学校接受义务教育。

二、残疾儿童福利效果

（一）我国残疾儿童教育状况

残疾儿童教育，主要是指针对盲人、聋哑人、弱智儿童等残疾儿童的特点，采取特殊的方法和手段对这类人群进行教育的一种形式。

解放前，我国的特殊教育几乎是一片空白，特殊教育的基础极为薄弱。新中国成立以后，我国特殊教育随着社会主义事业的不断发展而前进，在数量和质量上都有一定的发展。据统计，1987年，全国盲、聋、哑和弱智学校已从新中国成立前的42所发展到504所，在校学生从新中国成立前的2000余人发展到52000余人，仅教职员工就有14000多人。特别是党的十一届三中全会以来，特殊教育体系正在逐步形成，各省市试办了残疾儿童学前教育，开展了聋儿听力语言训练，设立了特殊教育职业培训或中等职业技术学校，部分高校如北京师范大学、华东师范大学，还设立了特殊教育高等教育专业，填补了我国培养高层次特教专业人才的空白。1987年，长春大学成立我国第一所特殊教育学院，面向全国招收残疾儿童中的优秀人才接受高等教育，更使我国的特殊教育工作迈上了一个新的台阶。

"十一五"期间，国家采取多种措施减少未入学适龄残疾儿童少年人数。从图7.1可以看出，2006年以来，未入学适龄残疾儿童少年人数逐年减少，2012年未入学适龄残疾儿童少年人数仅为9.1万，比2006年减少了13.2万。

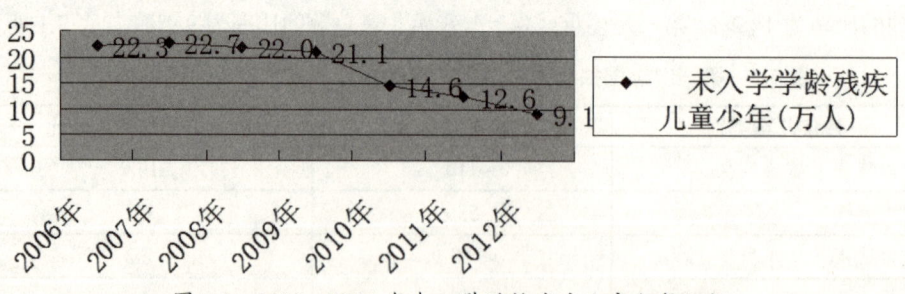

图7.1　2006-2012年未入学适龄残疾儿童少年人数

2014年1月，教育部、国家发改委等七部门联合发布《特殊教育提升计划（2014-2016年）》，启动实施推进特殊教育公平化和提升教育质量的进程。提出在三年内初步建立"布局合理、学段衔接、普职融通、医教结合"的特殊教育体系的目标。明确政府在特殊教育中的规划、资金等主要职责。2015年4月,教育部、中国残联联合印发《残疾人参加普通高等学校招生全国统一考试管理规定(暂行)》,通过为残疾未成年人提供使用盲文或大字号试卷、免除外语听力考试、携带盲杖等便利服务,为残疾未成年人提供平等的受教育权。

(二)我国残疾儿童康复医疗状况[1]

我国政府十分重视残疾儿童康复工作,每年都拨出专项经费,用于残疾儿童的康复工作。而且我国还根据《残疾儿童保障法》为残疾儿童提供康复服务的规定,卫生部、民政部、原国家计委等部门曾发布一系列关于残疾儿童康复的文件,为残疾儿童康复提供具体的法律保障。全国还设立了康复医院、矫形医院、残疾儿童康复中心等医疗康复机构,在街道、乡镇等基层社区设立康复站,为残疾儿童的康复提供物质保障。

目前,我国主要康复手段及康复项目有:白内障复明手术、聋哑儿童语言听力训练、肢残矫治手术。到1992年底,全国共确定2235个白内障复明中心、1357个聋儿听力语训中心、980个小儿麻痹后遗症矫治中心,建立了在全国承担康复资源中心任务的中国康复研究中心和中国聋儿康复研究中心。逐步在二级和三级医院设立康复科,在一些高等院校设立康复专业,培养康复专业人才。"九五"期间,我国残疾儿童康复事业有了一定的进展,有433万人得到不同程度的康复,其中,施行白内障复明手术1866680例;为低视力者配用助视器101363例,并对他们进行视功能训练;对77920个聋儿进行听力语言训练,实施肢体残疾矫治手术231956例;装配假肢151755例。国家对这三项康复工作的实施,给残疾儿童带来了福音。

《2014年中国残疾人事业发展统计公报》显示,全年内全国1662个县的1958个医疗卫生机构开展残疾儿童筛查工作,年度新诊断0-6岁残疾儿童4.8万人。依托各级各类残疾儿童康复机构建立儿童家长学校1547个,开展家长学校活动3625次,参与残疾儿童家长达94170人次。建设省级听力语言康复机构31个,基层听力语言康复机构1025个。年度新收训聋儿1.9万名,在训聋儿3.2万名;规范聋儿家长学校,开展家庭训练,共培训聋儿家长3.9万名。同时,建立了41个省级孤独症儿童康复训练机构;2.0万名孤独症儿童在各级机构进行了康复训练[2]。

(三)我国残疾儿童文化生活现状

丰富多彩的残疾儿童文化生活有助于残疾儿童参与社会、开阔视野、广交朋友。到2000年底,全国有残疾儿童文化活动场所1632个、残疾儿童艺术团体207个、残疾儿童体育活动场所719个;有关残疾儿童宣传的报刊专栏有36个、广播专题38个、电视

---

[1] http://wenku.baidu.com.浅谈我国残疾人社会福利.2012-12-06.

[2] http://wenku.baidu.com.我国残疾人权益保障的现状和问题.2012-09-17.

手语专栏 35 个；市（地）级报刊专栏 315 期、广播专题 367 个、电视专栏 273 个。以上这些对于提高残疾儿童的情趣和素质，发挥着重要的作用。

截至 2014 年底，全国省、地、县三级公共图书馆共设立盲文及盲人有声读物阅览室 1616 个，共开展残疾人文化周活动 5568 场次，共举办残疾人文化艺术类比赛及展览 2806 次，全国共有各类残疾人艺术团体 775 个。

（四）我国残疾儿童社会环境状况

在消除社会对残疾儿童的歧视和偏见方面，中国政府和中国残疾儿童联合会采取各种方法，来营造尊重和帮助残疾儿童的社会环境。1989 年 4 月，建设部、民政部、中国残疾儿童联合会制定并颁布《方便残疾儿童的城市道路和建筑物设计规范》后，方便残疾儿童出行的无障碍设施在全国各地逐步建立和增多。2001 年 6 月，建设部、民政部、中国残疾儿童联合会又下发《关于发布行业标准〈城市道路和建筑物无障碍设计规范〉的通知》，对城市道路、建筑物、居住区无障碍实施范围和设计以及建筑物无障碍标志和盲道作了详细、明确的规定，进一步为残疾儿童走入社会、参与社会提供方便和条件。"十五"计划纲要指出，"营造文明进步的社会环境，促进残疾儿童平等参与社会生活"，"在全社会大力开展扶残助残活动"，"要积极推行无障碍设施"。纲要的这些精神将有助于促进扶残助残社会风气的形成。

2012 年 6 月，国务院颁布《无障碍环境建设条例》，明确政府从制定无障碍设施工程建设标准、支持无障碍产品、倡导无障碍环节理念等，为残疾人营造自主安全出行、出入建筑物、搭乘公共交通、交流信息的环境。

三、我国残疾儿童社会福利存在的问题

我国残疾儿童福利事业在新中国成立后有着迅速的发展，但是与我国整体经济社会发展水平相比，发展速度仍然是缓慢的，残疾儿童整体的生活水平比较低，并且在以下几个方面依旧存在一些问题，亟待改善。

（一）我国残疾儿童教育基础较为薄弱

心理学研究表明，0-7 岁是个体神经系统结构发展的重要时期，是个体心理发展的关键时期；这一时期个体神经系统的可塑性较大、对外界环境的适应能力较强。因此这一期间对残疾儿童施以恰当的教育，会有利于个体生理机能的重新组合、最大限度减少器官及精神损伤的后果。因此，残疾儿童基础教育对儿童缺陷的弥补、潜力的发挥十分重要。

我国残疾儿童教育事业在近二十年得到蓬勃发展。但是还有以下问题亟待解决：

与健全人相比，残疾儿童受教育机会少。特殊教育学校和特教班主要集中在大中城市，很多小城市的残疾儿童没有机会接受正规的教育。1991 年，全国文盲率 15.6%，残

疾儿童占比68%；1991年底，全国适龄儿童入学率97.8%，盲聋哑与弱智儿童入学率不足10%，入普通幼儿园和普通小学率仅达19.4%。

根据我国残疾儿童及其家庭的情况，残疾儿童多分布于经济较落后的偏远地区，家庭较困难、地区残疾人服务水平低；而特教学校一般实行寄宿制，许多学生因缴纳不起学杂费、寄宿费而辍学。此外，残疾儿童入学门槛高，许多学校存在人为设置条件，残疾儿童被学校拒之门外的现象屡见不鲜。反观发达国家，美国《所有残疾儿童教育法》为所有3-21岁残疾儿童少年提供资助，联邦政府与州政府的经费责任清晰；英国则实行全纳教育运动，教育部门为接收残疾儿童的学校提供基金支持；日本《日本残疾人基本法》规定，残疾儿童到普通公立学校就学，学校不得拒收。目前而言，我国对残疾儿童教育的重视程度和支持力度已大为提高，残疾儿童获得基础教育的权益也被明确；但对教育的资助额度、监督机制和最终落实到儿童及其家庭的资金效果，尚无明确、系统的规定和反馈。

此外，特殊教育政策法令一般由教育部、民政部等部门颁布，但由于我国部门独立的行政体制，特殊教育政策法规及支持政策的颁布是否真正落实还需要财政等部门的配合。生活能自理、符合国家报考专业体检标准、达到录取分数线的残疾学生不能被录取的现象时有发生。因此，如何使惠及残疾儿童的教育政策真正落实，切实保障残疾儿童受教育权，及时反馈政策执行效果是今后需要努力的方向。

（二）我国残疾儿童康复医疗发展较为缓慢

虽然我国目前残疾儿童康复医疗有了一定的发展，但是由于受经济实力、医疗设施条件、康复人才和医学科学水平等因素的限制，还不可能使所有的残疾儿童都能达到完全康复的效果，因而只能选择性地、有限地使部分残疾儿童通过多种途径，达到减轻残疾程度或基本康复；再加之有些主管部门不够重视，我国残疾儿童中的绝大部分还是得不到康复。例如，聋儿难以配到合适的助听器，缺乏听力训练场所；许多肢体残疾者得不到辅助器械；康复手段和康复项目少等。这些都已日益成为社会问题。

我国残疾儿童康复工作起步较晚，除已建成1700余个聋儿康复机构外，其他视力、智力、肢体、精神残疾儿童的专门康复机构较为匮乏，还有很大的发展空间。根据中国残疾人联合会的抽样调查，有近35%的残疾儿童没有接受任何形式的康复服务，在接受康复服务的儿童中，多数以家庭自我康复为主，在各级各类康复机构中接受专业服务的仅占14%[1]。同时，由于我国一直以来重治疗、轻预防与康复的理念，对残疾儿童的医疗救助也存在同样问题，许多儿童在伤病后未能得到及时有效的康复治疗，从而对伤残恢复造成消极影响。

---

[1] 新华社北京2012年5月28日电：《我国3成多残疾儿童得不到基本康复服务》。网址：http://society.people.com.cn/GB/41158/5424515.html。

身为社会特殊群体的残疾儿童因残疾者和儿童的双重身份面临双重劣势,缺乏科学有效的康复服务,对其今后发展和自我认知都有深远的消极影响。

(三) 我国残疾儿童文化生活单调

尽管我国目前残疾儿童有一定的文化活动,但是由于社会的偏见和歧视、残疾儿童自身的自卑感、文化体育设施主要集中在大中城市等方面的原因,残疾儿童不愿意也不能走出家门、走入社会。因此,总体来讲,一是残疾儿童参加文化体育活动的人数、种类和机会较少;二是残疾儿童运动设施和场地很少,不能满足广大残疾儿童的要求;三是供残疾儿童阅读的书刊种类少。残疾儿童闭塞的生活状态与当前整个社会丰富多彩的文化体育生活形成强烈的反差,必须逐步予以改变;四是面向残疾儿童可享受性文化活动、设施少,鲜有将残疾儿童特征、特殊需求等考虑在内的社会文娱活动。

(四) 我国残疾儿童社会环境存在漏洞

1989年4月,建设部、民政部、中国残疾儿童联合会制定并颁布《方便残疾儿童的城市道路和建筑物设计规范》,虽然现在方便残疾儿童出行的无障碍设施在全国各地逐步建立和增多。但是无障碍设施也都集中在大中城市,因此,受益者仍然是少数残疾儿童。由于社会的不理解和不尊重,使得有些残疾儿童待在家里不愿出门,因此有些城市的无障碍设施利用率很低,成为一种摆设。实践证明,在建立无障碍设施时,首先要消除社会对于残疾儿童的歧视和残疾儿童自己的自卑情绪,即构筑社会和残疾儿童观念上的无障碍通道,真正将他们视为自尊、平等的个体,在规划建设中主动考虑残疾儿童的需求特点,营造友爱、包容的社会环境。其次,在进行道路、建筑物等无障碍设施建设中,须全面、人性化考虑残疾儿童状况,纠正盲道、无障碍电梯等成为公众随意使用设施的问题。第三,加强全社会范围内对残疾儿童关怀工作的宣传,引导社会形成互助、礼让、无歧视的氛围,为残疾儿童的生活发展提供宽松、尊重的环境。

四、残疾儿童生存生活状况的改进建议

(一) 加强残疾儿童教育机会及结果公平

遭受生理或心理创伤的残疾儿童在成长和社会竞争中本身就处于十分不利的地位,接受教育、增强知识技能水平是残疾儿童改变境遇、最小化残疾创伤的重要途径。目前,我国残疾儿童在入学机会、教育质量等方面都存在不同程度的不公平问题,且残疾儿童内部在性别、地区、城乡间也存在差异。

全国特殊教育工作会议提出逐步形成以一定数量的特殊教育学校为骨干,以大量特殊教育班和随班就读为主体的残疾儿童教育的格局,改变过去筹建特殊教育学校的单一模式。目前,我国已经逐步形成了"以随班就读和特教班为主体、特殊教育学校为骨干"的残疾儿童义务教育体系。但随班就读机会低、师资力量薄弱等问题仍然突出。

因此，首先应按当地残疾儿童数量配备充足比例的特教班，保障残疾儿童的入学权利；其次，增加对残疾儿童师资力量的投入，保证老师的待遇，提高残疾儿童教育质量；第三，加强残疾儿童职业教育建设，提升残疾儿童受教育水平和职业技能。自立自强是残疾儿童教育和福利的最终目标，帮助残疾儿童获得一技之长，提高其生存能力是教育的关键。职业教育需与中学教育实现良好对接，提高残疾儿童生存能力。

（二）提高对残疾儿童医疗康复的重视程度

医疗康复在国际医疗体系中占有非常重要的地位，康复工作的效果对病人身心恢复的好坏有十分关键的影响，专业及时的康复能够在很大程度上恢复病人的机能，将病残伤害降至最低。残疾儿童的康复更是如此，儿童自身的生长发育还未完成，身体自愈能力强，因此开展及时充分的医疗康复能够发挥非常显著的作用。目前我国康复机构少、人员专业机能薄弱、地区间资源分布不均等问题都制约了残疾儿童康复的效果。因此，可以从以下方面进行改进：

首先，加大对县、中小城市的康复中心、机构的投入，在资金、人员、设施等各方面给予支持，合理分配资源，改变重城市轻乡村的局面。根据各地残疾儿童数量及需求建立相应数量的康复中心，为残疾儿童提供医疗康复、心理辅导、职业培训等服务。

其次，对可恢复性残疾加大投入，最大程度恢复残疾儿童生理健康。研究表明，对 0-6 岁的聋儿进行及早干预、实施科学康复训练的康复效果十分显著，绝大部分聋儿能够从根本上改变听力障碍状况，与健全人一样学习、工作、生活并回归社会；但错过这一时期，效果往往事倍功半，甚至失去康复价值导致终身残疾。因此，根据不同病残的恢复特点，有重点地加大康复投入，能取得更好的康复效果。

第三，国家应加大对社会力量创办残疾儿童康复托养机构的支持。目前以公办康复机构为主的模式使许多残疾儿童没有足够的机会获得及时服务，延误了最佳康复时间；而随着公民社会发展，社会组织力量的壮大，积极探索政府主导、社会参与的康复机制，建立健全相关政策，推动社会力量创办残疾儿童康复机构是符合发展方向的有效途径。国家对民办残疾儿童康复机构应给予资金、政策优惠、技术支持等多种奖励，促进其进一步发展。

（三）保障残疾儿童文化权利

联合国《残疾人权利公约》将文化权利界定为残疾人应该平等享有的重要权利。保障残疾儿童的文化权利，是社会文明进步的要求和体现，是人性化、普适化社会保障体系建设的要求，也是建设公共文化服务体系过程中追寻权利平等的难点。残疾儿童文化生活单调、社会参与少是长期以来存在的问题，2013 年残疾人监测数据发现，我国 6-17 岁残疾儿童仅有7.3%经常参与社区文化生活，34.6%很少参与，58.1%从不参与社区文化生活[1]，即一半以上残疾儿童几乎没有社会文化生活，处于较封闭的生活状态下。由于"残疾"和"年龄"的双重弱势，残疾儿童易成为公民权利中的盲点和短板。

社区是公民文化权利实现的主要场所，是儿童生活成长的主要区域，因此社区文化建设是影响残疾儿童文化权利实现的重要因素。目前，我国社区内开展的文化服务基本处于半自发状态，未形成系统、制度化的服务体系，因此从意识、制度设计和人员服务等各方面进行全面建设，发展完善多样的社区文化服务十分必要。

在娱乐性、普及性的文化活动之外，考虑层次性、针对性地面向残疾儿童的文化活动，鼓舞残疾儿童自立自强的精神；可借助高校和社会爱心人士的力量，通过志愿服务为残疾儿童提供学习辅导、自理能力加强、心理慰藉等多方面的服务。有意识地协调文化、卫生、社会组织等多方力量，共同为残疾儿童营造有益的文化参与条件和氛围。

---

[1] 数据来自2013年全国残疾人状况监测数据

第八章 留守儿童与流动儿童福利制度现状分析

第一节 留守儿童和流动儿童数量及分布

一、全国农村留守儿童数量及分布

（一）留守儿童数量及整体分布

根据《中国 2010 年第六次人口普查资料》样本数据推算，全国目前有农村留守儿童 6102.55 万，占农村儿童总数的 37.7%，占全国儿童数的 21.88%。与 2005 年全国 1% 抽样调查估算数据相比，五年间全国农村留守儿童增加约 242 万[1]。

农村留守儿童分布比较广泛，主要分布在四川、河南、安徽、广东、湖南等劳务输出大省。四川、河南的农村留守儿童规模大，占全国农村留守儿童比率最高，分别达到 11.34% 和 10.73%。其次，安徽、广东、湖南的农村留守儿童规模占全国百分比也很高，分别为 7.26%、7.18% 和 7.13%。以上五个省份留守儿童在全国留守儿童总量中占到 43.64%。

另外，从农村儿童中留守儿童所占比率来看，重庆、四川、安徽、江苏、江西和湖南的比率已超过 50%，湖北、广西、广东、贵州的比率超过 40%。因此，农村留守儿童广泛分布于中西部省份，同时也分布于江苏、广东等东部发达省份[2]，呈现劳务输出大省与东部沿海省份双高的局面。

由此可见，留守儿童在地区间分布很不均衡。四川、江西、安徽、湖南等经济相对落后的省份是近年来青壮年劳动力的主要输出地，形成了数量众多的留守儿童；而广东、江苏等省份经济水平与开放程度相关性高，省内由于地理位置、经济政策等原因产生区域发展的不平衡，因此，广东、江苏等在吸收全国各地流动人口的同时，省内各地区间也存在大量的人口流动，从而出现了发达地区的广东、江苏也存在大量留守儿童的局面[3]。

（二）留守儿童地区分布

在从我国各地区整体上对留守儿童的数量及大体分布进行描述的基础上，考虑到各地人口规模、儿童规模及人口参与全国流动的频率不同，还要从各地留守儿童的相对数

---

[1] 中华全国妇女联合会.我国农村留守儿童、城乡流动儿童状况研究报告[EB/OL]. 2013-5-14，http://www.women.org.cn/allnews/02/3906.html.

[2] 中华全国妇女联合会.我国农村留守儿童、城乡流动儿童状况研究报告[EB/OL]. 2013-5-14，http://www.women.org.cn/allnews/02/3906.html.

[3] http://www.gov.cn/jr.全国妇联.单独居住的农村留守儿童高达 205.7 万。2015-07-27.

量和在本省的比重方面进行更具体可视的对比。各地留守儿童在本地区儿童总数中所占比重如表 8.1 所示[1]：

表 8.1　各地区留守儿童所占比率

省市	留守儿童占全国比重（%）	留守儿童占本省儿童总数比重（%）
北京	0.27	3.26
天津	0.08	1.08
河北	1.01	1.50
山西	0.58	1.57
内蒙古	0.55	2.51
辽宁	0.74	2.27
吉林	0.41	1.90
黑龙江	0.64	2.21
上海	0.25	2.89
江苏	4.68	7.41
浙江	3.40	9.14
安徽	7.58	11.55
福建	3.76	10.88
江西	8.45	19.38
山东	1.50	1.77
河南	4.46	4.24
湖北	5.92	10.40
湖南	7.46	12.53
广东	10.28	11.62
海南	6.38	12.62
广西	0.23	2.52
重庆	6.22	22.32
四川	14.94	18.71
贵州	4.41	9.55
云南	1.67	3.43
西藏	0.07	2.07
陕西	2.06	5.30
甘肃	1.29	4.37

[1] 段成荣，周福林. 我国留守儿童状况研究[J]，人口研究，2005（1）：29-35

省市	留守儿童占全国比重（%）	留守儿童占本省儿童总数比重（%）
宁夏	0.12	1.78
新疆	0.36	1.50
（均值）	3.23	6.74

资料来源：段成荣，周福林.我国留守儿童状况研究[J]，人口研究，2005（1）：29-35.

由表 8.1 可知，四川、安徽、江西等中西部省份留守儿童在全国及本省的比重均呈现显著高水平，这与劳动力输出大省的基本共识一致；而广东、江苏等较发达省份也呈现了较高水平的留守儿童比重，表明这些省份内部地区差异性大，省内流动率高。

（三）留守儿童家庭结构分布

由于父母外出的选择不同，儿童照顾者、生活情况不同，根据父母外出情况和儿童生活情况，可将留守儿童的家庭分为：儿童单独生活、与父亲单独生活、与母亲单独生活、与父亲及家庭成员生活、与祖辈生活等六种类型。其具体分布如表 8.2 所示：

表 8.2 留守儿童生活情况

留守儿童家庭类型	占全部留守儿童家庭比重（%）
儿童单独留守	4.41
与父亲生活	2.46
与母亲生活	7.37
与父亲及其他家庭成员生活	8.04
与母亲及其他家庭成员生活	25.96
与祖辈生活	51.76

注：根据第五次全国人口普查数据整理。

在不同类型的留守儿童家庭中，与祖辈等其他家庭成员生活的类型是留守儿童生活的最主要方式，所占比重为 51.76%，即半数以上的留守儿童是在父母同时外出的环境下成长的。其次为与母亲一起居住的，占 25.96%。可见母亲留在家中照顾子女还是主要的家庭安排和生活方式之一。与祖辈、母亲居住的留守儿童比重之和为 78.62%，可见农村留守儿童的主要家庭结构为老人和女性家庭成员，父亲及男性角色的缺失十分普遍[1]。

---

[1] http://chuansong.me/.中国流动留守儿童近亿，心理问题堪忧.2015-07-16.

(四) 留守儿童基本特征

1. 性别特征

根据第五次全国人口普查数据，在全部留守儿童中，男女比率分别为 53.88% 和 46.12%，性别比为 116:82，存在显著的性别差异。从不同年龄层的性别构成看，各年龄组的男孩数均多于女孩数。这一趋势在第六次全国人口普查中得到延续，第六次全国人口普查数据显示，全部农村留守儿童中，男孩占 54.08%，女孩占 45.92%，性别比为 117:77。因此男孩比重高、数量多是留守儿童的另一特征。而父亲角色的缺失对男童的心理成长是十分不利的。表8.3 为第六次全国人口普查中留守儿童分年龄层的性别状况：

表8.3 留守儿童性别情况

年龄	留守儿童		
	男	女	性别比
0 岁	2.96	2.5	118:4
1 岁	3.72	3.05	121:97
2 岁	3.82	3.14	121:66
3 岁	3.58	2.97	120:54
4 岁	3.6	3.0	120:0
5 岁	3.29	2.73	120:51
6 岁	3.25	2.71	119:93
7 岁	2.9	2.44	118:85
8 岁	2.82	2.36	119:49
9 岁	2.87	2.43	118:11
10 岁	2.85	2.41	118:26
11 岁	2.68	2.3	116:52
12 岁	2.97	2.57	115:56
13 岁	2.86	2.49	114:86
14 岁	2.88	2.55	112:94
12 – 14 岁初中学龄	8.71	7.61	114:45

注：数据来自全国妇联课题组 **2010** 年全国第六次人口普查长表数据

从表8.3 可以看出，1 – 14 岁的留守儿童中均存在男女比例失调的现象，其中 1 – 5 岁的男女性别比达到高峰，保持在 120 以上。留守儿童男女比例失衡是我国儿童性别比例失衡大背景下的产物，也是农村地区偏好男孩的结果。

2. 年龄特征

根据第六次全国人口普查，留守儿童除 0 和 1 岁儿童所占比例较低外，其他年龄留守儿童基本呈均匀分布。5 岁以下学龄前农村留守儿童达 2342 万，在农村留守儿童中占 38.37%，比 2005 年的学龄前农村留守儿童增加了 757 万，增幅达 47.73%。义务教育阶段留守儿童规模为 2948 万，其中小学（6-11 岁）和初中（12-14 岁）学龄阶段儿童在农村留守儿童中分别占 32.01%和 16.30%，规模分别为 1953 万和 995 万。与 2005 年相比，小学和初中学龄阶段留守儿童分别减少 89 万和 226 万，共减少 315 万，降幅为 9.65%。大龄留守儿童（15-17 岁）占农村留守儿童的比率为 13.32%，规模达 813 万，比 2005 年减少 199 万，下降 19.68%。因此，近年来学龄前留守儿童规模快速膨胀，义务教育阶段留守儿童开始减少，大龄留守儿童规模明显收缩。总体而言，我国农村留守儿童呈现低龄化、年龄范围较集中的特征。

二、全国城乡流动儿童数量及分布

（一）城乡流动儿童整体分布

根据《中国 2010 年第六次人口普查资料》样本数据推算，0-17 岁城乡流动儿童规模为 3581 万，在 2005 年基础上增加 41.37%，且有增长的趋势。在这些流动儿童中户口性质为农业户口的流动儿童占 80.35%，据此全国有农村流动儿童达 2877 万[1]。

流动儿童高度集中在中东部发达地区，但部分中西部地区流动儿童在当地城镇儿童中所占比率也比较突出。全国 31 个省区市均有一定数量的流动儿童，而且在少数几个省份高度集中。流动儿童最多的省份是广东，占全国 12.13%，规模达 434 万，远远高于其他省份。数量较多的还有浙江、江苏两省，都超过 200 万人，四川、山东、河南、福建流动儿童也都超过 150 万人。流动儿童最多的这七个省份占全国流动儿童百分比之和为 45.71%，人数之和达 1637 万人。部分地区流动儿童占当地儿童比例很高，上海市每 10 个儿童中就有 4 个是流动儿童，北京和浙江每 10 个儿童中有 3 个是流动儿童。值得注意的是，部分中西部地区的流动儿童在当地城镇儿童中所占比率也非常突出，如宁夏、新疆、青海和贵州分别高达 41.76%、41.50%、35.79%和 34.43%[2]。

（二）全国流动儿童性别分布

表 8.4　流动儿童性别

年龄	流动儿童		
	男	女	性别比
0 岁	0.86	0.71	120:79

---

[1] 中华全国妇女联合会.我国农村留守儿童、城乡流动儿童状况研究报告[EB/OL]. 2013-5-14，http://www.women.org.cn/allnews/02/3906.html.

[2] 中华全国妇女联合会.我国农村留守儿童、城乡流动儿童状况研究报告[EB/OL]. 2013-5-14，http://www.women.org.cn/allnews/02/3906.html.

年龄	留守儿童		
	男	女	性别比
1 岁	2.7	2.21	122:51
2 岁	2.86	2.35	121:48
3 岁	2.87	2.38	120:77
4 岁	2.95	2.41	122:26
5 岁	2.82	2.29	123:26
6 岁	2.82	2.25	125:15
7 岁	2.52	2.01	125:31
8 岁	2.51	2.02	124:19
9 岁	2.62	2.09	125:62
10 岁	2.36	2.11	126:1
11 岁	2.47	1.9	123:91
12 岁	2.31	2.01	122:91
13 岁	2.44	1.89	122:13
14 岁	2.47	2.07	117:82
12－14 岁初中学龄合计	7.23	5.98	120:89

注：数据来自全国第六次人口普查长表数据

由表 8.4 看出，0－14 岁的流动儿童中男女性别比都基本维持在 120 以上的高水平，可见流动儿童与留守儿童在性别比例方面都存在男性高于女性的共同特征。

（三）流动时间

第六次人口普查中，城乡流动儿童"流动"的平均时间为 3.74 年，7－14 岁流动儿童中约有 1/3 儿童的流动时间在六年以上。0－6 岁流动儿童在外流动的平均年数占他们年龄数的比率高于 50%，说明这些儿童自出生以来有一半以上时间在外地居住。0－14 岁的流动儿童平均外出流动的时间随年龄而增长，15－17 岁流动儿童的平均流动时间下滑，大龄流动儿童外出流动时间相对较短。

分年龄组来看，流动儿童在各年龄组分布比较均匀。学龄前流动儿童（0－5 周岁）规模达到 981 万，占流动儿童总数的 27.40%，与 2005 年相比，增幅达 38.59%。小学（6－11 周岁）和初中阶段（12－14 周岁）学龄儿童在流动儿童中所占比例分别为 27.89% 和 13.21%，规模分别为 999 万和 473 万，与 2005 年相比，义务教育阶段流动儿童共增加 347 万，增幅为 30.83%。大龄流动儿童（15－17 周岁）占流动儿童比例为 31.51%，规模达 1128 万，比 2005 年增加 429 万，增幅为 61.43%。

可以看出，与 2005 年相比，各年龄段的流动儿童规模都在快速增加，以大龄流动儿童增加的速度最快，学龄前流动儿童增加速度较快，义务教育阶段学龄儿童增幅相对较小。

第二节 国家对留守儿童和流动儿童的相关政策

一、安全方面的政策

2006年以来，由于"夺命校车"事故频发，校车安全问题特别是农村地区校车安全问题成为国家和政府工作的重点之一。为了保障义务教育阶段儿童的上学安全，2012年，国务院颁布《校车安全管理条例》。《校车安全管理条例》明确了校车的国家标准、校车提供者的责任、校车的使用许可、校车驾驶人员的驾驶资格、校车通行安全、校车乘车安全、相关的法律责任等，为农村地区儿童接受义务教育提供最后一道安全网。

2013年7月，民政部转发了中国儿童福利和收养中心《开展"婴儿安全岛"试点工作方案的通知》，确定坚持"儿童利益优先"的原则，要求各省进行婴儿安全岛试点工作，明确规定设施标准、保障措施等。2015年8月，民政部、公安部下发《关于开展查找不到生父母的打拐解救儿童收养工作的通知》，对城市中的被拐骗流动儿童的安全归属问题进行规定，指出社会福利机构收到查找不到生父母或其他监护人的证明后，对于符合收养条件的儿童，应当及时进行国内送养，使儿童尽快回归正常家庭生活，对收养人的资质进行明确规定。

2015年9月，民政部、公安部联合发文《关于加强流浪乞讨人员身份查询和照料安置工作的意见》，要求加强对包括流动儿童在内的流浪人员的信息甄别工作，从有利于未成年人健康成长的角度，对滞留未成年人的照料安置工作提出专门意见，要求各地救助管理机构要认真履行临时监护职责，通过提供站内照料、委托儿童福利机构抚养等方式，为滞留未成年人提供符合身心、年龄等特点的生活照料、康复训练等服务，不得将其托养至养老院、敬老院等成年人社会福利机构。

二、健康方面的政策

2007年，中共中央组织部、全国妇联等单位联合下发《关于贯彻落实中央指示精神积极开展关爱农村留守流动儿童工作的通知》，要求各级卫生行政部门要把加强对农村留守流动儿童的医疗保健，改善农村留守流动儿童的健康状况，作为当前妇幼卫生工作的重点之一。2007年，卫生部办公厅相关负责人指出，卫生行政部门要加强调研，及时掌握农村留守流动儿童的健康状况，有针对性地研究出台相关政策，为留守流动儿童提供生长发育监测、营养指导、计划免疫、儿童常见病诊疗等基本的卫生保健服务。2012年，国务院办公厅《关于印发深化医药卫生体制改革2012年主要工作安排的通知》中提到，要提高流动人口以及农村留守儿童和老人公共卫生服务的可及性。

2013年11月，国家卫生和计划生育委员会下发《流动人口卫生和计划生育基本公共服务均等化试点工作方案》，开始在全国40个城市进行试点。要求加强流动儿童预防接种工作，为辖区内居住满三个月的0-6岁流动儿童建立预防接种档案，采取预约、通知单、电话、手机短信等方式为流动适龄儿童及时建卡、接种，以形成全面覆盖、可持续发展的流动人口卫生计生服务管理体系。2014年11月，卫计委、民政部、财政部等联合印发《关于做好流动人口基本公共卫生计生服务的指导意见》，强调推进流动人口基本公共卫生和计生服务均等化的重要性，提出到2020年实现流动人口基本公共卫生服务的全面落实。

三、生活方面的政策

2006年，新修订的《中华人民共和国义务教育法》提出补助家庭经济困难寄宿学生生活费。2011年，国务院办公厅印发《关于实施农村义务教育学生营养改善计划的意见》，决定从2011年秋季学期起，在集中连片特殊困难地区启动农村（不含县城）义务教育学生营养改善计划试点工作。中央每年拨款160多亿元，按照每生每天3元的标准为农村义务教育阶段学生提供营养膳食补助。政策惠及680个县市的2600万在校学生。从2011年秋季学期起，将补助家庭经济困难寄宿学生生活费标准每生每天提高1元，达到每生每天小学4元、初中5元。中央财政对中西部地区落实基本标准所需资金按照50%的比率给予奖励性补助。这些政策将同时改善贫困地区农村留守儿童和流动儿童的生活状况。

2013年，国务院扶贫办发布《关于开展雨露计划信息管理试点工作的通知》，要求在各省选择一个县进行试点，对补助发放、验收等节点进行具体安排。"雨露计划"以政府财政扶贫资金扶持为主、动员社会力量参与，通过资助、引导农村贫困家庭劳动力接受职业教育和各类技能培训等途径，扶持和帮助贫困人口增加就业发展机会和提高劳动收入。对农村留守儿童的生存有一定支持作用。

四、教育方面的政策

1996年，天津市教育局发布的《关于解决城镇流动人口中适龄儿童少年就学问题的意见（试行）》是我国最早关于流动儿童教育问题地方性行政法规。1996年，国家教委基础教育司印发的《城镇流动人口中适龄儿童少年就学办法（试行）》制定了流动儿童就学程序。1998年，国家教委、公安部发布的《流动儿童少年就学暂行办法》提出流动儿童身份的确认。2001年，国务院发布的《关于基础教育改革与发展的决定》提出要重视解决流动人口子女接受义务教育问题。2003年，国务院办公厅转发教育部等六部委制定的《关于进一步做好进城务工就业农民子女义务教育工作的意见》文件，强化了儿童流入地政府的教育责任。

2004年2月，中共中央国务院印发《关于进一步加强和改进未成年人思想道德建设的若干意见》，特别指出：要关心单亲家庭、困难家庭、流动人口家庭的未成年子女教育，高度重视流动人口家庭子女的义务教育问题。进城务工就业农民流入地政府要建立和完善保障进城务工就业农民子女接受义务教育的工作制度和机制。流出地政府要积极配合做好各项服务工作。

2005 年，国家颁布《国务院关于深化农村义务教育经费保障机制改革的通知》首次提出农村义务教育免费，明确流动儿童享受同等待遇。2006 年，新修订的《中华人民共和国义务教育法》首次以法案形式明确义务教育的免费问题，强化对流动儿童、少年的教育保障。2008 年，国家发布《国务院关于做好免除城市义务教育阶段学生学杂费工作的通知》，进一步明确地方政府在流动儿童教育上的责任。2010 年，国家发布《国家中长期教育改革和发展规划纲要（2010-2020 年）》，对教育公平问题给予高度关注，强化流动儿童接受义务教育的平等权利。2011 年 8 月，《中国儿童发展纲要（2011—2020 年）》颁布，针对建立和完善流动儿童和留守儿童服务机制，《纲要》提出积极稳妥推进户籍制度和社会保障制度改革，逐步将流动人口纳入当地经济社会发展规划，确保受人口流动影响儿童平等接受义务教育。《纲要》提出，坚持以流入地政府管理为主、以全日制公办中小学为主解决流动儿童就学问题。制定实施流动儿童义务教育后在流入地参加升学考试的办法。加快农村寄宿制学校建设，优先满足留守儿童住宿需求。建立 16 周岁以下流动儿童登记制度，为流动儿童享有教育、医疗保健等公共服务提供条件。

2013 年，教育部等五部门印发《关于加强义务教育阶段农村留守儿童关爱和教育工作的意见》，要求力争做到"三优先"：优先满足留守儿童教育基础设施建设；优先改善留守儿童营养状况；优先保障留守儿童交通需要。

2015 年 5 月，教育部下发《关于进一步做好全面改善贫困地区义务教育薄弱学校基本办学条件有关工作的通知》，提出要优先解决最贫困地区、最薄弱学校存在的突出问题，优先建设、购置教学和学生生活最需要的基本设施和设备。

第三节 我国留守儿童和流动儿童生存状况分析

一、生活状况

（一）居住状况

根据《我国农村留守儿童、城乡流动儿童状况研究报告》，46.74%农村留守儿童的父母都外出，在这些孩子中，有 32.67%的留守儿童与祖父母一起居住，占到将近 1/3；

10.7%的留守儿童与其他人一起生活；另有3.37%的留守儿童单独居住[1]。父母外出情况与留守儿童居住方式、比例见表8.5：

表8.5 父母外出情况与留守儿童居住方式（%）

外出情况	居住类型	年龄段				
		0—5岁	6—11岁	12—14岁	15—17岁	合计
父母都外出	单独居住	1.90	3.20	4.89	6.14	3.37
	祖父母	38.85	34.49	25.15	19.61	32.67
	其他人	6.33	12.10	14.53	15.23	10.7
	小计	47.08	49.79	44.57	40.98	46.74
仅父亲外出	单独与母亲	13.98	20.15	27.50	30.3	20.33
	母和祖父母	22.95	13.57	10.56	8.90	16.06
	小计	36.93	33.72	38.06	39.2	36.39
仅母亲外出	单独与父亲	4.93	8.81	11.64	13.8	8.44
	父和祖父母	11.06	7.67	5.74	6.02	8.43
	小计	15.99	16.48	17.38	19.82	16.87
	合计	100.00	100.00	100.00	100.00	100.00

数据来源：中华全国妇女联合会.《我国农村留守儿童、城乡流动儿童状况研究报告》（2013）

（二）经济状况

进入城市以取得更高的收入是进城农民工的最根本初衷，但由于文化水平、技能等的限制，他们从事行业的局限性高、收入低，经济边缘化地位难以改变。因此，由于经济条件的限制，流动儿童在城市中的社会地位、心理感受等均会受到影响。

昆明市流动儿童的调查显示，进入了城市劳动力市场的流动人口仍无法摆脱社会排斥的事实，城中村的居住环境、职业变动的频繁性都使流动儿童面临较差的经济成长环境。表8.6为流动儿童家庭收入情况[2]：

---

[1] 中华全国妇女联合会.我国农村留守儿童、城乡流动儿童状况研究报告[EB/OL]. 2013-5-14，http://www.women.org.cn/allnews/02/3906.html.
[2] 刘丹. 流动儿童家庭经济状况调查[J], 经济视野，2013（11）：400-403

表 8.6 流动儿童家庭收入情况

金额（元）	频率	百分比（%）	积累百分比（%）
500 以下	45	23.8	23.8
501~1000	70	37.0	60.8
1001~1500	44	23.3	84.1
1501~2000	6	3.2	87.3
2001~2500	11	5.8	93.1
2501~3000	4	2.1	95.2
3000 以上	9	4.8	100
合计	189	100	

资料来源：刘丹.流动儿童家庭经济状况调查[J]，经济视野，2013（11）：400-403

从表 8.6 可知，流动儿童家庭收入处于 501~1000 和 1001~1500 范围的比率最高，占总体的 60.3%。而 2013 年全国社会平均工资最低也在 2300 元（湖北孝感）左右，可见流动家庭的整体收入处于城市人群的最底端，收入仅够维持家庭基本开支，经济状况十分不容乐观。

二、受教育状况

（一）整体受教育水平

根据中华全国妇女联合会的调查，6-11 岁和 12-14 岁的农村留守儿童在校比率分别为 96.49% 和 96.07%，表明他们绝大部分正在学校接受义务教育，农村留守学龄儿童义务教育总体状况良好，但部分中西部地区的农村留守儿童受教育状况相对较差。母亲外出，单独与父亲一起居住的留守儿童未按规定接受义务教育的比率最高，达 5.12%；父亲外出，单独与母亲，或与母亲和祖父母一起居住的，未按规定接受义务教育的比率均较低，分别为 3.13% 和 3.11%[1]。

大部分义务教育阶段的适龄流动儿童有机会在校学习。其中低年龄的流动儿童，少数存在入学晚的问题。高年龄的流动儿童，存在完成义务教育前终止学业的情况。学前流动儿童有入园难的问题。接受完义务教育选择继续在居住地读高中和考大学的流动儿童面临着许多困难。"有异地高考需求的流动儿童"在个别省份十分集中，广东、北京、上海排在前三位[2]。

---

[1] 中华全国妇女联合会.我国农村留守儿童、城乡流动儿童状况研究报告[EB/OL]. 2013-5-14，http://www.women.org.cn/allnews/02/3906.html.

[2] 中华全国妇女联合会.我国农村留守儿童、城乡流动儿童状况研究报告[EB/OL]. 2013-5-14，http://www.women.org.cn/allnews/02/3906.html.

（二）分年龄段受教育状况

留守儿童和流动儿童大多为年龄在 14 岁以下的学龄儿童，处于小学和初中教育阶段，因此不同阶段的家庭、学校环境对其教育质量有很大影响。安徽宿州市的调查显示，初中阶段的留守儿童多以寄宿制学校学习为主，由于公办学校有限，其他私立、民营等学校在师资、管理、评价机制等方面都存在许多不足，因此初中留守儿童的受教育状况受到影响，如学校及教师不当的教育、评价方式会对留守儿童造成被轻视、消极逆反等不良影响，使学习和心理遭受打击[1]。小学留守儿童方面，湖南省的留守儿童状况显示：留守儿童的学习状况整体稍差。学习成绩方面，留守儿童在优秀、良好的比率低于非留守儿童，且学习兴趣低于非留守儿童。上课方面，留守儿童在日常上课的迟到率高于非留守儿童[2]。不难看出，留守儿童在缺乏父母照料、监督的环境下生活和学习条件明显不良，儿童需要承担家务、自我照顾等多项事务。

第五次全国人口普查显示，在小学学龄阶段，留守儿童的在校率较高，除 6 岁组在校率比较低（一部分地区的儿童入学年龄是 7 周岁，因此 6 岁组在校率相对较低是正常的）以外，7-12 岁各年龄组的在校率都很高，表明留守儿童基本能够及时地接受小学教育。但进入初中阶段以后，留守儿童在校率大幅度下降，14 周岁留守儿童的在校率仅为 88%，说明留守儿童在教育尤其是中学方面的受重视程度较低，祖辈对儿童教育的监督力度较弱。表 8.7 为留守儿童分年龄的在校率分布：

表 8.7　留守儿童在校率

年龄（岁）	在校率（%）
7	97.17
8	98.28
9	98.92
10	98.81
11	98.92
12	96.83
13	94.23
14	87.66

资料来源：根据第五次人口普查数据整理。

---

[1] 刘永生. 宿州市农村地区留守儿童教育状况调查报告——以灵璧县为例[D], 安徽, 安徽大学, 2014
[2] 王浙鑫. 当前我国农村"留守儿童"的问题与对策——对湖南省株洲市江璜村的实证分析[J], 东南学术, 2009（6）：16-22

(三) 学习成绩

学习成绩是留守儿童和流动儿童学习能力、身心发展状况的一个直观反映，对留守儿童和流动儿童的受教育质量及知识掌握程度有较好的呈现。通常而言，在普遍意识中，留守儿童和流动儿童群体由于缺乏健全良好的家庭环境和父母的陪伴监督，因此学习情况会受影响，存在学习成绩不佳的共性。我国学者也就这一问题进行了多角度的广泛研究，张显宏对安徽六安的留守小学生和留守初中生进行调查，对各阶段主要课程的成绩进行计算分析，结果显示留守儿童成绩整体处于中等偏后水平且有不断下滑趋势，主要原因有家务劳动、祖辈能力有限、消极情绪等[1]。作为劳动力输出大省，河南省有数量巨大的留守儿童群体，农村留守儿童的教育状况显示，留守儿童的亲子教育十分薄弱，学习成绩的不稳定性明显，成绩忽高忽低，这一现象与留守儿童与父母的沟通和交流状况有直接联系[2]。

北京市的流动儿童学习情况调查发现，流动次数的增加会导致儿童学习成绩的下降，尤其对于女童和初中阶段的流动儿童更为明显。就性别而言，家庭经济状况的改善只对男童的学习环境有正面影响，说明家庭流动对女童教育会产生更大的消极影响。因此，流动对留守儿童的学习成绩确有不良影响[3]。

三、心理状况

长期变动性、不稳定的生活环境在儿童心灵成长发育的关键时期对流动儿童带来的影响可想而知，缺乏及时充分的家庭沟通和长期稳定的友情环境，使流动儿童产生更多特殊的心理特征和问题。

(一) 抑郁、孤独等消极心理

在抑郁、严重剥夺等心理感受方面，转过学的流动儿童高于普通儿童，由于缺乏长期稳定的伙伴关系，频繁转学、学习难以跟进等问题都会给流动儿童带来不同程度的消极影响。北京市的调查显示，流动儿童的特定环境剥夺感、压抑等心理较普通儿童严重，且流动越频繁、在一地的稳定时间越短，抑郁感越强；性别方面，男童在特定困境的剥夺感和失掉伙伴方面的负面感受强于女童，而女童对人际方面的消极感受强于男童[4]。

---

[1] 张显宏. 农村留守儿童教育状况的实证分析——基于学习成绩的视角[J], 中国青年研究, 2009 (9): 60-64

[2] 张宇辉. 河南农村留守儿童教育状况的调查与思考[J], 河南社会科学, 2007 (2): 158-159

[3] 张绘, 龚欣, 尧浩根. 流动儿童学业表现及影响因素分析——来自北京的调研证据[J], 北京大学教育评论, 2011 (3): 121-135

[4] 王中会, Gening Jin, 蔺秀云. 流动儿童心理韧性对其抑郁、孤独的影响[J], 中国特殊教育, 2014 (4): 54-59.

（二）人际交往的不足

长期变动性的生活环境给流动儿童带来较大的交往障碍，难以与周围环境、伙伴建立稳定、长期的适应关系，使流动儿童有更强的人际敏感性和羞涩、被动等心理。调查显示流动儿童的情绪控制、积极认知、对人际关系的有益感受等方面都劣于普通儿童，且家庭的流动性越高、流动时间越短，对儿童人际关系的负面影响越大[1]。

在儿童成长过程中，心理健康问题已成为流动儿童最容易出现的问题，且多表现为隐性，不易发觉。儿童的心理成长伴随着社会化进程，从与周围环境和人的相处中获得价值观念、行为方式等是个体逐渐成熟独立的重要环节。流动儿童跟随父母来到城市，在城市里度过最关键的青少年时期，在这心理发育的关键期，易出现适应不良下的各种心理问题。孤独感是流动儿童普遍存在的心理，环境的变动使交朋友存在困难，流动儿童易陷入孤独，甚至在学校成为一个孤独的群体。有调查显示，40%的流动儿童感到"我没有什么好朋友""与新朋友在一起时不好意思接近"。

（三）负面的自我认知

在家庭沟通的缺乏、朋友及同龄人关系的短暂性、环境适应性不足等因素下，流动儿童的自我接纳、自我评价程度普遍低于非流动儿童。

由于生活环境的变化，从经济落后地区进入到发达地区，流动儿童在城市中或被给予同情，或者被歧视，这些环境会影响流动儿童的心理，给流动儿童带来受歧视感和自卑感。有调查发现，近25%的流动儿童认为自己受到城市里的人们不平等对待。这种歧视可能来自同学、教师、城市居民以及制度等各个方面。身份认同感混乱。此外，正处于完成认知角色统一时期的流动儿童，由于周围环境的陌生感和不平等感，使之长期处于不安全的环境中，缺乏积极的生活态度，产生对自己身份认同的危机情绪，认为自己是边缘人，缺乏对自己身份的认同。

四、健康状况

（一）整体疾病状况

在目前以职业和户籍为划分标准的社会保障制度下，流动人群从农村进入城市，工作的季节性强、风险性高，且收入低，在这种环境下，出于自身经济状况考量，不参保成为用人单位及个人的最优选择。同时，流动人群因户籍限制无法参加城镇居民保险。因此，缺乏稳定有效的健康保障是流动家庭的常态。流动儿童处于生长发育的关键时期，易受流行性传染病等的影响，如乙肝疫苗接种、麻疹疫苗等各类针对儿童流行病的疫苗，在频繁的流动中易被忽视，造成流动儿童健康状况差的问题。

---

[1] 张绘，龚欣，尧浩根. 流动儿童学业表现及影响因素分析——来自北京的调研证据[J]. 北京大学教育评论，2011（3）：121-135.

（二）营养水平

根据《2013年中国卫生统计年鉴》，城乡儿童在营养摄入、身体发育等多方面均存在显著差距，7岁以下及7-19岁儿童的身高和体重状况城市儿童明显优于农村，城乡间5岁以下儿童营养不良比率也存在明显差异：2012年数据显示，上海儿童不良率仅为0.06%，北京0.12%，而云南、江西、海南等地则达到2.3%~3.18%。流动儿童常年在不同地区、城乡间流动，父母工作强度大、缺少良好的照料，营养状况不容乐观，由此也会影响其身体的成长发育。

（三）医疗服务及保障情况

2009年，城乡5岁以下儿童死亡率分别为7.6‰和21.1‰，2010年为7.3‰和20.1‰，2011年为7.1‰和19.1‰，2012年为5.9‰和16.2‰，可见城乡儿童的健康水平始终存在巨大差距，儿童所获得的医疗服务质量相差巨大，给农村流动儿童的身体健康带来许多问题。

此外，由于缺乏父母及时照料、生活习惯不好，流动儿童多存在个人卫生状况不佳、生活无规律，导致饮食、作息等较混乱的问题。

第四节　留守儿童和流动儿童福利存在的主要问题

尽管我国政府在留守儿童、流动儿童的安全、健康、生活和教育等方面做出了许多的努力，但是我们必须看到，我国留守儿童、流动儿童这个将近1亿规模的庞大群体，其生存和生活、健康与教育仍然有许多需要去关注的问题。

一、隔代抚养带来的高风险问题

根据中华全国妇女联合会的《我国农村留守儿童、城乡流动儿童状况研究报告》（2013），农村中将近有1/3的留守儿童是由爷爷奶奶、外公外婆等隔代抚养或者由叔伯、姨舅等其他人抚养。2012年，贵州毕节5名留守儿童死于垃圾箱内，给世人以高度警醒。这5名儿童由其伯父看护，其父母均在外打工。据报道"孩子们家庭很困难，5个孩子平时伙食就是稀饭和盐巴[1]"，可见他们生活的困苦和生存之艰难。而隔代抚养同样带来教育的困惑。中华全国妇女联合会的调查显示，隔代照料农村留守儿童的祖父母的受教育程度很低，绝大部分为小学文化程度，甚至有8%的祖父和25%的祖母未上过学。由于受教育水平的限制，祖父母在抚养和教育留守儿童时面临诸多的困难和挑战[2]。

---

[1] 东方早报.贵州5名闷死儿童生前时光:在家只能吃稀饭盐巴[EB/OL]. http://news.163.com/12/1122/08/8GTC992I00011229.html,2012-11-22.
[2] 中华全国妇女联合会.我国农村留守儿童、城乡流动儿童状况研究报告[EB/OL]. 2013-5-14，http://www.women.org.cn/allnews/02/3906.html.

隔代抚养会给留守儿童带来生活、安全、教育、心理成长等诸多方面的风险，对儿童成长十分不利。首先，与父母团聚、家庭完整地生活在一起是所有父母和孩子的愿望，也是儿童成长的基本权利；大量留守儿童的出现是社会变迁、体制转型的结果，儿童承担了社会发展的代价。由于父母常年在外，照顾与关心缺失，而留守儿童普遍年龄小、自理能力差，因此在生活中会面临诸多问题。家务、自我照料、农活等一般也会落在留守儿童身上，与同龄儿童生活在父母呵护下相比，留守儿童过早地承受了生活的艰辛。营养不足、膳食结构不合理、卫生习惯差等也是留守儿童普遍面临的生活问题。其次，处于身心幼小期的儿童，自身识别危险、自我保护能力差，其身心安全都需要父母作为监护人的保护和监管。父母常年不在身边的留守儿童在由祖辈、亲戚抚养过程中，由于监管能力有限、子女多等原因，极易遭受拐骗、虐待、交通事故等各类伤害，安全问题堪忧。近年来频繁报出的农村留守儿童遭受性侵、教师体罚等问题十分突出，留守儿童的安全问题亟待解决。第三，处于教育启蒙和打基础阶段的留守儿童，一般由祖父母照看学业，而祖父母由于文化水平、精力等有限，难以对留守儿童的学业进行真正有效的帮助和监督。因此，在长期无人约束、引导的环境下，留守儿童逃学、丧失学习兴趣甚至辍学的现象不断增加。最后，儿童心理方面。幼年时期的成长环境对儿童的成长发展至关重要，父母外出、家庭不完整对儿童的影响十分直接且深远。远离父母对留守儿童最直接的影响就是缺失正常的父爱、母爱，传统的双亲教养模式改变，子女与父母的亲子互动大大减少、关系疏远，这一损失在儿童的成长中很难弥补。家庭结构的不完整会对儿童的性格、生活习惯、价值观、认知等多方面造成不良影响。父母陪伴所产生的安全感、信任感、稳定感等缺失，留守儿童更易产生焦虑、敏感、脆弱等消极心理，对其性格和心理发展十分不利。

二、留守儿童和流动儿童的心理创伤难以抚慰

家庭贫困是父母常年外出、产生留守儿童的根源，家庭经济情况差、父母长期不在身边以及成长中缺乏沟通等因素使留守儿童形成自卑、怯懦、孤独、情绪不稳定等心理特征，在长期缺乏父母关爱的环境下，农村留守儿童易产生行为偏差，影响其学业和价值观的形成，且在年龄、性别、个人特征等方面表现出不同程度的消极性。留守儿童长期与父母分离，许多打工在外的家长很少回家，有的甚至一年才回一次家。留守儿童对父母的想念，看到别的孩子有父母在身边的幸福，他们心里的痛楚和对父母的思念带来的创伤是难以抚慰的。中华全国妇女联合会的调查显示：留守儿童最大心愿就是与父母团聚，使自己不成为留守儿童。而这样的现状却是城镇化进程中的阵痛。建立国家支持家庭系统，完善留守儿童关爱机制，是帮助和解决留守儿童问题的重要途径。

早年与父母分离的经历对处于成长期和青春期的流动儿童的情绪、性格、安全感都会造成非常深远的影响。根据美国精神病学家埃里克森的理论，6－17岁是形成角色同

一性、防止角色混乱的关键时期，流动儿童大多处于这一时期。这一阶段的儿童如处于不和善、随时可能受到歧视的环境中，就易产生身份认同危机。缺乏尊重、平等、稳定的成长环境，使流动儿童在建立自信、形成自我认知的时期易产生自闭、被动、压抑等心理。研究发现，农民工子弟学校流动儿童的社交焦虑、孤独感、抑郁倾向等显著高于其他学校儿童，且随着流动性的增加而提高。广州市的一项调查显示，22.9%的流动儿童认为自己在学校中几乎各方面都不如别人，56.8%的流动儿童认为自己没有出色之处，表现一般[1]。因此，青少年时期的流动经历对流动儿童的心理会造成不同程度的不良影响，这在以后的成长过程中很难完全消除。

三、学前教育和后义务教育阶段的教育问题亟待解决

中国是一个有3亿儿童的国度，解决了基础教育问题，已是一个伟大的贡献。但以基础教育为中心，向两端延伸的学前教育体系和后义务教育阶段体系仍然存在很多问题。中华全国妇女联合会的调查显示，部分义务教育阶段的适龄流动儿童有机会在校学习，其中低年龄的流动儿童少数存在入学晚的问题；高年龄的流动儿童存在完成义务教育前终止学业的情况；学前流动儿童有入园难的问题。接受完义务教育选择继续在居住地读高中和考大学的流动儿童面临着许多困难[2]。

由于祖辈自身文化水平和教育观念的限制、家庭经济状况的制约和居住地的变动性，留守儿童和流动儿童后义务教育阶段入学率低的问题十分普遍。家庭经济压力下，尽早就业以获得收入的短期效益远高于受教育带来的长期收益，因此初中毕业后外出打工成为多数留守儿童和流动儿童家庭的"最优"选择。此外，由于父母监管缺失且与学校联系沟通少，留守儿童的学习和心理情况难以得到及时有效的反馈，许多留守儿童学习成绩差强人意，在高中入学考试中成绩不佳。而高中及大学教育是农村留守儿童及家庭改变生活境遇、向上进行阶层流动的重要途径，留守儿童和流动儿童由于主客观因素的制约，常难以继续高中及大学教育，这是其贫困和流动性生活的又一开端。解决留守儿童和流动儿童后义务教育阶段的教育问题，是改变其生活状况、打破贫困恶性循环的关键。

四、流动儿童社会融入难

社会融入是流动儿童进入城市后所必须面临的适应性与发展性问题，是影响流动儿童生活与心理状态的关键。具体而言，融入城市是对城市生活的适应；长远来看，是从农村人角色到城市人角色的转变，是在两种行为方式、生活习惯中进行的过渡和适应。

---

[1] 肖克，冯帮. 流动儿童面临的心理健康问题[J]，河北教育，2008（3）：27-39
[2] 中华全国妇女联合会.我国农村留守儿童、城乡流动儿童状况研究报告[EB/OL]. 2013-5-14，http://www.women.org.cn/allnews/02/3906.html.

在户籍制度、经济发展水平和社会观念的长期影响下，农村儿童和城市儿童在角色认知、自我意识、环境适应能力等各方面都存在差异，流动儿童在城市的学习生活会因外界舆论、生活习惯不同等遇到诸多障碍，使得城市社会融入变得困难重重。有学者在实地调查中发现，大多数流动儿童对城市生活持积极接受态度，多姿多彩的城市生活对他们有吸引力，他们愿意和城市人群交往，尝试融入城市；但同时，由于户籍分隔、社会身份、自我认知等因素的作用，流动儿童很难真正融入城市生活，表现出实际行动中的无可奈何。在与同龄人的交往中，"城市人比农村人好"的意识会使其产生自卑感。部分人的傲慢和歧视更增加了流动儿童的敏感和社交恐惧。在这种环境和心理的长期影响下，部分流动儿童会排斥与城市儿童接触，这实质是自尊心受到伤害后的自我保护，也是一种消极自我认知的反映。因此，城市流动儿童的社会融入表现为主观的向往和客观的无奈，在这种长期的两难境地中，易产生排斥融入、自我孤立的心理，进一步加深流动儿童的负面情绪。

当前，流动儿童在城市学校就读主要有两种方式，一种是随班就读，与当地儿童一起接受教育；另一种方式是就读民工子弟学校，与其他民工子女一起就读。研究表明，流动儿童社会融入难。无论是公立学校，还是民工子弟学校中的流动儿童都认为自己是农村孩子[1]。他们在一定程度上保持着原有的文化习惯，也没有形成清晰的身份认同[2]。少数民族流动儿童也没有融入城市公立学校[3]。流动儿童的融入受到社会政策、家庭经济因素、社会身份冲突[4]、学校的差别待遇等多种因素的影响[5]。

第五节 留守儿童与流动儿童存在问题原因分析与对策建议

留守儿童、流动儿童是工业化、城市化进程的产物，是经济发展的"情感代价"。数以千万计的家庭在融入城市的过程中被分离、疏远甚至瓦解，带来留守儿童和流动儿童亲情缺失、心理成长不完善和教育质量有限等问题。

留守儿童和流动儿童产生的根本原因是城乡间经济的巨大差距。调查统计分析，留守儿童和流动儿童数量的增长与经济增长成反比，经济越发达，外出务工的农民越少，留守儿童和流动儿童数量就越少；经济越不发达，外出务工的农民越多，留守儿童和流动

---

[1] 王中会，蔺秀云.流动儿童社会认同特点及其对城市适应的影响[J].中国特殊教育，2012（3）：61-67，91.
[2] 吴新慧.流动儿童城市文化认同分析——基于杭州、上海等地公办学校的调查[J].浙江学刊，2012（5）：203-209.
[3] 张翼，许传新.少数民族流动儿童融入城市公立教育的调查分析——以呼和浩特市为例[J].南京人口管理干部学院学报，2012，28（1）：34-38.
[4] 周荣.流动儿童的社会融入[J].社会工作，2009（6）：62-64.
[5] 刘杨，方晓义，戴哲茹，王玉梅.流动儿童歧视、社会身份冲突与城市适应的关系[J].人口与发展，2012（1）：19-27，57.

儿童数量越多。在经济压力的驱动下，长期外出成为许多农村家庭的选择。在这样的时代背景下，亲子沟通、家庭教育、社会环境等都成为留守儿童和流动儿童产生问题的致因。

一、原因分析

（一）家庭沟通缺失

父母为生计常年在外，无暇顾及子女，家庭沟通缺失，子女监管缺漏，是留守儿童生活的常态。日常沟通仅限于电话中对身体状况和学习的询问，对子女心理情况的了解十分缺乏。在长期生疏的亲子关系下，留守儿童与父母间会产生亲情淡漠，子女缺乏安全感，甚至排斥与父母交流等问题。

流动儿童虽跟随父母生活，但父母的工作性质、工作时间等决定了不可能进行及时有效的家庭沟通；同时，许多流动儿童早期与父母分隔两地，没有建立良好的亲子关系，随父母流动后由于父母工作繁忙无暇顾及，使家庭亲子关系进一步疏远、不融洽。这些不良的成长环境和发展状况，严重影响流动儿童个体的心理健康和社会化的顺利进行。

（二）教育意识淡薄

针对留守儿童和流动儿童这类特殊受教育群体，教育效果的最终实现需由学校和家庭配合完成，任何一方的缺失或重视不足都会导致儿童学习成绩不佳甚至行为偏差。

留守儿童方面，农村地区普遍存在基础教育薄弱、教育资源缺乏、教育观念较陈旧等问题，学生多、教师少的困境使老师面临繁重的教学任务，没有精力关心留守儿童的心理和情绪问题。而外出的家长则因自身文化水平有限，对子女教育的关心限于对成绩的关注，成绩好则以金钱作为奖励，成绩下滑则简单化地训斥，未能与子女进行深入有效的沟通。同时，家长与学校间没有建立及时沟通的关系，外出务工人员将子女的教育完全寄希望于学校教育，长此以往，势必形成家长和学校双方关注不足、儿童学习及心理状况信息沟通不畅的问题。

（三）社会不良舆论影响

长久以来在我国农村形成的熟人社会、邻里文化和传统家庭模式等特征下，长期离开父母、与祖辈居住的留守家庭模式因不同于典型家庭结构而受到邻里议论，同龄人的眼光甚至嘲笑会给留守儿童的心灵造成很大创伤。长期与父母分离的心理缺失和敏感的性格特征，使留守儿童会加深自卑、消极、孤立等负面认知，对其身心产生更加不利的影响。

进入城市的流动儿童则面临陌生环境、低身份认同感、生活习惯不适应等各类问题，"寄人篱下"的失落感和因户籍问题带来的不平等感，使流动儿童在异地生活、求学过程中普遍存在消极、胆怯、内向等性格，而城市中同龄人的眼光和评价对他们的心理有十分重要的影响。

（四）个人悲观、孤僻等性格的影响[1]

美国人类学家奥斯卡·刘易斯认为，在社会中，穷人因为贫困聚集居住，形成独特的生活方式。贫困者独特的居住方式促进了穷人间的集体互动，从而使其与其他人群相对隔离，逐渐产生出一种脱离社会主流文化的贫困亚文化。处于贫困亚文化下的人有独特的文化观念和生活方式，这种亚文化通过"圈内"交往而得到加强，并且被制度化，进而维持贫困生活。在这种环境中长成的下一代会自然习得贫困文化，并发生世代传递。贫困文化塑造着人的基本特点和人格，使之难以走出贫困。

在长期居于贫困、忙碌、沉重的环境和氛围下，流动儿童和留守儿童的生活理念、价值观、行为习惯等都会受到贫困亚文化潜移默化的影响，易形成压抑、悲观、不喜交际等性格特征。

二、政策建议

家庭和社会是儿童成长的重要环境，家庭的内部教育和社会的外部影响共同形成儿童的心理状态。留守儿童和流动儿童都是与外界环境处于特殊接触方式（时常变动或独自面对）下成长起来的，因此家庭与社会的密切关注和积极引导十分重要。可从以下方面进行改进：

（一）改变教育理念，加强亲子沟通

家庭是人最初接触社会的来源，家庭教育与亲子关系是儿童性格、心理认知的基础。家庭教育不仅是为了促进、监督孩子主动学习，更是为了孩子形成良好心态和正确价值观。留守儿童和流动儿童的父母由于生计，工作劳累，易将教育简化为对学习成绩的关注，以成绩论优劣。这种教育理念容易造成儿童自负或自卑心理和结果导向，不利于身心的健康发展。因此，家庭教育应进一步多维化，注重与子女的及时沟通，在与子女互动的过程中产生"春风化雨，润物无声"的效果。引导儿童不仅注重学习成绩，更注重健全人格、良好品行的养成，帮助留守儿童和流动儿童克服自卑、自闭和交际恐惧等心理。

此外，一定时间和频率的亲子互动对改善亲子关系、引导儿童心理有十分重要的作用，如共同玩耍、参与少儿活动等。增加与子女的共同活动，在活动中增进沟通和了解是改善留守儿童和流动儿童心理、学习情况的重要途径。

（二）进行特殊关注，注重全面发展

学校是儿童首次接触家庭以外环境、初步了解社会和学习知识的场所，学校对儿童成长的重要性不言而喻。在监督学生完成学业之外，培养学生健康完整的人格也是学校教育应重视的重要部分。目前教育体制下以成绩和升学率为导向的教育理念在给普通儿童带来大量课业负担的同时，也忽略了留守儿童和流动儿童这些特殊群体的特殊性，缺

---

[1] 艾霞.父母关心少，孩子迷惑多[N].中国教育报.2015-07-19.

乏相关的特殊关照和心理疏导。

寄宿制是许多留守儿童和流动儿童的就学方式，与学校同学及老师的相处情况直接影响到他们的身心发展。因此，无论是农民工子弟学校还是普通公办学校，学校及教师都应该给予留守儿童和流动儿童特殊关注，改变以学习成绩为单一标准的教育理念，对留守和流动儿童的心理变化、情绪、家庭状况等都及时了解，对儿童在生活能力、兴趣、人际交往等各方面的进步给予充分鼓励，帮助留守儿童和流动儿童形成健全、乐观的人格。

（三）营造关爱、平等的社会氛围

流动家庭在城市中多生活在流动人口聚集地区，这些地区在文化设施、卫生状况等方面与城市其他地区具有一定差距。各种文化的混杂、职业的多重性和环境的变动性都使流动儿童在心理成熟的关键时期面临许多不良影响。因此，在社会层面对流动儿童应尽量营造关爱、互信的社会环境。

首先，在社区形成一个良好的亲子互动氛围，通过传单、社区展板、海报等多种形式鼓励流动家庭积极参加亲子活动，普及亲子关系的重要性及意义。

其次，在流动人口的居住集中区开展相关服务，如定期开展一系列改善亲子关系的活动，鼓励流动家庭参加，如讲座、个案分析等。

第三，组织流动儿童开展各类参与性活动，增强流动儿童社会归属感和自我社会认知，形成良好的人际关系。

最后，提供一些志愿性服务，协助流动儿童父母为儿童提供家庭关怀、学习辅导，排解其工作压力，协调工作负担与家庭责任。

第九章　受艾滋病影响儿童福利制度现状与问题分析

第一节　受艾滋病影响儿童福利状况分析

一、全国艾滋病儿童数量及分布[1]

截至 2011 年 9 月底,中国累计报告艾滋病病毒感染者和患者 42.9 万例,其中病人 16.4 万例,死亡 8.6 万例[2]。

联合国艾滋病规划署(UNAIDS)报告称,艾滋病每年死亡人数已经从 2005 年的 230 万降低到 2012 年的 160 万,新艾滋病毒感染数量从 2001 年至今已经下降了三分之一,降低到 230 万。儿童感染的数字降低得更加明显,在 2001 年有超过 50 万新感染者,到 2012 年这个数字就已经降低至 25 万[3]。中国疾控中心性艾中心主任吴尊友介绍说,据初步估计,中国各地艾滋病感染者中 14 岁以下儿童约有 8000 人左右[4]。

2008 年的调查显示,我国艾滋病疫情的地区分布差异较大。报告病例数排行前六位的省份,总病例数约占全国的 80%,分别是云南、河南、广西、新疆、广东、四川[5]。

二、受艾滋病影响儿童福利状况分析

(一)相关的法律法规、政策

1998 年和 2001 年,国务院印发《中国预防与控制艾滋病中长期规划(1998－2010)》《中国遏制与防治艾滋病行动计划(2001－2005)》等文件,为受艾滋病感染儿童的防治提供了法律和政策保障。

2003 年,国务院开始实施"四免一关怀"政策。其中的"一免"是艾滋病致孤儿

---

[1] 戴建兵.我国适度普惠型儿童社会福利制度建设研究[D].上海:华东师范大学,2015.
[2] 中国新闻网.卫生部部长:中国艾滋病患者人数已达 42.9 万[EB/OL]. 2011-11-01, http://discovery.163.com/11/1101/09/7HP0TPS1000125LI.html.
[3] 腾讯科学. 艾滋病感染及其死亡人数已经出现明显下降[EB/OL]. 2013-9-25,http://www.bioon.com/trends/news/582795.shtml.
[4] 国际在线.中国艾滋病感染儿童超过 8000 人 上学难问题亟待解决[EB/OL]. 2012-12-01,http://gb.cri.cn/27824/2012/12/01/2625s3944782.htm.
[5] 常州日报. 我国艾滋病 6 个高发省份[EB/OL]. 2008-12-02,http://news.sina.com.cn/o/2008-12-02/103614818072s.shtml.

童免费上学。

2006年,国务院发布第457号令,通过《艾滋病防治条例》,要求各级人民政府对艾滋病病毒感染者、艾滋病病人及其家属提供关怀和救助;要求对感染艾滋病病毒的孕产妇及其婴儿,提供预防艾滋病母婴传播的咨询、产前指导、阻断、治疗、产后访视、婴儿随访和检测等服务。第四十五条明确指出:"生活困难的艾滋病病人遗留的孤儿和感染艾滋病病毒的未成年人接受义务教育的,应当免收杂费、书本费;接受学前教育和高中阶段教育的,应当减免学费等相关费用。"第四十六条又指出:"县级以上地方人民政府应当对生活困难并符合社会救助条件的艾滋病病毒感染者、艾滋病病人及其家属给予生活救助。"

2009年,民政部发布《民政部关于进一步加强受艾滋病影响儿童福利保障工作的意见》,提出:第一,要制定艾滋病致孤儿童的基本生活不低于当地平均生活水平的养育标准。"艾滋病致孤儿童全额发放基本生活保障金,最低养育标准为每人每月600元,并创造条件对孤儿监护抚养人给予一定的补贴和支持。父母一方感染艾滋病或因艾滋病死亡的儿童可参照艾滋病致孤儿童标准执行福利补贴。携带艾滋病病毒或感染艾滋病的儿童在发放基本生活保障金最低每人每月600元的基础上,给予适当的营养医疗补贴。"第二,要为受艾滋病影响儿童提供与其他儿童均等的受教育机会。"对处于义务教育阶段的受艾滋病影响儿童免收杂费,免费提供教科书并补助寄宿生生活费;对被公办普通高中、中等职业学校和高等学校录取的受艾滋病影响儿童,纳入现有资助政策体系,给予教育救助,联系孤儿所在学校优先为其提供勤工俭学机会;对集中安置受艾滋病影响儿童的福利机构,在安排教学工作时给予指导和支持。"第三,要为受艾滋病影响儿童提供便利的基本医疗条件。"对受艾滋病影响儿童中的艾滋病毒感染者要采取适应儿童的医疗手段,进行免费的抗病毒治疗和抗机会性感染治疗;对未感染艾滋病毒的其他受艾滋病影响儿童,要在政府举办的乡镇医疗机构提供基本的卫生医疗服务。"第四,要建立大龄受艾滋病影响儿童就业和生活服务制度。第五,要采取多种形式妥善安置艾滋病致孤儿童[1]。

2010年,国务院发布《国务院关于进一步加强艾滋病防治工作的通知》,要求各地、各部门继续落实"四免一关怀"政策和"五扩大,六加强"综合防治措施,推动我国艾滋病防治工作进一步深入。

2012年,民政部部长表示,今后要把受艾滋病影响儿童、残疾儿童、患罕见病儿童等纳入保障范围,同时儿童福利机构还将向社区辐射,为社区残疾儿童等特殊儿童提供服务。

---

[1] http://blog.sina.com.民政部关于进一步加强受艾滋病影响儿童福利保障工作的意见.2013-01-23.

（二）国家相关的福利措施[1]

1. 生活福利

2012 年，民政部、财政部联合下发《关于发放艾滋病病毒感染儿童基本生活费的通知》，决定自 2012 年 1 月起为全国携带艾滋病病毒及患有艾滋病的 18 岁以下儿童发放基本生活费。至此，自 2010 年民政部、财政部为全国孤儿发放基本生活费以来，又一项普惠性的儿童福利制度在全国建立。

通知下发后，全国各地参照孤儿基本生活费发放标准发放艾滋病病毒感染儿童基本生活费，也就是机构集中养育的艾滋病病毒感染孤儿每人每月不低于 1000 元，社会分散的艾滋病病毒感染孤儿每人每月不低于 600 元。但部分地区参照社会散居孤儿的标准，如天津从 2012 年 1 月 1 日起为未满 18 周岁的艾滋病感染儿童每月发放基本生活费。2013 年，天津市按照社会散居孤儿基本生活费标准，给每个艾滋病感染儿童每月 1560 元，并随低保标准进行调整。上海也是参照社会散居孤儿的标准，每人每月 1400 元。另有部分地区对已满 18 周岁但仍在中学或中等职业学校就读的艾滋病感染儿童，生活费发放延至其毕业，如重庆等。

2. 医疗福利

2003 年，我国启动艾滋病免费抗病毒治疗。2005 年，儿童艾滋病抗病毒治疗试点启动，先后在河南、云南等六省开展试点，取得了较好成效。2006 年，卫生部办公厅下发《关于开展儿童艾滋病抗病毒治疗工作的通知》，决定在全国开展艾滋病免费抗病毒治疗，中国各级政府把儿童艾滋病抗病毒治疗纳入本地区免费艾滋病抗病毒药物治疗工作中，对家庭困难的艾滋病儿童提供免费治疗并给予生活补助，同时为接受治疗的儿童及其家庭提供包括生理、心理、营养、教育等多方面的支持与帮助。截至 2012 年，治疗的艾滋病儿童有 2000 多人[2]。2012 年开始，包括艾滋病机会性感染等 8 类大病救助在三百个试点县先行推开，2015 年实现全国覆盖[3]。

河南全省共有艾滋病致孤儿童 2891 人，艾滋病导致的单亲家庭未成年子女 5878 人，儿童感染者 2153 人，全省受艾滋病影响的儿童约 4 万人。从 2003 年起，逐步建立了"三项救助方式""四种安置途径""三个发展措施"的救助安置政策体系。艾滋病感染儿童可以得到医疗救助[4]。2011 年，安徽省出台《重大传染病病人医疗救助与艾滋病病人生

---

[1] http://www.Chain.net.中国红丝带网—全国艾滋病信息资源网络，2010-06-01.
[2] 国际在线.中国艾滋病感染儿童超过 8000 人 上学难问题亟待解决[EB/OL]. 2012-12-01, http://gb.cri.cn/27824/2012/12/01/2625s3944782.htm.
[3] 法制晚报.卫生部：儿童白血病等 8 类大病救助将全国覆盖[EB/OL]. 2012-3-22, http://news.sina.com.cn/c/2012-03-22/131324157544.shtml.
[4] 新华网.河南：4 万名受艾滋病影响的儿童得到救助[EB/OL]. 2010-01-30,http://www.xinhuanet.com/chinanews/2010-01/30/content_18913439.htm.

活救助实施办法》,规定全省范围内确认的艾滋病病人及感染者都可获得医疗救助,对包括艾滋病在内的重大传染病医疗救助实施全民覆盖[1]。

3. 教育福利和技能培训[2]

2003 年开始,国务院实施"四免一关怀"政策,免除义务教育阶段受艾滋病影响儿童的书本费和学杂费。

2006 年开始,国家对于接受学前教育和高中阶段教育的受艾滋病影响儿童减免学费。

2010 年开始,国家对在中等职业教育、高等教育阶段就学的受艾滋病影响儿童开展教育救助。

2012 年,民政部安排使用福利彩票公益金 47553 万元,支持包括受艾滋病影响儿童等困境儿童的资金保障和服务保障。为大龄孤儿提供学历教育和孤残儿童助学工程,残疾儿童、艾滋病影响儿童养治教康项目等。支持九个全国艾滋病预防重点省份开展受艾滋病影响的儿童救助安置工作,资助三十九个艾滋孤儿救助安置指导中心建设,兼顾大龄艾滋孤儿就业技能培训和心理疏导工作[3]。

第二节 受艾滋病影响儿童的福利存在的主要问题

一、受艾滋病影响儿童上学难

尽管国家实现了受艾滋病影响儿童的免费上学,但由于社会歧视的存在,受到艾滋病影响的儿童要想接受完整的学校教育还很难。据报道,山西临汾有中国唯一一所红丝带学校,这所小学的 23 名学生都是艾滋病感染者。说起他们以前在普通学校的经历,他们只有靠隐瞒自己的身份才能和普通孩子一起上学,而一旦身份被发现,他们就面临失学。一份调查也显示,30%的受访者认为感染了艾滋病的儿童不应该与其他孩子在同所学校学习。而最让这所学校老师担心的是,今后这些孩子们到哪里去上高中,因为他们只有小学和初中,而高中只能到外面去读[4]。

---

[1] 合肥在线-江淮晨报. 安徽省大病救助对象扩大 艾滋病者可获医疗救助[EB/OL]. 2011-03-29,http://health.sohu.com/20110329/n305044709.shtml.

[2] http://blog.sina.com.关于建议民政部门继续做好已成年但正在接受中等教育、高等教育的受艾滋病影响学生救助工作的信.2014-01-19.

[3] 中彩网.民政部 2012 年度本级福彩公益金使用情况公告[EB/OL]. 2013-4-18,http://sports.qq.com/a/20130418/000577_1.htm.

[4] http://blog.sina.com.呼吁政府落实民发[2009]26 号文精神,推动受艾滋病影响儿童福利保障工作.2012-11-11.

二、受艾滋病影响儿童的精神关怀相对缺乏

受艾滋病影响儿童主要有两类：一类是自己感染了艾滋病或者自己是艾滋病患者；另一类自己是正常人，只是自己的父母或其中之一感染了艾滋病。当前国家已经为受艾滋病影响儿童建立起基本生活保障制度和医疗保障体系，出台了一系列的关怀政策。但他们最需要的还是来自社会的精神关怀。受艾滋病影响的儿童大多有较为严重的心理问题。眼看着自己的父母因为艾滋病而相继去世，自己也被传染上艾滋病，各种打击、歧视、暴力威胁等一系列的恐惧、压抑、悲伤甚至无助、无望，他们承受了太多的心理压力和精神压力。他们需要朋友，需要友谊，需要别人的关心。而研究表明，受艾滋病影响儿童的心理关怀、精神关怀相对缺乏[1]。

三、受艾滋病影响儿童遭受歧视的状况仍然没有改变

2010年，中国关工委公益文化中心、联合国儿童基金会委托北京信息控制研究所，对贵州、山西、新疆和云南等地区的十三个县的调查显示：近70%的受艾滋病影响儿童的身份在社区中未公开。在身份公开的部分儿童中，14%的抚养人明确表示儿童遭受过歧视。近90%的抚养人知道可以申请低保、"两免一补"等相关救助，但只有28.6%的抚养人主动申请过救助[2]。

---

[1] 邢浩杰，张淑，朱长才.受艾滋病影响儿童的关怀需求及干预措施的研究现状[J].中国艾滋病性病，2011，17（1）：96-99；蔺秀云，方晓义，赵俊峰等．不同类别和安置方式受艾滋病影响儿童的生理和心理健康状况分析[J].中国临床心理学杂志，2009（6）：733-735,738；刘旺民，杨连第，唐婴等.受艾滋病影响儿童社会心理关怀长效机制的构建[J].公共卫生与预防医学，2009，20（3）：106-108；张曼华．受艾滋病影响儿童的身心问题及干预对策[J].医学与社会，2011,24（1）：71-73；严谨，肖水源．受艾滋病影响儿童的心理关怀[J].中国学校卫生，2005，26（10）：888-890.

[2] 中国妇女报．受艾滋病的影响儿童心理"亚历山大"[EB/OL]．2011-07-18, http://xl.39.net/a/2011718/1750113.html.

第十章　我国儿童福利制度对儿童的生活保障力度分析

第一节　我国孤儿数量概况

从 2005 年到 2012 年，我国孤儿数量呈现出上下波动趋势。其中，2005 年，我国孤儿共有 57.3 万人，到 2012 年，孤儿数量还是差不多 57 万人。只有 2009 年孤儿数量剧增，可能与 2008 年发生的汶川大地震产生大量的孤儿有关。2010 年，孤儿数量有所下降，为 65.5 万人。

表 10.1　2005—2012 年全国孤儿数量统计表

	2005 年	2006 年	2007 年	2008 年	2009 年	2010 年	2011 年	2012 年
全国孤儿数量（万人）	57.3	55.4	56.7	66.2	71.2	65.5	50.9	57
其中：福利机构收养儿童数量（万人）	6.6	7.2	8	9	11.5	9	10.8	9.5
其中：社会散居孤儿数量（万人）	50.7	48.2	48.7	57.2	59.7	56.5	40.1	47.5
儿童福利机构数量（个）	224	249	269	290	303	335	397	463
儿童福利机构床位数（万张）	3.2	3.1	3.3	4	4.4	5	6	7.7
家庭收养登记数量（万人）	5.1	4.8	4.5	4.3	4.4	3.5	3.1	2.7

注：以"万"为单位的数据均采取四舍五入的方法计算。
数据来源：**2005 - 2012** 各年度的民政事业统计公报及其统计年鉴。

从表 10.1 可以看出，2005 年以后儿童福利机构数量增加迅速，从 2005 年的 224 个增加到 2012 年的 463 个，增加了 239 个，翻了一番多；儿童福利机构的床位数也翻了一番多。与此同时，家庭收养的孤儿数量呈现逐年递减的趋势[1]。

---

[1] 戴建兵.我国适度普惠型儿童社会福利制度建设研究[D].上海：华东师范大学，2015.

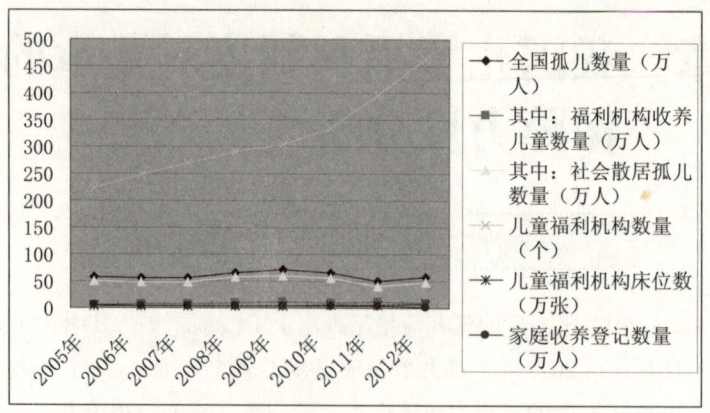

图 10.1　2005－2012 年全国孤儿数量统计图

第二节　孤儿生活保障实证分析

一、孤儿基本生活保障制度的建立

长期以来，孤儿保障水平偏低，难以满足其成长需要[1]。针对福利机构儿童残疾比例高、残疾种类多、营养康复和医疗需求大的特点，为保障在院儿童身心全面发展需要，避免出现养育标准过低、康复条件较差、各地养育标准差距较大的问题，2009 年，民政部下发了《关于制定福利机构儿童最低养育标准的指导意见》，要求各地民政"以全国福利机构儿童最低养育标准为基准，科学制定和落实本地福利机构儿童养育标准，并建立自然增长机制，实现儿童福利事业与经济社会的协调发展"。民政部经测算，福利机构儿童每月养育费用超过 1100 元，建议福利机构儿童最低养育标准为每人每月 1000元。这一标准包含伙食费、服装被褥费、日常用品费、教育费、医疗费和康复费，不包含儿童大病医疗救助费、寄养家庭劳务费等（见表 10.2）。同时，民政部确定社会散居孤儿的养育标准为每人每月 600 元。

表10.2　福利机构儿童养育费用支出参照表（均值）

项目	0－1 岁	1－3 岁	3－6 岁	6－14 岁	14 岁以上
	人均月消费（元）	人均月消费（元）	人均月消费（元）	人均月消费（元）	人均月消费（元）
伙食费	511	386	417	505	631
服装被褥费	96	112	123	148	165
日常用品费	108	108	60	57	71

---

[1] 中华少年儿童慈善救助基金会、中国青少年研究会.中国孤儿基本状况及救助保护研究报告[M].中国人民公安大学出版社，2013：8.

项目	0—1岁 人均月消费（元）	1—3岁 人均月消费（元）	3—6岁 人均月消费（元）	6—14岁 人均月消费（元）	14岁以上 人均月消费（元）
教育费	21	68	68	178	178
基本医疗费	230	230	230	230	230
康复费	204	204	204	204	204
合计	1170	1108	1102	1322	1479

资料来源：《民政部关于制定福利机构儿童最低养育标准的指导意见》（民发[2009]77号）

2010年，民政部、财政部联合下发《关于发放孤儿基本生活费的通知》，要求"各省（自治区、直辖市）要根据城乡生活水平、儿童成长需要和财力状况，按照保障孤儿的基本生活不低于当地平均生活水平的原则，合理确定孤儿基本生活最低养育标准，具体标准参照民政部关于孤儿最低养育标准的指导意见确定"。民政部自2010年1月起为全国孤儿发放基本生活费。中央财政2010年安排25亿元专项补助资金，对东、中、西部地区孤儿分别按照月人均180元、270元、360元的标准予以补助。

2010年以后，全国各地根据国务院办公厅《关于加强孤儿保障工作的意见》以及民政部、财政部下发的《关于发放孤儿基本生活费的通知》，为福利机构中养育的儿童和社会散居孤儿发放基本生活费，从而建立起全国范围的孤儿基本生活保障制度[1]。

二、实证模型构建

衡量孤儿基本生活保障的指标有两个：一是从满足孤儿自身成长需要的角度，探讨孤儿生活费是否满足孤儿最基本的生活需要，包括基本的食品需求、衣着需求、日常用品需求、文化娱乐需求、医疗和康复需求等。二是从横向公平的角度，比照孤儿生活费与城乡居民人均消费支出的比重。

（一）满足孤儿自身成长需要的角度

1. 计算孤儿基本生活费的一般公式

参照贫困理论，孤儿生活费包括两部分，食品费用和非食品支出费用。一般公式为：

$$OE = OEF + R_nf \times OEF$$

其中，OE表示孤儿生活费用，OEF为孤儿食品类生活费用，R_nf为非食品类支出与食品类支出的比率。

2. 测定孤儿基本生活费的一般方法

第一种方法：热量支出法。即以孤儿每日所需摄入的热量为标准，计算出满足这些

---

[1] http://China.findlaw.民政部关于制定福利机构儿童最低养育标准的指导意见.2015-09-03.

热量标准所需要的食品量，再计算出这些食品的总价格。

第二种方法：恩格尔系数法。恩格尔系数法是国际上常用的一种测定贫困线的方法。孤儿生活费的测算在本质上属于贫困线测定。因此，可以用恩格尔系数法测得孤儿最低生活标准。

第三种方法：基本需求法。根据权威机构确定的满足孤儿基本需要的一组生活必需品，然后计算出购买这些物品所需要的市场价格。

第四种方法：数学模型法。扩展线性支出系统模型(Extend Linear Expenditure System，ELES)是一种建立在各种收入和商品价格组合基础上的需求函数系统。该模型假定，人们对各种商品的需求分为基本需求和超过基本需求之外的需求两部分，人们对各种商品的需求量取决于人们的收入和各种商品的价格。基本需求与收入水平无关，居民在基本需求得到满足之后，才将剩余收入按照某种边际消费倾向安排各种非基本消费支出。模型基本表达式：

$$Ci=PiQi+bi（Y-\sum PiQi）\quad i=1,2,3\cdots\cdots,n$$

其中，Ci 是对第 i 类商品的消费支出，Pi 和 Qi 分别为第 i 类商品的价格和基本需求量，bi 为边际消费倾向，$\sum PiQi$ 为基本需求总支出，Y 为收入水平。

对上式变形，整理后可得到：

$$Ci=biY+（PiQi-bi\sum PiQi）\quad i=1,2,3\cdots\cdots,n$$

令 $PiQi-bi\sum PiQi=ai$，从而可以得到新的变形：

$$Ci=ai+biY\quad i=1,2,3\cdots\cdots,n$$

利用最小二乘法可以估计出 ai 和 bi 的值，然后利用 ai 和 bi 的值求和：

$$\sum ai=\sum PiQi-\sum bi\sum PiQi=\sum PiQi（1-\sum bi）$$

可以得到：

$$\sum PiQi=\sum ai/（1-\sum bi）$$

整理后可得到第 i 类商品的基本需求为：

$$PiQi=ai+bi\sum ai/（1-\sum bi）$$

第五种方法：马丁法。马丁法是一种计算贫困线的方法，可区分为低贫困线和高贫困线。低贫困线的测定步骤：首先测定出食物贫困线，然后利用回归模型，测算出刚好达到食物贫困线的居民户的非食品支出，从而求得贫困线。

高贫困线：由于在测定低贫困线时，存在着人均消费支出低于贫困线但又高于食物贫困线的贫困户，他们的非食品支出大于超贫困户的非食品支出。因此需要确定一条比低贫困线高一些的贫困线，即高贫困线。高贫困线可根据居民的人均食品支出与人均可支配收入或人均生活费支出的关系拟合适当的回归模型求得[1]。马丁法可用于孤儿基本

---

[1] 刘建平.贫困线测定方法研究[J].山西财经大学学报，2003，25（4）：60-52.

生活费的确定，但应是高贫困线。因为孤儿中存在大量残疾儿童，他们用于医疗和康复等的非食品支出比例大。

（二）横向公平角度

从公平理论出发，孤儿基本生活水平应不低于城乡居民平均生活水平。一般说来，"家庭收入和人均支出是衡量生活水准的合适尺度[1]"。因此，衡量孤儿基本生活保障状况可通过考察城乡居民的收入和消费支出来确定。

国际上，往往把城乡居民人均收入的50%定为贫困的标准，也可从支出的角度，假如低收入家庭人均食品支出只占当地人均食品支出的50%，在其总支出中，食品支出占总支出的比率为75%，那么可以把生活救助的系数值定为0.65[2]。

孤儿生活标准可借鉴贫困救助模式，比照城乡居民人均消费支出来确定。民政部提出孤儿的养育标准应不低于当地平均生活水平。当前大致有四种操作程序：第一种，按照民政部设定的福利机构孤儿生活费每月1000元/人，社会散居孤儿每月600元/人。大部分地区按照此规程；第二种，福利机构养育孤儿基本生活费不低于城镇居民平均生活水平，社会散居孤儿参照执行，主要是一些高度发达的地区在施行；第三种，按照上一年度城镇居民人均消费支出的70%确定机构养育孤儿的生活费，散居孤儿的生活费则按照机构养育孤儿的60%，主要是一些比较发达的地区；第四种，按照上一年度城乡居民人均消费水平确定孤儿基本生活费，一部分地区在操作。

孤儿作为一个独立的生活个体，具有与社会成员同等的生活要求，且当前福利机构中孤儿80%以上为残疾孤儿，他们在对基本的食品需求以外，对非食品如医疗和康复等的要求更高。因此，福利机构中孤儿的生活费应不低于城乡居民人均消费支出。用公式表示为：

福利机构孤儿基本生活费=（上一年度城镇居民人均消费支出+上一年度农村居民人均消费支出）/2

由于农村孤儿占到孤儿总数的80%以上[3]，散居孤儿的生活费可以设定为机构的60%。即：

散居孤儿基本生活费=机构养育孤儿基本生活费×60%

$$孤儿生活救助系数\ r = \frac{孤儿基本生活费}{上一年度城乡居民人均消费支出}$$

孤儿生活救助系数的经济含义：表明孤儿的生活水平与社会平均的生活水平的差

---

[1] 世界银行.1990年世界发展报告[M].中国财政经济出版社，1990:15.
[2] 王增文.农村最低生活保障制度的济贫效果实证分析——基于中国31个省市自治区的农村低保状况比较的研究[J].贵州社会科学，2009（12）：107-111.
[3] 尚晓援等.中国孤儿状况研究[M].社会科学文献出版社，2008：9.

距。当系数 r>1 时，表明孤儿基本生活水平高于社会平均生活水平；当系数 r=1 时，表明孤儿基本生活得到了保障，达到社会平均生活水准；当系数 0<r<1 时，表明孤儿生活水平低于社会平均生活水平。

（三）模型比较

从满足孤儿自身成长需要的角度确定孤儿基本生活费，能精确地计算出孤儿每月应享有的基本生活费用，减少不必要的财政开支。但困难是要明确界定满足每一孤儿基本生活需求所必需的一揽子物品和服务，并且需要定期调查，建立定期的物价监测数据。这既费时，又花费人力，在实际操作上不便利。横向公平角度，虽然是间接反映孤儿的基本生活需求，但在操作上简便，且数据容易获得。因此，本书主要从社会公平角度，运用孤儿生活救助系数来实证孤儿基本生活保障状况。

三、数据来源及说明

（一）孤儿基本生活费

孤儿基本生活费包含两个指标：福利机构养育孤儿基本生活费和社会散居孤儿基本生活费。各个地区各年度孤儿基本生活费的数据主要来自各地民政部门公开公布的文件，部分数据来源于媒体报道（见表 10.3）。

由于民政部、财政部《关于发放孤儿基本生活费的通知》下发得晚，且财政拨款迟，绝大部分地区 2010 年孤儿生活费的发放仍然按照原来城乡最低生活保障、五保供养或定期定量生活补助的标准发放。部分地区在收到财政部拨款后实行了补差，部分地区如上海按照国家标准发放后，停发了原来的定期定量生活补助费。因此，2010 年的数据未详细列出（部分省份明确报道的进行了罗列）。

2011 年，全国 27 个省（自治区、直辖市）根据国务院和民政部的通知下发了做好孤儿保障工作的实施意见。大部分地区明确了机构养育孤儿和社会散居孤儿生活费的发放标准，并明确提出孤儿基本生活费应不低于当地平均生活水平，且应建立自然增长机制。浙江省明确提出机构养育孤儿的生活费应不低于上一年度城镇居民家庭年人均消费支出的 70%，社会散居孤儿的生活费不低于当地福利机构养育孤儿生活费的 60%。

2012 年以后，部分地区如天津、辽宁、江苏、江西、山东、重庆、四川、宁夏再次发布了提高孤儿基本生活费的通知，其他地区虽未再次发布通知，但都加大了财政的投入，县、市一级也按照当地居民收入增长或居民消费增长情况建立了自然增长机制。因此，2012 年以后各省（自治区、直辖市）实际确定的孤儿生活费标准均等于或高于本书所列指标数据。在此特别加以说明。

表 10.3 2010—2013 年度全国 31 个省（自治区、直辖市）孤儿基本生活费标准

地区	2010 年		2011 年		2012 年		2013 年	
	机构养育孤儿基本生活费（元/月）	社会散居孤儿基本生活费（元/月）	机构养育孤儿基本生活费（元/月）	社会散居孤儿基本生活费（元/月）	机构养育孤儿基本生活费（元/月）	社会散居孤儿基本生活费（元/月）	机构养育孤儿基本生活费（元/月）	社会散居孤儿基本生活费（元/月）
北京	/	/	1600	1400	1600	1400	1600	1400
天津	750	/	1000	600	1440	1440	1440	1440
河北	/	/	1000	600	1000	600	1000	600
山西	/	/	1000	600	1000	600	1000	600
内蒙古	/	/	1490	900	1490	900	1490	900
辽宁	700	400	1000	600	1300	800	1300	800
吉林	970	670	970	670	970	670	970	670
黑龙江	/	/	1000	600	1000	600	1000	600
上海	/	/	1600	1400	1600	1400	1600	1400
江苏	/	/	1000	600	1273	600	1273	600
浙江	/	/	1042	625	1192	715	1364	818
安徽	/	/	1000	600	1000	600	1000	600
福建	/	/	1000	600	1000	600	1000	600
江西	/	/	1000	570	1000	570	1100	700
山东	/	/	1000	600	1000	600	1200	720
河南	/	/	1300	750	1300	750	1300	750
湖北	/	/	1000	600	1000	600	1000	600
湖南	/	/	1000	600	1000	600	1000	600
广东	431	239	1000	600	1000	600	1000	600
广西	360	360	400	400	1000	600	1000	600
海南	/	320	600	600	600	600	600	600
重庆	700	600	700	600	700	600	1000	600
四川	/	/	1000	600	1000	600	1130	678
贵州	/	/	1000	600	1000	600	1000	600
云南	/	/	1000	600	1000	600	1000	600
西藏	/	/	1000	600	1000	600	1000	600
陕西	/	/	1000	800	1000	800	1000	800
甘肃	/	/	800	600	800	600	800	600

地区	2010年		2011年		2012年		2013年	
	机构养育孤儿基本生活费（元/月）	社会散居孤儿基本生活费（元/月）	机构养育孤儿基本生活费（元/月）	社会散居孤儿基本生活费（元/月）	机构养育孤儿基本生活费（元/月）	社会散居孤儿基本生活费（元/月）	机构养育孤儿基本生活费（元/月）	社会散居孤儿基本生活费（元/月）
青海	/	/	1000	600	1000	600	1000	600
宁夏	/	/	1000	600	1000	700	1000	700
新疆	330	0	900	600	900	600	900	600

注：①浙江省福利机构养育孤儿基本生活费标准按上年度城镇居民家庭年人均消费性支出的70%确定，社会散居孤儿基本生活费标准按照福利机构养育孤儿基本生活费标准的60%确定。②部分省（自治区、直辖市）没有公布孤儿生活费发放标准，此处默认为按照国家标准。③绝大部分省（自治区、直辖市）2010年没有发放孤儿基本生活费，而是按照原来城乡最低生活保障、五保供养或定期定量生活补助的标准发放；部分省（自治区、直辖市）则是采取补差的办法补齐国家标准。

数据来源：各地民政部门公开文件，部分数据来自媒体报道

（二）上一年度城乡居民家庭人均消费支出

该数据主要来自于2011年、2012年和2013年的《中国统计年鉴》。各年度城乡居民家庭年人均消费支出包括：食品、衣着、居住、家庭设备用品、交通、教育、医疗保健及其他消费性支出。各年度城乡居民家庭年人均消费支出见表10.4：

表10.4 各年度城乡居民家庭年人均消费支出

地区	2010年			2011年		
	城镇居民年人均消费支出（元）	农村居民年人均消费支出（元）	城乡居民年人均消费支出均值（元）	城镇居民年人均消费支出（元）	农村居民年人均消费支出（元）	城乡居民年人均消费支出均值（元）
北京	19934	9255	14595	21984	11021	16503
天津	16562	4937	10749	18424	6673	12549
河北	10318	3845	7082	11609	4514	8062
山西	9793	3664	6728	11354	4356	7855
内蒙古	13995	4461	9228	15878	4828	10353
辽宁	13280	4490	8885	14790	5081	9936
吉林	11679	4147	7913	13011	4892	8951
黑龙江	10684	4391	7538	12054	5025	8539
上海	23200	10210	16705	25102	10834	17968
江苏	14357	6543	10450	16782	7709	12245

地区	2010年			2011年		
	城镇居民年人均消费支出（元）	农村居民年人均消费支出（元）	城乡居民年人均消费支出均值（元）	城镇居民年人均消费支出（元）	农村居民年人均消费支出（元）	城乡居民年人均消费支出均值（元）
浙江	17858	8929	13394	20437	9793	15115
安徽	11513	4013	7763	13181	4499	8840
福建	14750	5498	10124	16661	6113	11387
江西	10619	3912	7265	11747	4029	7888
山东	13118	4807	8963	14561	5624	10092
河南	10838	3682	7260	12336	4048	8192
湖北	11451	4091	7771	13164	4383	8773
湖南	11825	4310	8068	13403	4356	8879
广东	18490	5516	12003	20252	6150	13201
广西	11490	3455	7473	12848	3523	8185
海南	10927	3446	7186	12643	3782	8212
重庆	13335	3625	8480	14974	3735	9355
四川	12105	3898	8001	13696	3924	8810
贵州	10058	2852	6455	11353	2671	7012
云南	11074	3398	7236	12248	3205	7727
西藏	9686	2667	6176	10399	2236	6317
陕西	11822	3794	7808	13783	4255	9019
甘肃	9895	2942	6419	11189	3151	7170
青海	9614	3775	6694	10955	3920	7438
宁夏	11334	4013	7674	12896	4210	8553
新疆	10197	3458	6827	11839	3890	7865

资料来源：《2011年中国统计年鉴》《2012年中国统计年鉴》

四、实证结果

将各年度孤儿基本生活费和上一年度当地城乡居民人均消费支出等数据输入软件，运用SPSS17.0分析得到31个省（自治区、直辖市）的相关结果。

（一）描述统计

1. 孤儿基本生活费

表10.5显示了2011－2013年福利机构养育孤儿、社会散居孤儿基本生活费的极大

值、极小值、均值以及标准差。2011-2013 年福利机构养育孤儿生活费的最高发放标准是 1600 元，最低分别是 400 元和 600 元。这三年的均值都超过 1000 元（民政部指导意见规定为 1000 元每月），且逐年增长，表明各地区认真贯彻国务院和民政部要求，把孤儿的生活保障放在一个十分重要的地位。但这三年的标准差都比较大，说明不同地区的离均差程度显著，地区差异明显。社会散居孤儿基本生活费的统计报告反映了相同的状况。

2. 孤儿保障状况

从表 10.5 可以看出，2011 年孤儿生活救助系数(r)的最小值为 0.64，最大值为 2.15，均值为 1.45；2012 年 r 的最小值为 0.88，最大值为 1.90，均值为 1.36。两年的均值都超过了 1，表明近两年孤儿生活水平均超过了当地平均生活水平，孤儿生活得到了较好的保障。

表 10.5　描述统计结果

	最小值	最大值	均值	标准差
2011 年机构养育孤儿基本生活费（元/月）	400	1600	1012.97	238.576
2012 年机构养育孤儿基本生活费（元/月）	600	1600	1069.84	230.564
2013 年机构养育孤儿基本生活费（元/月）	600	1600	1098.94	224.729
2011 年社会散居孤儿基本生活费（元/月）	400	1400	668.23	210.921
2012 年社会散居孤儿基本生活费（元/月）	570	1440	714.35	245.067
2013 年社会散居孤儿基本生活费（元/月）	600	1440	728.26	242.285
2010 年城乡居民月人均消费支出均值（元）	515	1392	722.88	208.965
2011 年城乡居民月人均消费支出均值（元）	526	1497	809.12	233.116
2011 年福利机构孤儿生活救助系数(r)	0.64	2.15	1.4503	0.34292
2012 年福利机构孤儿生活救助系数(r)	0.88	1.90	1.3646	0.26848

（二）图形分析

1. 孤儿基本生活费的集中程度、离散程度

通过图 10.2 可以看出，2011 年机构养育孤儿基本生活费有两个集中区域，一个是 1000 元区域，一个是 1600 元区域；2012 年有三个集中区域，分别是 1000 元、1300 元和 1600 元。从离散程度看，图中长方盒的纵向长度不长，外延的垂直线也不长，且偏离值和极端值少，说明孤儿基本生活费变量呈正态分布。

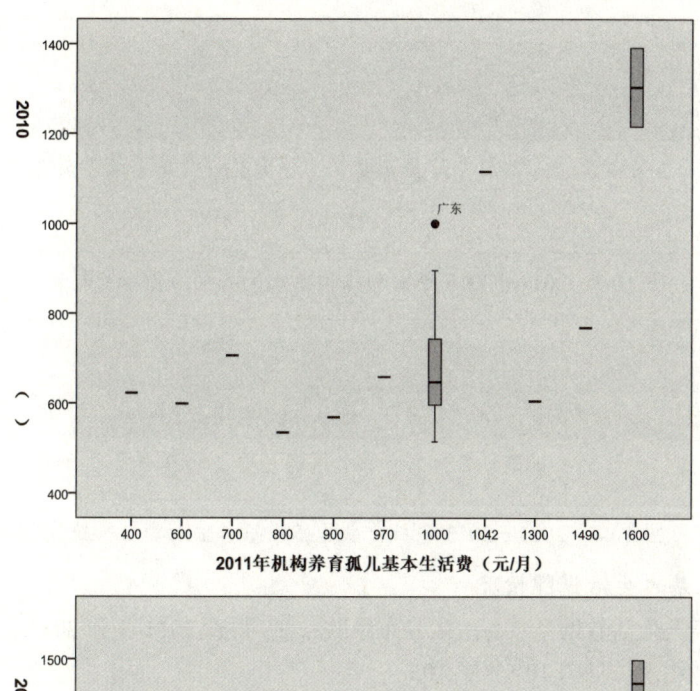

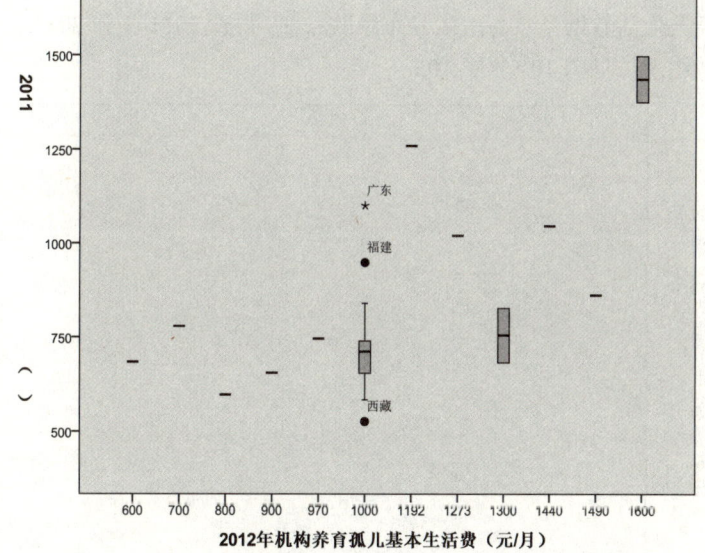

图 10.2 2011 年、2012 年福利机构养育孤儿基本生活费盒状图

2. 孤儿生活费自然增长情况

从 2011 年开始，大部分省（自治区、直辖市）开始执行国务院和民政部的规定，大幅度提高孤儿基本生活费。因此，2011 年比 2010 年增长幅度较大。2011－2013 年大部分地区孤儿生活费并未出现自然增长，出现自然增长的省（自治区、直辖市）分别是天津、辽宁、江苏、浙江、江西、山东、广西、重庆、四川、宁夏等，其中，天津、辽宁、江苏、浙江、广西、宁夏等增长幅度较大（见图10.3 和图 10.4）。

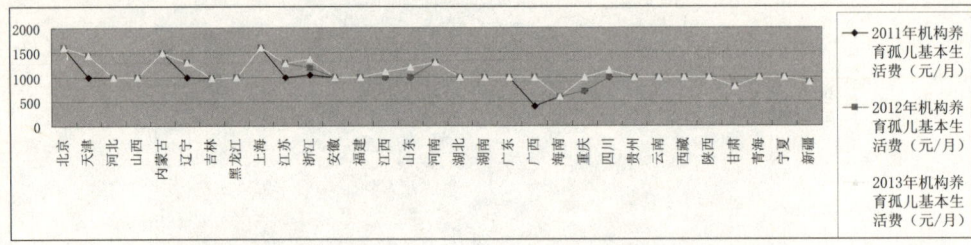

图 10.3　2011-2013 年福利机构孤儿基本生活费增长趋势

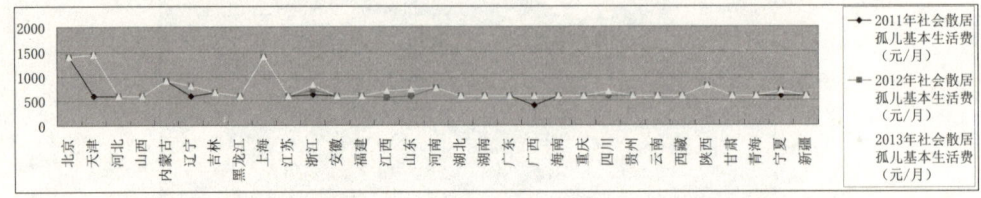

图 10.4　2011-2013 年社会散居孤儿基本生活费增长趋势

3. 孤儿基本生活保障情况

通过对孤儿生活救助系数与地区分布做散点图，得到 2011 年和 2012 年福利机构孤儿保障状况的图示（见图 10.5，图 10.6）。

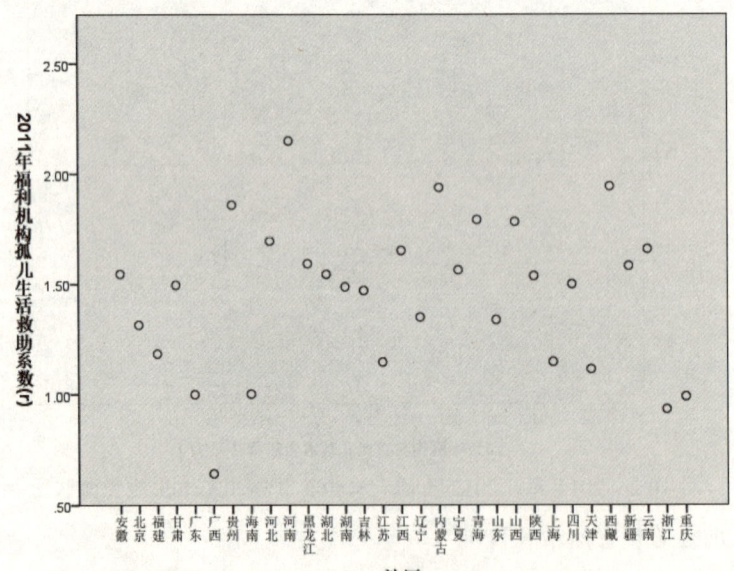

图 10.5　2011 年福利机构孤儿基本生活救助散点图

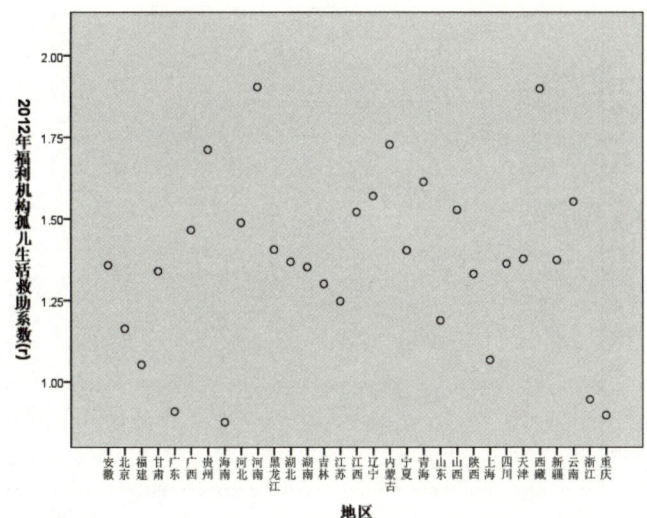

图 10.6　2012 年福利机构孤儿基本生活救助散点图

从图 10.5 可以看出，2011 年绝大部分地区福利机构的孤儿生活救助系数 r≥1，说明这些地区孤儿的生活水平达到或高于当地城乡居民平均生活水平。r<1 的省份为广西、浙江和重庆，他们的 r 值分别为 0.64、0.93 和 0.99，其中浙江和重庆的 r 值接近 1。从图 10.6 可以看出，2012 年全国福利机构孤儿生活救助系数 r<1 的省份有 4 个，分别为广东、海南、浙江和重庆。

根据散居孤儿生活救助系数做出的散点图显示，2011 年有 3 个地区的孤儿生活救助系数 r<1，分别是河南、江西和浙江（见图 10.7）；2012 年有 4 个，分别是河南、江西、江苏和浙江（见图 10.8）；2013 年 3 个，分别是河南、江苏和浙江（见图 10.9）。

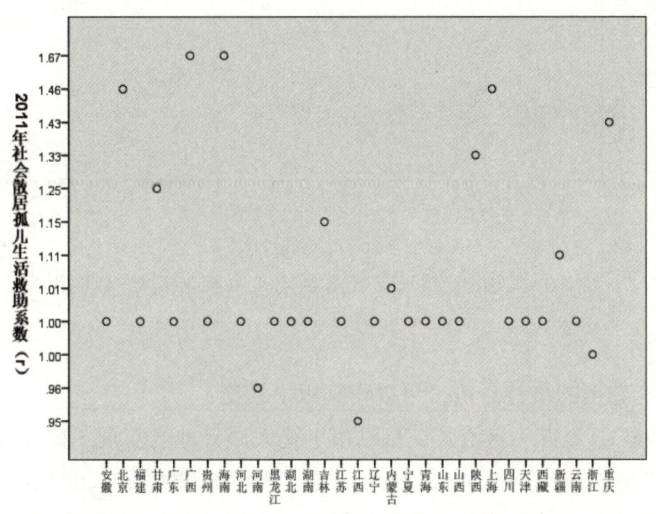

图 10.7　2011 年社会散居孤儿基本生活救助散点图

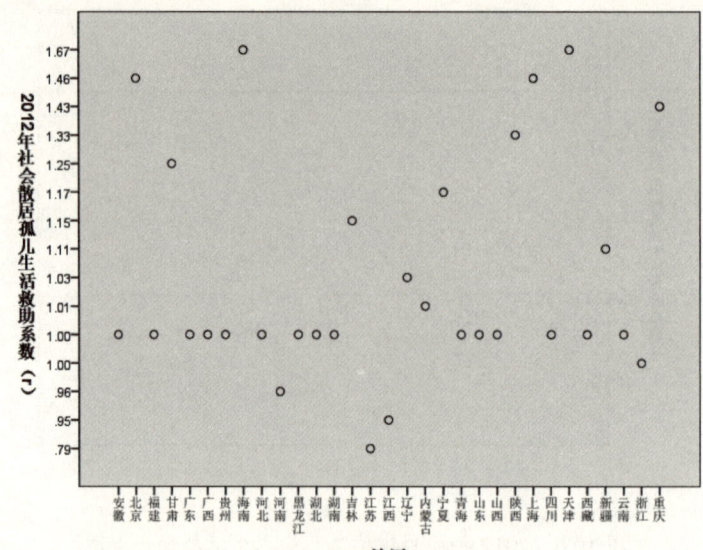

图 10.8　2012 年社会散居孤儿基本生活救助散点图

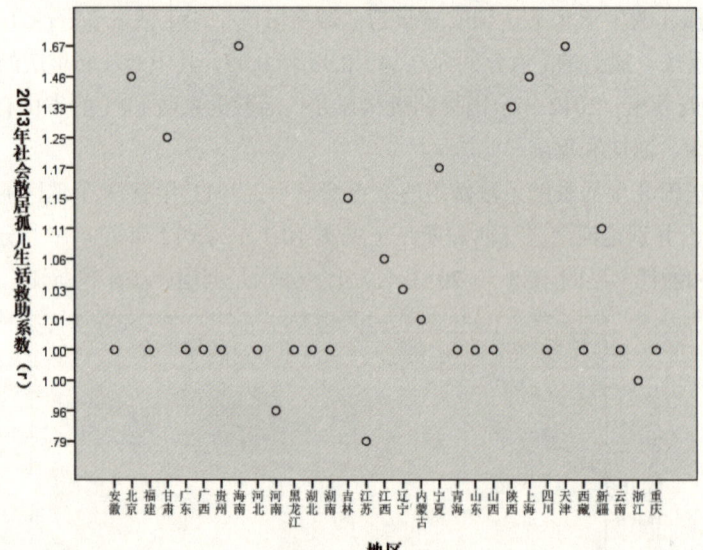

图 10.9　2013 年社会散居孤儿基本生活救助散点图

（三）结论

根据对现有数据的统计分析，可以得到以下结论：

第一，全国 31 个省（自治区、直辖市）绝大部分地区实现了民政部提出的福利机构孤儿生活标准不低于每月 1000 元/人、散居孤儿每月 600 元/人的规定。

第二，从孤儿生活救助系数及其散点图看出，2011 年有 28 个省（自治区、直辖市）的孤儿生活救助系数 $r \geq 1$，2012 年则为 27 个，2013 年为 28 个，表明绝大部分地区孤儿生活水准达到甚至超过了当地城乡居民人均生活水平。即使是孤儿生活救助系数 $r<1$ 的地区，它们的县、市孤儿生活标准也达到或超过了当地居民人均生活水平。

第三，部分省（自治区、直辖市）根据物价变动和居民消费支出的变化建立了孤儿生活标准自然增长机制，分别是天津、辽宁、江苏、浙江、江西、山东、广西、重庆、四川和宁夏。其他省（自治区、直辖市）虽然没有明确的调整政策，但都在文件中要求县或者市一级建立孤儿生活标准自然增长机制。

综上所述，自 2010 年以来，我国孤儿生活得到了强有力的财政保障。

第十一章 孤儿需要及其生活津贴需求调查分析

第一节 孤儿需要及其生活津贴需求调研设计与实施

在我国,通常由专家、学者和政府部门协同了解弱势群体的需要,根据专家、学者和政府部门的意愿和政府承担能力,确定政府应该提供给弱势群体福利的内容。孤儿福利的内容取决于参与制定政策的专家、学者或政府官员对孤儿群体的需要的了解程度和他们提供孤儿生活福利的意愿。为此,本书设计问卷进行调研,以期得到孤儿生存和发展需要的实际数据。

一、调研设计[1]

在设计孤儿需要及其生活津贴需求调研问卷时,为保障数据的真实性和有效性,首先,对调研的概念、理论基础进行论述。其次,根据马斯洛需要层次理论,从孤儿生活、教育、医疗、就业等诸多方面设计调查问卷和访谈提纲。

(一)概念界定

1. 孤儿需要和孤儿生活津贴标准需求

本书认为需要是指人感到某种缺乏,而努力争取,希望获得满足的心理倾向,是内外环境在头脑中的客观反应,主要表现为愿望,最终成为推动人作出行动的动机。需求是指人们在欲望驱动下,总是选择其所能承受的最佳物品,表现在消费者理论中就是有能力购买并愿意购买的商品或服务。孤儿需要是指孤儿"缺乏"的,从而力求获得满足的东西。孤儿生活津贴标准需求指孤儿在一定的孤儿生活津贴标准下,能够最大满足其需要的物品组合的费用情况。

2. 儿童分类

医学界认为儿童年龄分期为:胎儿期、新生儿期、婴儿期、幼儿期、学龄前期、学龄期、青春期。心理学把儿童划分为:乳儿期(0—1)、婴儿期(1—3岁)、幼儿期(3—6岁)、儿童期(6—11、12岁)、少年期(11、12—14、15岁)[2]。《儿童社会福利机构基本规范》指出,新生儿(自出生后到4周)、婴儿(4周到满1周岁)、幼儿(1周

---

[1] 王建云.我国孤儿生活津贴标准适度性研究[D].上海:华东师范大学,2014.
[2] 百度百科. 幼儿教育[EB/OL]http://baike.baidu.com/link?url=iKUhHEasnP6-NuPAIxU3d8OXrdDAHCHugO-Ge_14nXPKjpqbSnIEl_YcU-J19MkS,2013-10-29/2013-11-24.

岁到满 3 周岁）、学龄前儿童（3 周岁到入小学前）、学龄期儿童（入小学起到青春期，女 12 周岁，男 13 周岁）、青少年（女孩从 12 周岁开始到 17-18 周岁，男孩从 13 周岁开始到 20 周岁）[1]。

人体从出生至死亡可分为不同时期，在生长发育过程中，不同阶段各有其特点。为了便于研究和实际工作的需要，本书将儿童的生长发育过程划分为乳儿期、婴儿期、幼儿期、儿童期、少年期，如表 11.1 所示：

表 11.1 儿童年龄段的划分

分期	含义	表示
乳儿期	自出生到满 1 岁之前	0-1 岁
婴儿期	自 1 周岁至满 3 岁之前	1-3 岁
幼儿期	自 3 周岁至满 6 岁之前	3-6 岁
儿童期	自 6 周岁至满 14 岁之前	6-14 岁
少年期	自 14 周岁至满 18 岁之前	14-18 岁

资料来源：整理所得。

（二）理论基础与指标来源

马斯洛需要层次理论将需要层次由低到高可分为：基本生存需要（如食物、水和健康等）、安全需要（如医疗保险、失业保险和退休福利等）、社会交往需要（如友谊、爱情等）、社会尊重需要（如成就、名声等）和自我实现需要。我国商品支出分为八类：食品，衣着，家庭设备用品及服务，医疗保健，交通与通信，娱乐、教育、文化服务，居住，杂项商品和服务[2]。为此，本书在马斯洛需要层次理论的基础上设计了调研的大框架，并按照我国商品支出分类，对每一类需求进一步细分，最终确定论文调研问卷的具体题目和论文构架，如表 11.2 所示：

表 11.2 马斯洛需要层次理论以及儿童需要

马斯洛需要层次	孤儿需要
自我实现需要	追求知识的需要、技能培训需要：高等教育、职业培训、高中教育
社会尊重需要	获得他人尊重的需要：义务教育、特殊教育
社会交往需要	渴望关怀和理解需要：交通、通讯、照护、生活用品
安全需要	安全需要：住宅、医疗、穿衣

---

[1] 民政部.儿童社会福利机构基本规范[EB/OL].http://shfl.mca.gov.cn/article/bzgf/etfl/200807/20080700018266.shtml,2001-02-06/2014-02-20.

[2] 国家统计局.人民生活城镇居民家庭购买商品支出[EB/OL].http://www.stats.gov.cn/tjzd/tjzbjs/t20020327_14290.htm, 2001-03-15/2013-12-03.

马斯洛需要层次	孤儿需要
基本生存需要	维持生存的需要：吃饭

资料来源：根据马斯洛需要层次理论整理而成。

（三）问卷设计

《我国孤儿需要及其生活津贴需求调查问卷》（详见附件一）共包括两个部分：第一部分是孤儿的基本情况，主要有孤儿的性别情况、年龄情况、成为孤儿的原因、健康状况、受教育情况等；第二部分是孤儿的生存和发展需要情况，主要包括食品、生活用品、交通、医疗、康复、教育、社会交往等七个方面的情况。

（四）访谈提纲设计

《孤儿需要及其生活津贴需求访谈提纲》（详见附件二）包括三个部分：第一部分是孤儿基本情况，主要有孤儿的性别情况、年龄情况、健康状况、受教育情况等；第二部分是孤儿生活津贴需要情况，主要是按照孤儿生活中食品、生活用品、交通、医疗、康复、教育、社会交往等七个方面的情况，测算孤儿生活的支出；第三部分是孤儿福利供给主体情况及其对孤儿生活津贴制度的建议和意见。

二、样本选择

（一）问卷样本

由于我国经济发展不平衡，本书研究采用分层抽样的方法，首先，我国三十一个省、直辖市、自治区划分为东部地带、中部地带和西部地带三大地带（如表11.3所示）。其次，在各个层次中用随机抽样的方法抽取一个地区。分别抽取了湖南省、上海市和甘肃省三地。最后，运用随机抽样方法，在湖南省15家国办儿童福利院中随机抽取了湘潭市福利院，在上海抽取了民办的上海广慈残疾儿童福利院，在甘肃省15家公办儿童福利机构中随机抽取了兰州市儿童福利院。

表11.3 2012年我国区域经济三大地带

区域	省（直辖市、自治区）
东部地带	北京、天津、河北、辽宁、上海、江苏、浙江、福建、山东、广东、海南
中部地带	黑龙江、吉林、山西、安徽、江西、河南、湖北、湖南
西部地带	重庆、陕西、内蒙古、宁夏、广西、四川、贵州、云南、西藏、甘肃、青海、新疆

资料来源：百度知道.中国东西部的划分是什么[EB/OL].http://zhidao.baidu.com/question/52428347.html,2008-04-29/2013-08-15.

（二）访谈个案

本书的访谈对象是湘潭市福利院、兰州市儿童福利院、上海广慈残疾儿童福利院的福利院工作人员和湘潭市、兰州市两地的社会散居孤儿。在湘潭市社会福利院、上海广慈残疾儿童福利院、兰州儿童福利院，分别随机抽取了5名福利院工作人员，对其进行访谈，了解集中供养孤儿最基本的生存和发展需要，以及食品、生活用品、交通、医疗、康复、教育、社会交往等七个方面的消费情况。在湘潭市和兰州市，分别随机抽取了10个社会散居孤儿家庭，进行孤儿需要及其生活津贴需求访谈。

三、调研实施

2013年6月到2014年1月分别在湘潭市社会福利院、上海广慈残疾儿童福利院、兰州市儿童福利院利用问卷调研和结构化访谈等调查方法，对孤儿养育现状、孤儿基本生存和发展需要、孤儿生活津贴标准适度性进行了调研。同时，在民政局和福利院工作人员的帮助下，走访了湘潭市和兰州市的部分社会散居孤儿家庭。

（一）问卷实施情况

在儿童福利院中，对有自理能力并且认字的儿童发放问卷，没有自理能力的、不认识字的、残疾的、智力低下的院内儿童，邀请经常照顾儿童的工作人员，根据实际情况填写。本次调查共发出问卷500份，回收460份。其中，湘潭市发放150份，回收140份，回收率为93.33%；上海市发放150份，回收145份，回收率为96.67%；兰州市发放200份，回收175份，回收率为87.5%。具体情况见表11.4：

表11.4 我国孤儿需要及其生活津贴需求调查问卷回收情况

发放份数	湘潭市回收问卷		上海市回收问卷		兰州市回收问卷		有效回收率
	份数	有效回收	份数	有效回收	份数	有效回收	
500	150	140（93.33%）	150	145（96.67%）	200	175（87.5%）	94%

资料来源：根据问卷调查结果汇总而得。

（二）访谈实施情况

本次访谈共形成35个孤儿需要及其生活津贴需求的个案（见表11.5），其中，对湘潭市社会福利院、上海广慈残疾儿童福利院、兰州市儿童福利院工作人员进行访谈，形成15个集中供养个案；对湘潭市和兰州市共20户社会散居孤儿家庭访谈，形成20个社会散居供养个案。

表 11.5 我国孤儿需要及其生活津贴需求访谈个案情况

个案类型	湖南省		甘肃省		上海市
	集中供养	社会散居	集中供养	社会散居	集中供养
地点	湘潭市社会福利院	湖南省湘乡市潭市镇	兰州市儿童福利院	甘肃省兰州市西固区	上海广慈残疾儿童福利院
数量	5个	10个	5个	10个	5个

资料来源：根据问卷调查结果汇总而得。

第二节 样本的基本情况分析

一、地理分布情况分析

本次调研的 480 名孤儿和 15 名福利院工作人员主要分布在湖南省、上海市、甘肃省三地，其中，460 名集中供养孤儿生活在湘潭市社会福利院、上海广慈残疾儿童福利院和兰州市儿童福利院；20 名社会散居孤儿生活在兰州市和湘乡市。

湘潭市福利院隶属于湖南省湘潭市民政局，是一家非营利综合型公益福利事业单位，占地 20000 平方米，有床位 300 张，自建院至今共收养"三无人员"6000 多人，目前在院收养 260 余人，其中孤残儿童 160 多人。全院现有工作人员 90 余名，其中，医务人员 10 名，康复护理人员 50 余名，管理人员 15 名，特教幼教老师 10 余名，长期志愿者 2 名。

上海广慈残疾儿童福利院是一家社会慈善爱心组织，位于上海市奉贤区四团镇七古村 404 号。目前，全院有护理人员、特教老师等共 20 余名，120 名来自江西、贵州的孤残儿童在护理人员照料下，恢复了健康。这些孤儿中最小的仅有两岁，大的已 16 岁左右，已被送回原籍。

兰州市儿童福利院是兰州市民政局下属事业单位，是一所综合性儿童福利机构，集抚养、救治、教育和康复于一体。主要收养无家可归、无依无靠的孤残儿童、流浪儿童、社会弃婴和智障儿童。目前，院内共收养孤残儿童 300 余名，病残儿童占 95% 以上，其中脑瘫儿童占残疾儿童人数的 40%。全院现有工作人员 190 余名，其中包括主治医师、康复治疗师、专业护理人员、社会工作人员、特教老师等。

二、孤儿基本情况分析

对问卷中的孤儿基本情况部分进行整理，分析如下（见表 11.6）：

（一）孤儿性别

本次调研的 360 名孤儿中，女孩 261 人，占总样本的 56.74%；男孩 199 人，占总样本的 43.26%。就样本而言，女孩的比重高于男孩，但男孩和女孩数量相差不大。据福利院工作人员介绍：

"20 世纪 90 年代到 21 世纪初，我院孤儿中，女孩子数量多，男孩子数量少。健康孤儿中，女孩子数量多于男孩子；病残孤儿中，男孩子多于女孩子。虽然目前我院孤儿数量仍是女孩子多于男孩子，但近几年新增孤儿中，男孩子的比率远远超过了女孩子，大概占新增孤儿的 60%以上。"

（访谈地点：湘潭市儿童福利院；访谈时间：2013 年 8 月 24 日；记录人：作者[1]）

（二）孤儿年龄

就孤儿年龄而言，0－3 岁孤儿共有 270 人，占总样本的 58%；3－6 岁孤儿共有 79 人，约占总样本的 17%；6－14 岁孤儿共有 92 人，约占总样本的 20%；而 14 岁以上孤儿仅有 19 人，约占总样本的 4.1%。调研结果显示：不同年龄段孤儿数量相差极大。这是因为被收养和寄养的孤儿，不生活在福利院中，不在本研究的问卷调查之内。为此，我们咨询了孤儿福利院的护理人员：

"现在国家鼓励发展家庭寄养、社会抚养，想让孩子回归家庭，获得更多的照顾。目前，院内大概生活着 150 个年龄比较小的孩子，其他的都被寄养和收养了。由于上学和看病来回往返不方便，因此，上学的孩子和需要治疗康复的孩子，一般采取家庭寄养。健康的孩子大多被国内外好心人收养，历年来我院共有 6000 多个正常的孩子被收养。"

（访谈地点：湘潭市儿童福利院；访谈时间：2013 年 8 月 24 日）

由此可见，大多数 0－3 岁无自理能力的孤儿在儿童福利院中接受集中供养，3－14 岁有自主意识和自理能力的孤儿大多被收养。相对于 0－3 岁的孤儿，3－14 岁孤儿不需要支付高额的手术或康复治疗费用，不需要特殊的照料，更容易被社会好心人收养和寄养；相对于 15－18 岁孤儿，3－14 岁孤儿融入新家庭花的时间和精力较少，也容易被社会好心人收养和寄养。

（三）身体健康状况

在分析调研结果时，对儿童福利院中，治疗前和治疗后的病残孤儿身体状况进行对比发现：接受治疗前，残疾孤儿占总样本的 48%，重大疾病孤儿占总样本的 43%，健康孤儿只占总样本的 6%。治疗后，有 180 名孤儿在接受治疗后康复，身体健康状态的孤儿占总样本的 45%。有 96 名孤儿还处于疾病中，正在接受治疗；还有 141 名残疾孤儿，虽然他们无法痊愈，但仍在接受康复训练，以期能够生活自理。

---

[1] 后文中引用的访谈材料，如无特殊说明，记录人均为作者本人。

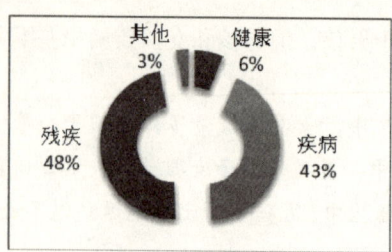 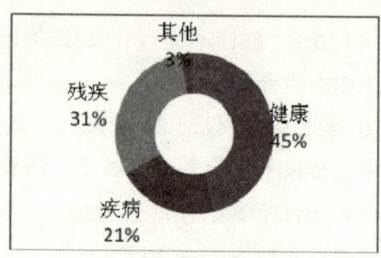

图 11.1 治疗前和治疗后孤儿身体状况环状图

资料来源：根据问卷调查结果绘制而成。

（四）受教育情况

调查数据显示：集中供养孤儿的受教育程度普遍偏低。其中 48 名孤儿正在读小学，占总样本的 10.43%；25 名读初中，占总样本的 5.43%；15 名读高中，占总样本的 3.26%；5 名读大学，占总样本的 1.09%；另外，361 名孤儿还没有上学，占总样本的 78.48%。没上学的孤儿分为两种情况：一是没有到达入学年龄的孤儿；二是虽然早已超过入学年龄，但智力发展缓慢的孤儿。

表 11.6 调查样本的基本特征

	人数	百分比		人数	百分比
1. 性别			4. 刚入院时身体状况		
男	199	43.26%	健康	30	6.52%
女	261	56.74%	疾病	196	42.61%
2. 年龄			残疾	221	48.04%
0−1 岁	170	36.96%	其他	13	2.83%
1−3 岁	100	21.74%	5. 现在的身体状况		
3−6 岁	79	17.17%	健康	210	45.65%
6−14 岁	92	20.00%	疾病	96	20.87%
14 岁以上	19	4.13%	残疾	141	30.65%
3. 原因			其他	13	2.83%
不清楚	321	69.78%	6. 受教育情况		
父亲去世,母亲改嫁	10	2.17%	没上学	361	78.48%
父母离异	32	6.96%	小学	48	10.43%
父母双亡	33	7.17%	初中	25	5.43%
其他	64	13.91%	高中	15	3.26%
			大学	5	1.09%
			已经退学	6	1.30%

资料来源：根据问卷调查结果汇总而成。

第三节 孤儿需要及其生活津贴需求分析

一、集中供养孤儿需要及其生活津贴标准需求分析

从食品、生活用品、交通、医疗、康复、教育、社会交往等七个方面分析集中供养孤儿需要及其生活津贴标准需求,以确定孤儿最基本的生存和发展需要情况。

(一)食品需要

1. 0-3岁儿童食品需要

调研发现:奶粉、纸尿片、医疗费用是0-3岁儿童最急切的需要。在参加调研的270名0-3岁孤儿中,有173名0-3岁孤儿选择"每月饮食费用401~600元",占总样本的64%;有98名0-3岁孤儿选择"每月饮食费用201~400元",占总样本的36%;9名0-3岁孤儿选择"每月饮食费用501元以上",占总样本的3%;没有人选择"每月饮食费用0~200元"。这说明食品消费在孤儿生活费中占很大比重。

表11.7 福利院孤儿食品需要分析表

	3—6岁		6—14岁		14岁以上	
	样本数	百分比	样本数	百分比	样本数	百分比
7. 你的午饭是哪种形式?						
全是蔬菜	12	15%	5	5%	0	0%
有鸡蛋、肉、蔬菜	46	58%	64	70%	11	58%
全是肉	2	3%	1	1%	0	0%
有时是肉,有时是蔬菜	19	24%	22	24%	8	42%
8. 你对每天吃的饭菜满意么?						
不满意	0	0%	3	3%	0	0%
一般	7	9%	8	9%	1	5%
满意	60	76%	60	65%	17	89%
非常满意	12	15%	21	23%	2	11%
9. 你每天会喝牛奶么?						
没有	0	0%	12	13%	15	79%
偶尔	0	0%	23	25%	4	21%
经常	17	22%	57	62%	0	0%
每天	62	78%	0	0%	0	0%

	3—6岁		6—14岁		14岁以上	
	样本数	百分比	样本数	百分比	样本数	百分比
10．你能吃到水果么？						
没有	0	0%	10	11%	0	0%
偶尔	13	16%	57	62%	19	100%
经常	62	78%	22	24%	0	0%
每天	4	5%	3	3%	0	0%
11．你平时会吃小零食么？						
没有	4	5%	18	20%	11	58%
偶尔	10	13%	45	49%	8	42%
经常	47	59%	29	32%	0	0%
每天	18	23%	0	0%	0	0%
12．每月饮食费用大概多少元？						
0~200元	0	0%	0	0%	0	0%
201~400元	41	52%	23	25%	0	0%
401~600元	28	35%	55	60%	14	74%
601元以上	10	13%	14	15%	5	26%

资料来源：根据问卷调查结果汇总而得。

在访谈中，一名护理人员表示：

"0-3岁孩子太小，不知道自己的需要，也无法表达自己的需要。他们都非常可怜，没有爸爸妈妈，他们最需要的就是日常照顾。物质方面孩子需要的是奶粉、尿布和医疗费用，这是一笔较高的费用。孩子每月大概要吃3~4罐奶粉，按市场价一罐奶粉130元左右，每月仅奶粉消费，就高达500元。"

（访谈地点：湘潭市儿童福利院；访谈时间：2013年8月24日）

2．3岁以上儿童食品需要

本次调研从午饭荤素搭配，饭菜满意度，牛奶、水果、零食发放等方面对孤儿食品需要及食品支出费用进行调研。调查结果显示，福利院大多按照统一标准安排伙食，饭菜荤素搭配较为合理，大部分孤儿对饭菜质量也相当满意，牛奶、水果、零食等虽然不是每天都有，但孤儿也经常吃到。3-6岁孤儿中，有41人选择"每月饮食费用201~400元"，占全部3-6岁孤儿人数的52%。6岁以上孤儿中，55名6-14岁孤儿选择"每月饮食费用401~600元"，约占全部6-14岁孤儿人数的60%；14岁以上孤儿中，14名孤儿选择"每月饮食费用401~600元"，约占14岁以上孤儿人数的74%。由此可知，每月集中供养孤儿的饮食费大概在401~600元之间。

（二）服装和生活用品需要

1．0-3 岁儿童服装和生活用品需要

0-3 岁孤儿的服装和生活用品需要主要是服装和纸尿片，按照每天最少 4 片纸尿片算，每月用 120 片纸尿片，服装和生活用品费用约 200 元。

2．3 岁以上儿童服装和生活用品需要

调研显示，3 岁以上孤儿每年有 1~3 套新衣服，即夏装、春秋装、冬装各一套；大部分 3 岁以上孤儿对生活用品满意或者非常满意。选择每年"1~3 套新衣服"的人数最多，分别是 57 名 3-6 岁孤儿，63 名 6-14 岁孤儿和 19 名 14 岁以上孤儿。大部分 3 岁以上孤儿对生活用品选择"满意"或者"非常满意"，只有 3 名 6-14 岁孤儿选择"不满意"。3 岁以上孤儿服装和生活用品费用在 0~150 元之间，其中，53 名 3-6 岁孤儿选择"每月服装和生活用品费用 0~50 元"，约占 3-6 岁孤儿总人数的 67%；58 名 6-14 岁孤儿选择"每月服装和生活用品费用 51~100 元"，约占 6-14 岁孤儿总人数的 63%；10 名 14 岁以上孤儿选择"每月服装和生活用品费用 101~150 元"，约占 14 岁以上孤儿的 53%。

福利院工作人员介绍：

"我们院的生活用品是统一采购，统一发放的，也会及时补充的，不会出现生活用品缺少的现象。在外地上学的孩子需要用空的生活用品包装袋（瓶），来换取新的同类的生活用品。除非特殊情况，否则没有空的生活用品包装袋（瓶）是不会发放新的的，这样可以使孩子们养成节约的习惯。至于生活用品的费用，像被褥、床单、蚊帐等床上用品，碗、水杯等生活用品，是长期消费品，一般不会更换；牙刷、牙膏、洗发水、毛巾、洗衣粉等用品是短期消费品，需要及时更换。这些生活用品由院里统一购买，平均下来每个孩子每月大概 50 元。"

（访谈地点：湘潭市儿童福利院；访谈时间：2013 年 8 月 24 日）

表 11.8 福利院孤儿服装和生活用品需要分析表

	3-6 岁		6-14 岁		14 岁以上	
	样本数	百分比	样本数	百分比	样本数	百分比
13．你每年买几套新衣服？						
0 套	0	0%	0	0%	0	0%
1~3 套	57	72%	63	68%	19	100%
4~8 套	21	27%	27	29%	0	0%
8 套以上	1	1%	2	2%	0	0%
14．生活用品够用么？						
不满意	0	0%	3	3%	0	0%
一般	9	11%	17	18%	4	21%
满意	43	54%	55	60%	5	26%
非常满意	27	34%	17	18%	10	53%

	3—6岁		6—14岁		14岁以上	
	样本数	百分比	样本数	百分比	样本数	百分比
15．每月衣服和生活用品费用？						
0~50元	53	67%	21	23%	0	0%
51~100元	26	33%	58	63%	10	53%
101~150元	0	0%	11	12%	9	47%
151元以上	0	0%	2	2%	0	0%

资料来源：根据问卷调查结果汇总而成。

（三）医疗需要

1. 0-3岁儿童医疗需要

医疗需要是集中供养孤儿最迫切的需要，每年福利院新增孤儿中，大多数都患有先天性心脏病、唇腭裂、唐氏综合征、脑瘫、弱智等各种各样的先天疾病。调研发现，湘潭市社会福利院中孤儿病残比率达到90%以上，兰州市儿童福利院孤儿病残比率达到85%以上，而在上海广慈残疾儿童福利院孤儿病残比率达到100%。因此，福利机构在日常生活中，不仅要对孤儿采取家庭保姆式的抚养，还要特别注重孩子的身体康复和心理健康。

孤儿院护理人员指出：

"孩子常见的疾病有：先天性心脏病、唇腭裂、唐氏综合征、脑瘫、弱智等。国家虽然有'明天计划'帮助孤残儿童进行康复手术，但在术前筛查、远途护送、术后康复护理方面仍存在许多不足，许多病残的孩子要等很久才能等到机会，往往会延误病情，错过最佳的治疗期。"

（访谈地点：湘潭市儿童福利院；访谈时间：2013年8月24日）

"我们院里的孩子大多都来自江西、四川、贵州，由于当地的医疗条件比较落后，很多疾病在当地无法治疗，孩子身体孱弱，不适合远途护送，不利于孩子的治疗和康复，会寄养在我们这。每年我们都会从偏远地区选一些有重病、但是可以治愈的孩子，我们会为他们提供资金，安排治疗，使他们能够康复，恢复正常人的生活。"

（访谈地点：上海广慈残疾儿童福利院；访谈时间：2013年9月14日）

由此可知，孤儿的医疗需要仍是最为迫切的，政府和社会虽积极为他们提供医疗服务，但是仍存在很多不足。我国的孤儿数量太多，而医疗服务机构和机会太少，供不应求，很多孩子仍然处于疾病中。

2. 3岁以上儿童医疗需要

调研结果显示：3岁以上集中供养孤儿每年会参加一次体检，体检费用在100元左右，每月医疗费用0~200元。3-6岁孤儿身体较弱，经常生病，也经常去康复机构做护理。3-6岁孤儿中，37人选择"每月医疗费用0~200元"，占3-6岁孤儿数量的47%；19人选择"每月医疗费用201~500元"，占3-6岁孤儿数量的24%；13人选择"每月医疗费用501~1000元"，占3-6岁孤儿数量的16%；还有10人选择"每月医疗费用1001元以上"，占3-6岁孤儿数量的13%。

福利院的主治医师人员介绍：

"刚刚抱进福利院的孩子，都有点疾病或者残疾。经过治疗后，有一部分可以康复，小孩子3岁之后，身体健壮了，免疫力也强了，不容易生病。与0-3岁的孩子相比较，孩子3岁后所需的医疗费用会降低。"

（访谈地点：兰州市儿童福利院；访谈时间：2014年1月14日）

表11.9 福利院孤儿医疗需要分析表

	3—6岁		6—14岁		14岁以上	
	样本数	百分比	样本数	百分比	样本数	百分比
18．你多久体检一次？						
每年0次	0	0%	0	0%	0	0%
每年1次	37	47%	92	100%	19	100%
每年2次	25	32%	0	0%	0	0%
每年4次	17	22%	0	0%	0	0%
每年4次以上	0	0%	0	0%	0	0%
19．你每次体检的费用是多少？						
0元	0	0%	0	0%	0	0%
1~50元	0	0%	0	0%	0	0%
51~100元	79	100%	92	100%	19	100%
101元以上	0	0%	0	0%	0	0%
20．每月去康复机构的次数？						
0次	34	43%	77	84%	19	100%
每月1-2次	29	37%	12	13%	0	0%
每月3-4次	16	20%	3	3%	0	0%
每月4次以上						
21．你每月生几次病啊？	**0**	**0%**	**0**	**0%**	**0**	**0%**
0次	15	19%	9	10%	3	16%
1次	8	10%	19	21%	2	11%
2次以上	7	9%	1	1%	0	0%
不记得了	49	62%	53	58%	14	74%

	3—6岁		6—14岁		14岁以上	
	样本数	百分比	样本数	百分比	样本数	百分比
22．你每月的医疗费用？						
0~200元	37	47%	53	58%	19	100%
201~500元	19	24%	19	21%	0	0%
501~1000元	13	16%	11	12%	0	0%
1001元以上	10	13%	9	10%	0	0%

资料来源：根据问卷调查结果汇总而成。

（四）教育需要

调研发现，0-3岁孤儿没有教育需要，3岁以上孤儿中，上学的孤儿数量也很少。大部分福利院孤儿没有上学，是因为孩子智力发展缓慢，不能进行正常的听、说、读、写，不能参加正规教育和特殊教育；一部分孤儿由于身体羸弱，经常生病，需要到外地治疗，耽误学习，没有参加正规教育，由福利院聘请特教老师，教孩子学习；只有一小部分身体健康、智力正常的孤儿，接受国家举办的正规教育和特殊教育。以湘潭市社会福利院为例，在参加调研的140个孤儿中，仅有2人上小学，2人上初中，3人上高中，2人上大学，还有3个盲童，正在特殊教育学校学习。

对于孤儿生活津贴能否满足孤儿教育需要，一名管理人员认为：

"上中小学的孩子不用交学费，孤儿生活津贴基本上能满足他们的学习、生活需要。但是对于高中和大学来说，就需要院里往里面填钱了。上大学的孩子，孤儿的生活费可以勉强通过勤工助学获得；如果拿不到全额助学金，就需要院里给他凑钱交学费。"

（访谈地点：湘潭市儿童福利院；访谈时间：2013年8月24日）

福利院工作人员认为：

"健康的孩子很喜欢读书，每天放学接他们回福利院，他们都会缠着我们问问题，让我们教他做作业；特殊情况落下了课，也会认真向别的孩子请教；其他孩子去玩时，他们会去小自习室安静地学习，一学一个晚上，比我自己的孩子都好学，我常常让我女儿以他们为榜样。"

（访谈地点：上海广慈残疾儿童福利院；访谈时间：2013年9月14日）

福利院的特教老师认为：

"有些孩子智力发展迟缓，记不住或理解不了，不能批评或者指责他们，有的学生已经在我班上待了三年了，刚刚学会最基础的东西，孩子只要有进步就是值得赞扬的。福利院的孩子理解和记忆能力比较差，往往正常人1~5分钟就能记住的东西，他们需要重复多次，用更长的时间来理解和记忆。所以，每天我都会在课上不停地让孩子读和说，以期他们能够尽快熟悉并且掌握日常生活中所需要的基础知识。"

（访谈地点：兰州市儿童福利院；访谈时间：2014年1月14日）

由此可知，孤儿生活津贴标准仅能满足义务教育阶段孤儿的生活和教育需要，但是不能满足义务教育阶段之外的孤儿的教育需要。

表11.10 福利院孤儿教育需要分析表

	6—14岁		14岁以上	
	样本数	百分比	样本数	百分比
23．你喜欢上学么？				
非常喜欢	21	23%	0	0%
喜欢	53	58%	19	100%
无所谓	7	8%	0	0%
不喜欢	11	12%	0	0%
24．上学需要交学费么？				
交	0	0%	4	21%
学费减半	0	0%	7	37%
不交	20	22%	8	42%
不知道	53	58%	0	0%
25．你需要什么课外书？				
不需要	27	29%	11	58%
故事、漫画书	16	17%	0	0%
作文书	3	3%	0	0%
百科全书	7	8%	1	5%
语数外辅导书	5	5%	3	16%
其他	23	25%	5	26%
26．你希望参加课外辅导（家教）么？				
不需要	33	36%	12	63%
希望，但没机会	36	39%	7	37%
有	2	2%	0	0%
27．你有书包、本子、橡皮、铅笔、钢笔等学习用具么？				
不需要	20	22%	0	0%
希望，但没机会	26	28%	0	0%
有	27	29%	19	100%

	6—14岁		14岁以上	
	样本数	百分比	样本数	百分比
28．你每月用于教育的费用？				
0元	25	27%	0	0%
1~500元	35	38%	19	100%
501~1000元	13	14%	0	0%
1001元以上	0	0%	0	0%

资料来源：根据问卷调查结果汇总而成。

（五）交通和社会交往需要

0-3岁孤儿没有交通和社会交往需要，6岁以上孤儿能接触到孤儿福利院以外的社会人，产生交通需要和社会交往需要以及交通和社会交往费用（见表11.11）。

表11.11　福利院孤儿交通和社会交往需要分析表

	6—14岁		14岁以上	
	样本数	百分比	样本数	百分比
16．外出时交通方式？				
不用乘车	43	47%	2	11%
公交或地铁	5	5%	13	68%
出租车	4	4%	0	0%
专人接送	21	23%	0	0%
其他	0	0%	5	26%
17．你每月交通费用？				
0元	63	68%	2	11%
1~50元	9	10%	10	53%
51~100元	0	0%	5	26%
101元以上	0	0%	0	0%
29．你有几个关系好的朋友？				
0个	13	14%	5	26%
1—2个	13	14%	10	53%
3—5个	19	21%	0	0%
很多	47	51%	4	21%

	6—14岁		14岁以上	
	样本数	百分比	样本数	百分比
30．朋友过生日你会送什么礼物？				
自己制作礼物	9	10%	4	21%
花钱去买礼物	3	3%	11	58%
只送祝福	27	29%	1	5%
不送	29	32%	3	16%
31．你最需要的是什么？				
上学，学习知识	13	14%	14	74%
健康的身体	19	21%	5	26%
有爸妈、有亲人，有家	58	63%	3	16%
有许多好朋友	3	3%	0	0%
获得钱财的资助	12	13%	9	47%
有好多好吃的食物	4	4%	0	0%
好多漂亮的衣服	3	3%	0	0%
找个好工作	0	0%	5	26%
获得更好地照顾	33	36%	0	0%
其他	23	25%	8	42%
32．平均每月用于交往的费用？				
0元	49	53%	11	58%
1~50元	38	41%	3	16%
51~100元	5	5%	5	26%
101元以上	0	0%	0	0%

资料来源：根据问卷调查结果汇总而成。

（六）就业需要

据福利院工作人员介绍：

"我们首先希望孩子自己找，能找到自己喜欢的工作。我们院往届的孩子有的在企业上班，有的在政府部门工作，有的在特殊教育学校教学，找的工作都很好。实在找不到工作的我们会为他们提供力所能及的社会公益性岗位和福利企业岗位。至于没有劳动能力和自理能力的，国家会管他们一辈子。"

（访谈地点：湘潭市儿童福利院；访谈时间：2013年8月24日）

"我们院一直以来都设有烘焙技能课,一方面促进孩子的成长和康复,另一方面也想让孩子有一技之长,以后走向社会有所依靠。在孩子成年后,我们会通过各种途径,尽可能地为孩子介绍工作,希望他们能留在工作机会较多的上海。"

(访谈地点:上海广慈残疾儿童福利院;访谈时间:2013年9月14日)

"我们院里的大龄孤儿不用愁就业问题,兰州市政府关心孤残儿童就业并制定孤儿相关就业政策后,我们福利院30多个孩子毕业后,都分到县区和市属有关事业单位了。去年,我院6名毕业生,都有工作了。"

(访谈地点:兰州市儿童福利院;访谈时间:2014年1月14日)

当孤儿满16周岁后就可以找工作了。据了解,福利院中能力比较强的孤儿,靠自己的能力找到了很好的工作。福利院也会提供职业培训,为健康的孤儿提供社会公益性的工作岗位,也会介绍他们去力所能及的福利企业工作。

(七)住房需要

据福利院工作人员介绍:

"我们院里的孩子走出福利院后会有自己的住房,市政府和有关部门会对他们申请保障房有所优惠,福利院已就业的孤残儿童大多都住进了廉租房或经济适用房。"

(访谈地点:兰州市儿童福利院;访谈时间:2014年1月14日)

在儿童福利机构访谈中提到住房需要,很多健康的孤儿都表示有住房需要,但是由于健康的孤儿毕竟只占到全部孤儿的少数,所以国家没有更好的解决方案,目前来说只有城市廉租房等保障房措施。

二、社会散居供养孤儿需要及其生活津贴标准需求分析

从食品、生活用品、交通、医疗、康复、教育、社会交往等七个方面分析社会散居孤儿需要及其生活津贴标准需要,以确定孤儿最基本的生存和发展需要情况。

(一)食品需要

对社会散居孤儿的家庭进行访谈,一户社会散居孤儿家庭成员指出:

"我们能保障孩子吃饱,但是没有能力让他每天都喝牛奶、吃鸡蛋。一般大人吃什么,孩子吃什么,不会给他单独做的。当然,孩子正处于长身体的时候,我们也会注意荤素搭配,在饭菜中多放蛋和肉,尽量保证饮食的营养搭配。"

(访谈地点:湖南省湘乡市潭市镇某村庄;访谈时间:2013年8月25日)

在访谈到有正在上学儿童的社会散居孤儿家庭时,有家庭成员指出:

"孩子上学在学校里吃饭,两个星期回来一次。在学校里孩子很节俭,每天生活费大概需要15元左右,国家发的钱,够他吃饭的。但不知道他在学校吃什么,每次回家,我们都尽量给他做些好吃的。"

（访谈地点：甘肃省兰州市西固区某家庭；访谈时间：2014年1月14日）

访谈发现，社会散居孤儿大多和祖父、外祖父共同生活，很少的一部分和叔伯共同生活，社会散居孤儿所在家庭的经济状况直接决定了孤儿的生活状况。孤儿生活津贴能保障孤儿的温饱，维持最基本的生存需要，但是尚未达到营养要求的标准。

（二）服装和生活用品需要

社会散居孤儿家庭的孤儿亲属说：

"孩子长得快，很少买新衣服，民政部门每年会送衣服给孩子。现在生活条件好了，吃的、穿的、玩的、用的什么也不缺，他们需要什么生活用品，我们都会帮他买。"

（访谈地点：甘肃省兰州市西固区某家庭；访谈时间：2014年1月14日）

社会散居孤儿很少买新衣服，生活用品也够用。由此可知，社会散居孤儿家庭的服装和生活用品支出费用较少。

（三）医疗需要

社会散居孤儿大多是身体、智力健康的儿童，不需要支付较高的大病医疗费用，需要较多的是小额的门诊费用。

"虽然参加了新型农村合作医疗，但由于报销条件限制，起付线较高，报销比例也较小。因此，平常感冒、咳嗽很少去医院，一般都会拖着，试图扛过去；如果疾病严重，不能扛过去时，再去医院。"

（访谈地点：湖南省湘乡市潭市镇某村庄；访谈时间：2013年8月25日）

据调查了解，多数孤儿由于营养达不到，身体较弱，流感期间往往都会生病，医药费用报销比例少，每年积累下来，医药费用仍是社会散居孤儿家庭沉重的负担。

（四）教育需要

社会散居孤儿一般都是智力正常的健康的孩子，大部分孤儿都接受了正规教育。为此，我们走访了兰州市的社会散居孤儿家庭，其中的一名老人告诉我们：

"孩子的父亲去得早，孩子非常可怜。孩子吃穿，还是能满足的，但是我们已经老了，没有收入，完全靠女儿的接济过活。孩子上学不要钱还好，可上高中了，我们就承担不起了。孩子有出息，但我们老两口实在没有能力供他读大学。"

（访谈地点：甘肃省兰州市西固区某家庭；访谈时间：2014年1月14日）

走访湘乡市社会散居孤儿家庭，其中的一名家长告诉我们：

"我们上有老，下有小。我自己的两个孩子都在读书，还要管他上学，压力很大。虽说小学和初中国家管，不需要交学费了，但是书费、本子费、学杂费、伙食费还是很高的。每次开学，我们都要准备三个孩子的教育费用，家庭确实很困难。"

（访谈地点：湖南省湘乡市潭市镇某村庄；访谈时间：2013年8月25日）

由此可知，社会散居孤儿的教育需要最为迫切。无论是由老人抚养孤儿，还是由叔伯辈来抚养孤儿，教育费用都是一笔很大的开支，一旦家里发生变故，很容易导致孤儿辍学。因此，国家在免除社会散居孤儿义务教育学费的基础上，还要有相应的教育补贴。

（五）交通和社会交往需要

社会散居孤儿上学一般都有社会散居孤儿家庭的家庭成员接送，尚未形成交通费用。社会交往范围也比较小，大多集中在同一个村，很少有社会交往费用。

（六）就业需要

访谈发现，社会散居孤儿一般没有职业教育和职业培训，他们依靠亲属关系、网络或者社区邻里的介绍，找到一份体面的工作，虽然工资不是很高，但是足以保障自己的生活需要。

"孩子成绩不好，没上高中，现在跟着他叔叔在外地打工，找不到很好的职业，工资也很低，只能自己混碗饭吃。"

（访谈地点：甘肃省兰州市西固区某村庄；访谈时间：2014年1月14日）

（七）住房需要

在房价飞速发展的今天，住房需要对于成年的孤儿尤为重要。在社会散居孤儿中，我们可以发现住房需要的解决也是一大难题，政府应对社会散居孤儿的住房给予一定的补贴，使他们能早日安居乐业。

走访社会散居孤儿家庭我们了解到：

"孩子父母给他留下了一套房子，但是房子都旧了，窗户、门都坏掉了。看别人家孩子成亲都要新房子，现在孩子找媳妇很困难，只能希望孩子有出息，能多在外面挣几年钱，回来修房子，娶媳妇。"

（访谈地点：甘肃省兰州市西固区某村庄；访谈时间：2014年1月14日）

第四节　孤儿需要及其生活津贴需求调研结果汇总分析

调研显示：社会散居孤儿的生存和发展需要类似于集中供养孤儿的生存和发展需要。不同之处在于：集中供养孤儿医疗和康复需要多于社会散居孤儿的医疗和康复需要；而集中供养孤儿的教育需要少于社会散居孤儿的教育需要。大多数集中供养孤儿是病残儿童，需要高额的医疗费用和护理费用，而社会散居孤儿身体健康，需要较少的医疗费用。集中供养孤儿受教育程度普遍较低，教育费用相对较少，但是社会散居孤儿需要较高的教育费用。根据本章分析，孤儿需要及其生活津贴需求调研结果汇总如下：

表 11.12　孤儿需要及其生活津贴需求调研结果汇总（均值）

项目		孤儿需要				
		0—1 岁	1—3 岁	3—6 岁	6—14 岁	14 岁以上
食品（每月）	主食			荤素搭配	荤素搭配	荤素搭配
	奶类	3~4 罐奶粉	3~4 罐奶粉	牛奶一箱	牛奶一箱	牛奶一箱
	水果		30 个	30 个	30 个	30 个
衣着（每年）	春夏秋冬	4 套	4 套	4 套	4 套	4 套
日常用品费（每月）	尿片	2 包	1 包			
	卫生纸	3 卷	3 卷	3 卷	3 卷	3 卷
	洗化用品	1 套	1 套	1 套	1 套	1 套
	床单、被褥、脸盆、	1 套	1 套	1 套	1 套	1 套
教育费用				幼儿教育	义务教育、特殊教育	义务教育、特殊教育	特殊教育、职业教育
医疗保健（每年）	体检	4 次	2 次	1 次	1 次	1 次
	生病	门诊、住院治疗	门诊、住院治疗	门诊、住院治疗	门诊、住院治疗	门诊、住院治疗
交通通信	交通需要				每周 2 次	每月 2 次
	通信需要				每天 1 次	每周 2 次

资料来源：整理调研结果所成。

第十二章 补缺型儿童福利制度影响因素分析

第一节 影响因素的理论分析

补缺一直是中国儿童福利制度的主体性特征,也是我国民政在儿童福利事务中的主要政策。新中国成立60多年来,补缺型儿童福利制度为我国儿童事业做出了重要贡献,它在我国经济较不发达的情况下为家庭和儿童保障提供了最后的安全网,使千千万万的儿童在灾难和不幸面前重获新生。但是,随着我国经济和综合国力的增强,补缺型儿童福利制度的局限性也日益凸显。与经济发展水平的不相适应性、覆盖范围不广、福利项目少、救助标准低、财政投入严重不足等问题明显显现。探索我国补缺型儿童福利制度的影响因素,不仅是我国六十多年儿童福利制度的一个总结,也是构建新的儿童福利制度的有益启发,为未来我国儿童福利制度的重构提供宝贵的经验。因此,从这样一种制度分析的视角,探索中国补缺型儿童福利制度的主要成因,具有重要的理论价值和政策意义[1]。

当前,对补缺型儿童福利制度影响因素的研究主要集中在以下几方面:一是补缺型儿童福利制度受到经济发展水平的制约;二是财政支出结构影响着我国儿童福利支出规模和福利化水平;三是国家的儿童福利政策和责任担当成为儿童福利支出的障碍因素;四是人们的思想意识特别是社会精英和决策层尚未形成对儿童福利理解的共识。

首先,研究者认为经济因素,特别是经济发展水平是制约儿童福利制度的主要因素。陆士桢等认为,一个国家福利制度发展总体设计的核心,是建立起与国家经济发展水平相适应的福利体系。经济发展水平是最重要的因素,是社会福利制度发展的基石[2]。彭华民等[3]认为,由于经济发展水平的限制,致使社会福利领域出现物质资源占有少、资金不足,福利机构数量不足、服务规模不够、服务质量差等问题。刘旭东认为,我国补缺型社会保障模式是在效率优先原则下形成的社会补漏措施,它产生的根源有着深刻的时代背景,就是我国长期底子薄、资金缺乏[4]。李艳军等认为,尽管我国人均国民生产总值有了重大突破,但是我国政府经济实力仍然不强,与发达国家相比,仍然有很大差

---

[1] 戴建兵.我国适度普惠型儿童社会福利制度建设研究[D].上海:华东师范大学,2015.
[2] 陆士桢,王玥.加大国家投入,建立普惠型的儿童福利制度[EB/OL].2013-03-05, http://society.people.com.cn/n/2013/0305/c168256-20677691.html.
[3] 彭华民,齐麟.中国社会福利制度发展与转型:一个制度主义分析[J].福建论坛(人文社会科学版),2011(10):169-176.
[4] 刘旭东.国民福利由补缺向适度普惠型转变的思考[J].经济问题,2008(10):126-129.

距,我国仍然是发展中国家,只能实施补缺型社会福利制度[1]。代恒猛认为,在经济改革过程中,我国一直将经济发展置于绝对优先的地位,在"效率优先,兼顾公平"的理念下,认为大多数人的福利问题会随着经济的发展自然而然地得到解决,因而过多地强调经济发展水平对社会福利供给的限制[2],结果形成了补缺型的社会福利制度。

其次,研究者认为,财政支出结构和规模影响着我国补缺型儿童福利制度。李敬指出,当前我国儿童福利的财政支出仍然以民政的孤儿、流浪儿童生活保障和救助科目为主,其他部门涉及儿童的支出虽有明细,但也缺乏统一的预算科目[3]。高鉴国等认为,一般来说,一个国家社会救助项目支出比重高,意味着整体福利体制的补缺性强;如果公共服务的社会支出比重高,则意味着普惠性强。我国社会救助作为公共服务体系的组成部分,表明我国社会福利仍然是一种补缺性质[4]。陈云凡也认为,儿童福利的支出规模反映了一国的福利体制,并从OECD十国儿童福利财政支出安排的比较出发,认为我国当前儿童福利支出水平低,应完善中国的儿童福利的财政支出安排[5]。宋文珍认为,儿童早期的健康和教育方面的投入会提高未来劳动者的生产效率、工资报酬。我国儿童福利制度总体上还是以补缺为主的福利,财政投入不足。根本方向是扩大儿童福利的覆盖面,增加儿童福利项目,提高儿童福利标准[6]。彭华民等认为,民政社会福利发展受到财政支出的限制,影响了中国社会福利的发展,社会福利支出比例小是补缺型社会福利的典型特征[7]。

再次,研究者认为政治因素,特别是儿童福利政策和政府责任担当是制约我国儿童福利制度发展的重要因素。刘继同认为,儿童福利在本质上反映的是国家、家庭和儿童之间的关系。中国儿童福利制度框架的主题是"儿童发展"而非"儿童福利",儿童津贴与家庭福利政策、儿童住房福利等都未包含在其中。也即我国政府的国家责任范围小,所以我国长期是补缺型的儿童福利制度[8]。成海军等认为,我国儿童福利制度明显缺位。1959年以后,民政福利一直沿用,儿童福利首先强调家庭责任,国家只起到弥补家庭和市场缺陷的作用,没有强调政府的"第一责任人"的责任;市场经济改革期间,儿童

---

[1] 李艳军,王瑜.补缺型社会福利——中国社会福利制度改革的新选择[J].西安电子科技大学学报(社会科学版),2007,17(2):99-104.
[2] 代恒猛.从"补缺型"到适度"普惠型"[J].当代世界与社会主义,2009(2):166-169.
[3] 李敬.适度普惠型儿童福利制度建设还需跨越四道坎[N].中国社会报,2013-09-09,第2版.
[4] 高鉴国,杨克.论补缺型社会福利制度的特征[J].福建论坛(人文社会科学版),2011(10):177-183.
[5] 陈云凡.OECD十国儿童福利财政支出安排比较[J].欧洲研究,2008(5):95-108.
[6] 宋文珍.加快建立适度普惠的儿童福利制度[J].中国妇运,2013(6):35-37.
[7] 彭华民,齐麟.中国社会福利制度发展与转型:一个制度主义分析[J].福建论坛(人文社会科学版),2011(10):169-176.
[8] 刘继同.中国特色儿童福利概念框架与儿童福利制度框架建构[J].人文杂志,2012(5):145-154.

福利制度也一直作为改革的配套措施出现，而不是维护社会公平的政策设计[1]。

第四，研究者认为社会因素，特别是人们的思想认识也是影响我国补缺型儿童福利制度的重要因素。董小苹认为，之所以在过去几十年里我国一直实行补缺型儿童福利制度，这与人们的认识有关。长期以来，人们认为人口增加会对经济发展产生负面影响，儿童福利支出，是私人领域的问题，应该由家庭承担，这严重影响着我国儿童福利制度的发展[2]。张文娟认为，目前制约儿童福利制度构建的一个重要因素是包括专家学者和决策者在内的社会精英尚未形成对儿童福利制度的共识。人们普遍地将儿童福利狭隘地限制在社会保障的框架内，社会福利成为社会保障的一部分，结果误导决策者，使决策者因顾虑预算而影响他们推动儿童福利制度的积极性[3]。刘继同认为，我国补缺型儿童福利制度的形成与缺乏儿童福利的理论研究有关。改革开放三十年来，中国儿童福利理论政策研究严重滞后于实践，凸显我国哲学、人文、社会科学研究，尤其是基础理论研究的结构性缺陷和文化障碍[4]。高鉴国等认为，不同意识形态或价值理念既是不同福利制度类型的外显维度，也是其内在决定因素。在补缺型模式中，国家介入观念基于最小化原则，按需分配价值则基于边际最大化原则。在这种价值体系中，福利只是提供给最需要帮助的社会成员。这一意识形态影响了我国的儿童福利模式[5]。

综合以上研究者的文献，已有研究认为影响我国儿童福利制度的因素主要包括经济因素（经济发展水平、财政投入）、政策因素（儿童福利政策、国家制度设计）以及社会文化因素（思想认识、理论研究）。但也有研究认为，经济因素并不一定是儿童福利制度的制约因素，选择什么样的儿童福利制度与国家经济发展状况并不高度相关。由于已有研究主要是定性分析，为了更好地探索中国补缺型儿童福利制度的主要成因，本书通过实证研究，以作进一步的分析。

第二节　相关假定与理论推导

中国的儿童福利制度为什么长期处于补缺状态？首先需要进行相关的假设和理论推导，然后再用实证检验。

---

[1] 成海军，朱艳敏.社会转型视域下的普惠型儿童福利制度构建[J].学习与实践，2012（8）：85-96.
成海军.中国儿童福利制度转型与体系嬗变[J].社会福利，2012（9）：24-30.
[2] 董小苹，王丛彦.中美儿童福利制度比较研究[J].当代青年研究，2011（7）：24-29,53.
[3] 张文娟.中国儿童福利制度的构建[J].青少年犯罪问题，2013（4）：13-22.
[4] 刘继同.改革开放30年来中国儿童福利研究历史回顾与研究模式战略转型[J].青少年犯罪问题，2012（1）：31-38.
[5] 高鉴国，杨克.论补缺型社会福利制度的特征[J].福建论坛（人文社会科学版），2011（10）：177-183.

一、相关假定

基于文献研究的成果，我们假定中国补缺型儿童福利制度受到四种因素的影响，分别假定如下：

假定一：中国经济发展水平无法支持高层次的普惠式福利体系，只能实行补缺型儿童福利制度。

假定二：中国财政投入长期不足，财政投向偏位，儿童福利投入严重不足，只能实行补缺型儿童福利制度。

假定三：儿童在国家中的地位未被重视，国家没有出台强有力的儿童福利法律和政策，认为儿童问题是一个较小的社会问题，只需要补缺的制度与之匹配。

假定四：儿童福利理论研究长期不足，研究者和决策者在儿童福利问题上没有形成共识，认识上长期停留在儿童是家庭问题，国家不应干预的前提下，结果导致中国长期实施补缺型儿童福利制度。

二、理论推导

根据上文做出的四种假设，逐一进行推导。

（一）中国补缺型儿童福利制度是否因为经济发展的原因

从理论上分析，中国补缺型儿童福利制度与经济发展有关，如果经济发展长期缓慢，GDP 总量小，人均 GDP 占有量少，则实行补缺型儿童福利制度在理论上证据充分。为了验证这一假设，有必要选取国际上在人均 GDP 多少美元时开始实施普惠式社会福利作为参照。

第二次世界大战以后，为了应对战后重建，英国等较为发达的国家以"保障人民基本生活"为口号开展了较高福利制度的建设。但普惠式福利全面展开则是在 20 世纪 60-70 年代初。因此，考察 20 世纪 60 年代一些主要国家初创普惠式福利时的人均 GDP 有重要参考价值。表 12.1 显示了 20 世纪 60 年代世界各地区人均 GDP 的状况。当时，广泛实施普惠式社会福利的国家主要是欧洲地区国家和经济合作发展组织成员国（OECD），这些国家的人均 GDP 基本上在 1000~2000 美元之间。因此，可以把人均 1000 或 2000 美元作为补缺式和普惠式福利分界点的参照值。

表 12.1　20 世纪 60 年代世界各地区人均 GDP（单位：美元）

年份 国家与地区	1960年	1961年	1962年	1963年	1964年	1965年	1966年	1967年	1968年	1969年
东亚和太平洋地区	147.8	145.3	146.0	159.7	179.9	196.9	214.5	227.0	244.4	274.2
南亚国家	84.0	87.6	91.4	100.0	111.6	116.1	95.4	102.5	105.0	112.6
欧洲地区国家	948.4	1035.4	1137.4	1263.5	1394.1	1508.1	1631.7	1761.6	1877.6	2060.1

年份 国家与地区	1960年	1961年	1962年	1963年	1964年	1965年	1966年	1967年	1968年	1969年
北美国家	2828.0	2870.7	3030.3	3152.0	3341.3	3579.4	3882.8	4060.6	4389.8	4699.0
OECD 成员国	1331.8	1380.5	1472.8	1566.0	1690.0	1811.7	1966.7	2087.2	2237.9	2424.5
拉丁美洲与哥伦比亚	372.1	384.2	429.9	419.5	454.2	472.7	505.5	504.6	530.5	578.3
中东和北非									278.3	301.3
撒哈拉以南非洲	130.6	132.2	139.4	156.1	148.7	161.6	170.1	163.7	170.8	190.7
高收入国家	1378.8	1440.2	1537.1	1634.9	1764.5	1894.0	2055.8	2184.4	2344.6	2542.5
上中等收入国家	340.7	321.9	356.1	357.5	387.9	406.1	439.0	448.0	477.6	524.5
中等收入国家	158.9	149.9	153.1	159.3	175.9	187.9	189.5	190.1	196.7	214.6
中低收入国家	151.9	144.1	147.4	154.4	167.4	179.5	181.8	182.0	188.1	205.3
低收入国家	105.2	106.3	111.1	125.3	109.0	123.0	131.8	128.5	130.8	143.6
重债穷国	113.2	113.2	119.2	136.5	117.8	134.2	142.8	136.1	139.0	150.9
世界平均水平	446.1	457.0	482.4	508.4	545.8	581.9	618.3	644.4	680.9	733.5

资料来源：根据《世界银行》统计数据整理

表 12.2 是我国自 1952 年以来 GDP 和人均 GDP 的数据。从表 12.2 可以看出，我国 GDP 总量和人均 GDP 占有量长期偏低。我国只有到了 2001 年人均 GDP 才突破 1000 美元，而达到这一水平花了整整五十年，这一数据论证了我国实施补缺型儿童福利制度的确受到经济发展水平的制约。但是我国在 2006 年时人均 GDP 即达到了 2000 美元，到 2008 年时人均 GDP 已突破 3000 美元，2010 年时人均 GDP 突破 4000 美元，2012 年时更高达 6000 美元。而我国在人均 GDP3000 美元时才初创普惠式社会福利制度，在人均 GDP4000 美元时创立第一项普惠式儿童福利制度，在人均 GDP 高达 6000 美元以后才开展适度普惠型儿童福利制度的试点，表明我国普惠式儿童福利制度的建立滞后于经济发展水平，其中必然受到其他因素的影响。

表 12.2 1952—2012 年中国 GDP 和人均 GDP 统计表

年份	GDP（亿元）	人均 GDP（元）	GDP（亿美元）	人均 GDP（美元）	年份	GDP（亿元）	人均 GDP（元）	GDP（亿美元）	人均 GDP（美元）
1952	679	119	354	62	1983	5963	583	3012	294
1953	824	142	416	72	1984	7208	695	2574	248
1954	859	144	308	52	1985	9016	858	2818	268
1955	911	150	285	47	1986	10275	963	2762	259
1956	1029	166	277	45	1987	12059	1112	3242	299
1957	1069	168	435	68	1988	15043	1366	4044	367

年份	GDP（亿元）	人均GDP（元）	GDP（亿美元）	人均GDP（美元）	年份	GDP（亿元）	人均GDP（元）	GDP（亿美元）	人均GDP（美元）
1958	1308	200	532	81	**1989**	16992	1519	3600	322
1959	1440	216	586	88	**1990**	18668	1644	3576	315
1960	1457	218	592	89	**1991**	21781	1893	4011	349
1961	1221	185	496	75	**1992**	26923	2311	4682	402
1962	1151	173	468	70	**1993**	35334	2998	6092	517
1963	1236	181	503	74	**1994**	48198	4044	5704	479
1964	1456	208	592	85	**1995**	60794	5046	7307	606
1965	1717	240	698	98	**1996**	71177	5846	8576	704
1966	1873	255	761	104	**1997**	78973	6420	9538	775
1967	1780	236	724	96	**1998**	84402	6796	10193	821
1968	1730	223	703	91	**1999**	89677	7159	10831	865
1969	1946	244	791	99	**2000**	99215	7858	11982	949
1970	2261	276	919	112	**2001**	109655	8622	13243	1041
1971	2435	290	990	118	**2002**	120333	9398	14533	1135
1972	2530	294	1130	131	**2003**	135823	10542	16404	1273
1973	2733	310	1353	153	**2004**	159878	12336	19309	1490
1974	2804	311	1524	169	**2005**	184937	14185	22703	1741
1975	3013	329	1529	167	**2006**	216314	16500	27135	2070
1976	2961	318	1575	169	**2007**	265810	20169	35247	2675
1977	3221	341	1862	197	**2008**	314045	23708	45200	3452
1978	3645	381	2307	241	**2009**	340903	25608	49905	3749
1979	4063	419	2709	279	**2010**	401513	30015	59312	4434
1980	4546	463	2971	303	**2011**	472882	35181	73215	5447
1981	4892	492	2795	281	**2012**	519322	38354	82622	6100
1982	5323	528	2772	275					

数据来源：根据各年《财政统计年鉴》整理

通过论证，我们发现，中国补缺型儿童福利制度在总体上受到经济发展水平的制约，但并不完全如此。我国补缺型儿童福利制度的建设还受到其他因素的影响。

（二）中国补缺型儿童福利制度是否因为财政投入不足的原因

财政支出作为政府分配的手段，不仅是维护政府职能的财政基础，也是市场经济条件下政府活动范围和内容的总体概括[1]。财政支出规模和结构是财政的两个重要方面，反映财政的投入情况。我国儿童福利财政投入不足可能表现在两个方面：一是财政投入总量少、财政支出比重小；二是财政投向偏位，财政支出结构不合理。

1. 是否因为儿童福利的财政支出比重小

儿童福利的财政支出比重可以用财政用于儿童的福利性支出占国内生产总值（GDP）的比重来表示；也可以用儿童福利性支出占财政支出的比重来表示。两者用公式表示如下：

$$w_1 = \frac{F_c}{GDP_i} \times 100\%$$

$$w_2 = \frac{F_c}{F_i} \times 100\%$$

其中，W_1 表示儿童福利支出占 GDP 的比重，表明儿童福利投入与经济发展水平的适应性，如果 W_1 很小，表明儿童福利支出与经济发展水平不相适应，慢于经济发展；相反，如果 W_1 很大，则表明儿童福利的财政投入快于经济发展水平。W_2 表示儿童福利投入占财政投入的比重，表明财政的投入倾向，如果 W_2 很小，说明国家不重视对儿童的福利投入；如果 W_2 很大，则表明相对于其他群体，国家更加重视对儿童的投入。F_c 表示儿童福利的财政投入。GDP_i 表示某一年的国内生产总值。F_i 表示某一年的财政支出。

自从 1947 年英国宣布建成福利国家以来，西方发达国家纷纷加大社会福利的财政投入，第二次世界大战以后，西方主要发达国家纷纷进入福利国家的行列。这一时期，发达国家社会福利支出占公共财政支出的比率较高，如 2002 年英国、瑞典、德国、日本、美国等 OECD 国家（经济合作发展组织）此项指标分别为 32.4%、35.4%、55.9%、44.0%、33.6%，均高于 30%[2]。2012 年，OECD 国家社会福利投入占 GDP 的比重平均在 20% 以上（见表 12.3）。

表 12.3　2005—2012 年 OECD 成员国社会福利性开支占 GDP 的比重

国家＼年份	2005	2006	2007	2008	2009	2010	2011	2012
澳大利亚	16.5	16.5	16.4	17.8	17.8	17.9	18.1	18.7
奥地利	27.1	26.8	26.3	26.8	29.1	28.8	27.9	28.3
比利时	26.5	26	26	27.3	29.7	29.5	29.6	30
加拿大	16.9	16.9	16.8	17.6	19.2	18.6	18.3	18.2
智利	10.1	9.3	9.4	9.6	11.3	9.8	9.5	..
捷克	18.7	18.3	18.1	18.1	20.7	20.8	20.9	20.6

---

[1] 李东瑞.对我国财政支出规模和结构的研究[D].石家庄：河北大学，2004：3.
[2] 戴建兵.构建与我国中等收入水平相适应的适度普惠型社会福利制度[J].华东经济管理，2012（8）：48-51.

国家\年份	2005	2006	2007	2008	2009	2010	2011	2012
丹麦	27.7	27.1	26.5	26.8	30.2	30.1	30	30.5
爱沙尼亚	13.1	12.7	12.7	15.8	20	20.1	18.8	18.4
芬兰	26.2	25.8	24.7	25.3	29.4	29.4	28.6	29
法国	30.1	29.8	29.7	29.8	32.1	32.2	32.1	32.1
德国	27.3	26.1	25.1	25.2	27.8	27.1	26.2	26.3
希腊	21.1	21.3	21.6	22.2	23.9	23.3	23.5	23.1
匈牙利	22.5	22.8	23	23.1	23.9	22.6	21.8	21.1
冰岛	16.3	15.9	15.3	15.8	18.5	18	17.8	16.4
爱尔兰	16	16.1	16.7	19.7	23.6	23.7	23.5	23.1
以色列	16.3	15.8	15.5	15.5	16	16	15.8	15.8
意大利	24.9	25	24.7	25.8	27.8	27.8	27.6	28.1
日本	18.5	18.4	18.7	19.9	22.4	..	..	..
韩国	6.5	7.4	7.6	8.3	9.4	9.2	9.2	9.3
卢森堡	22.8	21.8	20.3	20.8	23.6	23	22.5	23.3
墨西哥	6.9	7	6.9	7.4	8.2	8.1	7.7	..
荷兰	20.7	21.7	21.1	20.9	23.2	23.5	23.7	24.3
新西兰	18.1	18.9	18.6	19.8	21.2	21.2	21.5	22
挪威	21.6	20.3	20.5	19.8	23.3	23	22.6	22.1
波兰	21	20.8	19.7	20.3	21.5	21.8	20.7	20.4
葡萄牙	23	23	22.7	23.1	25.6	25.6	25.2	25
斯洛伐克	16.3	16	15.7	15.7	18.7	19	18	17.6
斯洛文尼亚	21.1	20.8	19.5	19.7	22.6	23.5	24	23.7
西班牙	21.1	21.1	21.3	22.9	26	26.5	26	26.3
瑞典	29.1	28.4	27.3	27.5	29.8	28.3	27.6	28.2
瑞士	20.2	19.2	18.5	18.4	..	20	20.2	20.3
土耳其	9.9	10	10.5	10.7	12.8	..	..	..
英国	20.5	20.3	20.4	21.8	24.1	23.7	23.9	23.9
美国	16	16.1	16.3	17	19.2	19.9	19.7	19.4
（OECD34国平均值）	19.7	19.5	19.2	19.9	22.1	22	21.7	21.7

数据来源：OECD Social Expenditure Database.www.oecd.org/els/social/expenditure

在儿童福利财政投入方面，按照 2009 年的标准，OECD 国家中儿童家庭福利支出约占国内生产总值（GDP）的比重平均为 2.6%，高于平均值的国家有爱尔兰（4.2%）、冰岛（4%）、卢森堡（4%）、丹麦（3.9%）、英国（4.2%）、瑞典（3.7%）、匈牙利（3.6%）、新西兰（3.5%）、芬兰（3.3%）、法国（4.0%）、挪威（3.3%）、奥地利（2.9%）、澳大利亚（2.8%）和比利时（3.4%）等国（见表12.4）。总的来看，OECD 国家儿童福利的财政投入都比较高，特别是奉行社会民主主义的国家，如丹麦、挪威、瑞典、芬兰等。

表 12.4　2009 年 OECD 国家儿童家庭福利支出占 GDP 的比重（%）

国家	现金补助	服务	税收优惠	合计
爱尔兰	3.26	0.82	0.15	4.24
英国	2.46	1.38	0.38	4.22
卢森堡	3.51	0.53	0.00	4.04
法国	1.44	1.76	0.78	3.98
冰岛	1.58	2.38	0.00	3.96
丹麦	1.63	2.27	0.00	3.90
瑞典	1.58	2.17	0.00	3.75
匈牙利	2.42	1.16	-	3.58
新西兰	2.47	1.08	0.02	3.56
比利时	1.77	1.04	0.64	3.45
挪威	1.42	1.79	0.13	3.34
芬兰	1.67	1.62	0.00	3.29
德国	1.16	0.89	1.01	3.07
奥地利	2.34	0.57	0.04	2.95
澳大利亚	1.94	0.84	0.05	2.83
爱沙尼亚	2.18	0.44	0.18	2.79
捷克	1.24	0.60	0.76	2.60
荷兰	0.78	0.93	0.77	2.48
斯洛伐克	1.57	0.44	0.41	2.43
以色列	1.09	1.11	0.16	2.37
斯洛文尼亚	0.76	0.53	0.80	2.10
西班牙	0.67	0.85	0.25	1.77
葡萄牙	1.03	0.47	0.20	1.71

国家	现金补助	服务	税收优惠	合计
意大利	0.78	0.80	0.00	1.58
加拿大	1.12	0.23	0.21	1.55
波兰	0.75	0.33	0.45	1.53
日本	0.51	0.45	0.53	1.48
智利	0.74	0.74	0.00	1.47
希腊	1.02	0.40	-	1.43
瑞士	0.94	0.33	0.14	1.41
美国	0.11	0.59	0.52	1.22
墨西哥	0.40	0.70	0.00	1.11
韩国	0.04	0.77	0.20	1.01
OECD 33 国平均值	1.41	0.94	0.28	2.61

注：这里记录的公共支出只关注专门为家庭的公共支出（例如儿童津贴支付、产假和育儿支出）。健康和住房支出记录在其他社会政策领域。记录在其他社会政策领域的健康和住房保障支出也协助家庭，但不完全，因此不包括在这里。

数据缺失的国家为土耳其。对家庭减税的数据不包含希腊和匈牙利。

数据来源：Social Expenditure Database (www.oecd.org/els/social/expenditure), Novermber 2012。

表 12.5 显示了我国改革开放以来社会保障支出占 GDP 和财政总支出的比重。按照狭义的社会保障（口径一），我国历年社会福利支出占财政总支出的比重小于 12%（2012 年为 12%），与 OECD 国家相比，社会福利的财政投入比重小。从概念上讲，西方国家关于社会福利的支出其中包括社会保险的费用，因此，运用口径二再次考察我国的社会福利支出，平均在 17%~22% 之间，与 OECD 等国家相比仍然显得不足。而如果运用口径三，则包括了教育和公共卫生在内，扩大了社会保障的统计口径，不能进行比较。因此，可以看出，我国社会保障的财政投入长期不足，影响到我国人民的社会福利。

表 12.5 1978－2009 年中国社会保障支出占 GDP、财政总支出的比重

年份	口径一（亿元）	口径二（亿元）	口径三（亿元）	占财政总支出的比重（%）			占 GDP 的比重（%）		
				口径一	口径二	口径三	口径一	口径二	口径三
1978	18.91	—	129.4	1.65	—	11.53	0.52	—	3.55
1986	35.58	—	432.53	1.61	—	19.62	0.35	—	4.21
1992	66.45	—	916.77	1.78	—	24.5	0.25	—	3.41
1994	95.14	—	1456.2	1.64	—	25.14	0.2	—	3.02
1996	128.03	—	2005.35	1.61	—	25.26	0.18	—	2.82
1998	595.63	2210.98	4527.34	5.52	17.81	36.47	0.71	2.62	5.36

年份	口径一（亿元）	口径二（亿元）	口径三（亿元）	占财政总支出的比重（%）			占 GDP 的比重（%）		
				口径一	口径二	口径三	口径一	口径二	口径三
2000	1517.57	3604.52	6493.56	9.55	20.05	36.13	1.53	3.63	6.54
2002	2636.22	5590.43	9604.93	11.95	22.36	38.41	2.19	4.65	7.98
2004	3116.08	7223.71	12368.39	10.94	22.16	37.95	1.95	4.52	7.74
2006	4361.78	9950.23	16898.14	10.79	21.63	36.73	2.06	5.18	7.97
2008	6804.29	15098.51	26865.76	10.87	21.3	37.9	2.26	5.02	8.94
2009	7606.68	18132.95	32564.68	9.97	20.88	37.51	2.23	5.33	9.56

注：口径一：狭义的社会保障支出（抚恤和社会福利、救济支出、行政事业单位离退休费、社会保障补助支出）；口径二：狭义的社会保障支出+除去财政补助之外的社会保险基金支出；口径三：狭义的社会保障支出+除去财政补助之外的社会保险基金支出+教育支出+公共卫生支出。

资料来源：王延中，龙玉其.改革开放以来中国政府社会保障支出分析[J].财贸经济，2011（1）：13-20.

结合上文测算的 2012 年中国儿童福利支出占 GDP 和财政支出比重的数据，其中儿童福利支出占 GDP 的比重为 0.18%~0.20%；占公共财政支出的比重为 0.73%~0.81%。可见，财政用于儿童福利支出的比重严重不足，证明我国补缺型儿童福利制度受到财政投入的影响。

2. 是否因为财政支出结构不合理的原因

从支出结构上看，西方发达国家如 OECD 用于儿童福利的支出主要包括生活方面的现金支出（如用于发放家庭津贴）、用于儿童保育方面的服务性支出、用于教育的支出。如 0-5 岁组儿童主要是现金和服务方面的福利支出，教育方面的福利支出则很少；相反，6-11 岁组和 12-17 岁组则主要是教育方面的福利性支出，而现金和服务方面的支出则相对少一些（见表 12.6）。

表 12.6　2003 和 2007 年 OECD 国家分年龄段儿童人均家庭福利支出和教育支出比率（%）

年龄段	年份	现金补助和税收优惠	儿童保育	其他现金类支出	教育
0-5 岁	2003	11.6	10.2	1.9	0.5
	2007	12.6	10.3	1.8	0.6
6-11 岁	2003	6.4	1.8	1.8	25.8
	2007	6.6	1.5	1.7	25.8
12-17 岁	2003	6.4	0.04	1.7	31.8
	2007	6.3	0.1	1.6	31.2

数据来源：OECD Social Expenditure Database and OECD Education database

表 12.6 显示，2003 年，OECD 国家 0-5 岁组儿童人均现金和服务性福利支出占 23.7%，而人均教育类福利支出才 0.5%；6-11 岁组和 12-17 岁组人均现金和服务性福利支出 2003 年分别为 10% 和 8.14%；而教育方面的支出提高到了 25.8% 和 31.8%。2007 年的结构也大致相同（见图 12.2）。

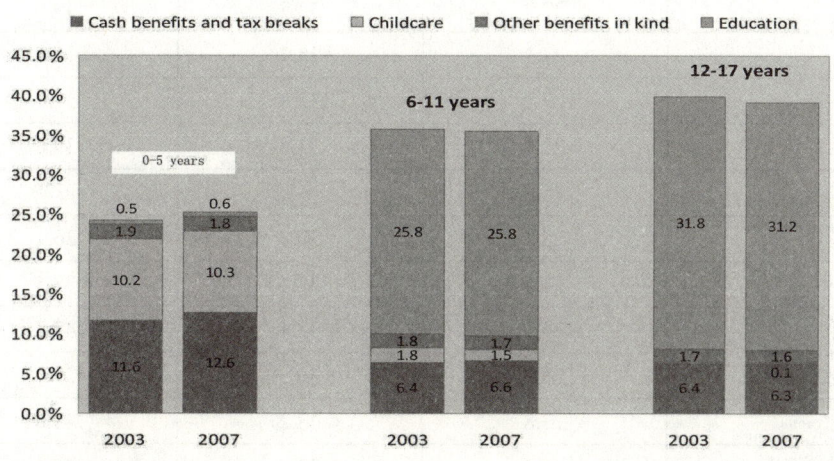

注：该指标使用年龄分布支出法计算"让家庭更美好"（OECD，2011）。2003 年数据缺失的国家为智利、爱沙尼亚、以色列和斯洛文尼亚；2003 和 2007 数据都缺失的国家为加拿大和土耳其。

数据来源：OECD Social Expenditure Database and OECD Education database

图 12.2　2003 和 2007 年 OECD 国家分年龄段儿童人均家庭福利支出和教育支出的比率

OECD 不同国家虽然在儿童不同阶段（儿童早期阶段、中期阶段和晚期阶段）的财政投入各不相同，但一个总的规律却相同，即：儿童中期阶段和晚期阶段的福利支出要大于早期阶段的福利支出（见表 12.7）。也就是说，随着儿童年龄的增长，儿童对各项福利（生存性福利和发展性福利）的需求也在增长。

表 12.7　2007 年 OECD 国家不同年龄段儿童财政投入的比率（%）

年龄段	儿童早期	儿童中期	儿童晚期
捷克	37.2	25.9	37.0
冰岛	36.2	33.9	29.9
匈牙利	32.1	34.3	33.6
斯洛伐克	30.9	35.0	34.1
澳大利亚	30.1	33.1	36.8
芬兰	30.0	29.7	40.3
法国	29.7	31.0	39.3

年龄段	儿童早期	儿童中期	儿童晚期
英国	29.7	34.5	35.8
瑞典	28.9	34.7	36.4
挪威	28.7	33.4	37.8
爱沙尼亚	27.9	32.5	39.6
丹麦	27.9	35.7	36.4
德国	27.2	33.8	38.9
新西兰	27.0	33.4	39.6
斯洛文尼亚	25.9	37	37
卢森堡	25.3	37.8	36.9
意大利	24.4	37.1	38.5
西班牙	24.3	33.4	42.3
奥地利	24.2	36.5	39.3
荷兰	23.8	33.2	43.0
比利时	22.4	32.2	45.4
希腊	20.4	35.9	43.7
以色列	19.7	40.4	39.9
墨西哥	18.9	44.9	36.2
爱尔兰	18.5	36.1	45.4
智利	18.2	47.7	34.1
葡萄牙	17.8	36.4	45.8
波兰	15.9	42.1	42.0
韩国	15.8	37.6	46.7
日本	14.1	43.2	42.7
美国	12.7	42.7	44.5
瑞士	11.6	41.9	46.5

注：加拿大和土耳其的数据缺失

数据来源：OECD Social Expenditure Database and OECD Education database.

在儿童早期阶段（0-5岁），现金补助和税收优惠以及儿童保育在儿童人均社会福利性支出中又最为重要，相对于教育支出，其所占比重也最大。从表11.8可以看出，2007年，OECD国家中现金补助和税收优惠以及儿童保育的投入占工作年龄段平均收入的比重远远超出教育支出所占比重，其中许多国家教育支出比重为0，说明OECD国家非常重视低龄段儿童生存性福利的投入。

表 12.8　2007 年 OECD 国家儿童早期阶段（0—5 岁）
人均社会福利支出占工作年龄段平均收入的比重（%）

年龄段	0—5 岁				
	现金补助和税收优惠	儿童保育	其他类型补助	教育	合计
匈牙利	43.0	19.1	5.4	0.0	67.4
捷克	37.1	9.0	1.7	0.0	47.8
法国	15.1	25.6	3.3	0.1	44.1
瑞典	14.8	25.7	3.5	0.0	43.9
卢森堡	32.1	9.0	1.2	0.2	42.5
丹麦	16.9	19.0	6.5	0.0	42.4
冰岛	14.7	23.5	2.9	0.0	41.1
挪威	19.6	17.7	3.7	0.0	41.0
斯洛伐克	27.9	9.6	0.8	0.0	38.2
英国	16.8	13.1	2.0	6.1	38.0
芬兰	15.3	19.1	3.4	0.0	37.7
澳大利亚	22.6	8.2	2.0	3.6	36.4
爱沙尼亚	28.2	6.5	0.7	0.0	35.4
德国	20.3	10.8	2.7	0.0	33.8
比利时	15.2	14.3	2.4	0.1	32.0
奥地利	13.9	16.8	1.1	0.0	31.8
荷兰	9.5	15.5	4.8	0.0	29.8
斯洛文尼亚	16.2	11.9	0.2	0.0	28.3
西班牙	9.3	16.0	2.4	0.0	27.7
意大利	8.0	16.6	1.1	0.6	26.2
新西兰	7.8	13.0	0.2	3.5	24.6
葡萄牙	10.5	10.0	0.8	0.2	21.5
爱尔兰	11.8	0.1	2.0	6.6	20.4
希腊	7.3	9.3	2.6	0.0	19.2
波兰	12.5	5.1	0.0	0.0	17.5
以色列	5.7	10.9	0.8	0.0	17.4
墨西哥	2.5	13.3	0.3	0.7	16.8
日本	8.0	2.6	2.7	0.0	13.2
瑞士	7.0	2.4	1.4	0.1	10.9

年龄段	0—5 岁				
	现金补助和税收优惠	儿童保育	其他类型补助	教育	合计
美国	4.1	5.2	1.2	0.4	10.9
智利	3.2	7.5	0.0	0.0	10.7
韩国	1.2	4.4	4.0	0.0	9.6

注：加拿大和土耳其数据缺失

数据来源：OECD Social Expenditure Database and OECD Education database

从表 12.9 可以看出，我国社会保障中用于救济（救助）方面的支出比重很小，不足财政支出的 2%。从儿童福利的角度来看，主要是用于孤儿、流浪儿童和贫困儿童的生活救助。由于标准低，因而救助支出非常有限。教育方面的支出相对较高，其原因是教育属于公共福利，针对全体儿童，因而福利的总量相对较大。医疗卫生等的支出比重相对不高，占财政支出的比重不足 6%。从儿童福利的角度看，我国儿童早期阶段的投入严重不足，如胎儿、新生儿、婴幼儿等的健康保障方面投入不足。因此，总的来看，我国儿童福利投入结构也不合理，用于儿童生活方面的支出和服务方面的支出所占比率小，特别是儿童生存性福利投入严重不足。

表 12.9 1978－2009 年中国社会保障支出结构

年份	教育支出		医疗卫生支出		抚恤社会福利救济支出		行政事业单位离退休费		社会保障补助支出	
	绝对值（亿元）	比重（%）	绝对值（亿元）	比重（%）	绝对值（亿元）	比重（%）	绝对值（亿元）	比重（%）	绝对值（亿元）	比重（%）
1978	75.05	6.69	35.44	3.16	18.91	1.69	—	—	—	—
1982	137.61	11.19	68.99	5.61	21.43	1.74	—	—	—	—
1986	274.72	12.46	122.23	5.54	35.58	1.61	—	—	—	—
1990	462.45	15	187.28	6.07	55.04	1.78	—	—	—	—
1994	1018.8	17.59	342.28	5.91	95.14	1.64	—	—	—	—
1998	1726.3	15.99	590.06	5.46	171.26	1.59	274.36	2.54	150.01	1.39
2000	2179.5	13.72	709.52	4.47	213.03	1.34	478.57	3.01	825.97	5.2
2002	3106	14.08	908.51	4.12	372.97	1.69	788.84	3.58	1474.4	6.69
2004	3851.1	13.52	1293.6	4.54	563.46	1.98	1028.1	3.61	1524.5	5.35
2006	5169.1	12.79	1778.9	4.4	907.68	2.25	1330.2	3.29	2123.9	5.25
2008	9010.2	14.39	2757	4.4	1041.9	1.66	1812.5	2.9	2484.7	3.97
2009	10438	13.68	3994.2	5.23	976.83	1.28	2093	2.74	2757.5	3.61

资料来源：王延中，龙玉其. 改革开放以来中国政府社会保障支出分析[J].财贸经济，2011（1）：13-20.

综上所述，中国儿童福利制度的发展受到财政投入的影响。由于我国长期财政投入水平低，用于儿童福利的投入总规模小、投向结构不合理，致使我国儿童福利制度长期处于补缺状态。

（三）中国补缺型儿童福利制度是否因为政策的原因

衡量一个国家的儿童福利状况，很大程度上取决于这个国家的儿童福利政策。我国长期实行补缺的儿童福利制度，是否与我国的儿童福利政策有关？探讨这一问题需要对与我国儿童福利相关的法律法规进行系统梳理。

通过回顾我国补缺型儿童福利制度发展历程，我们注意到我国制定了大量与儿童权利、儿童福利有关的法律政策。但这些法规呈现以下特点：第一，大量与儿童权利、儿童福利有关的法律规范都是综合性法规，儿童福利的专项法规较少；第二，涉及儿童福利的专项法规中，基本上以特殊儿童为对象，为所有儿童建立的福利法规少；第三，与国际相比，我国儿童福利方面的法规政策，主要针对儿童本人，针对儿童家庭的福利政策缺乏；第四，与我国儿童福利相关的法律规范，主要以救助为主，缺乏福利性法规。我国与儿童权利、福利有关的法规、政策具体见表 12.10。因此，可以推导出我国实施补缺型儿童福利制度与我国长期的儿童政策紧密相关。

表12.10 我国与儿童权利、儿童福利有关的法律法规、政策

法律法规、政策名称	类别	适用对象	内容
中华人民共和国婚姻法	综合性法律		
中华人民共和国义务教育法	综合性法律		福利
中华人民共和国残疾人保障法	综合性法律		救助
中华人民共和国妇女权益保障法	综合性法律		
中华人民共和国母婴保健法	综合性法律		
中华人民共和国未成年人保护法	综合性法律	所有儿童	
中华人民共和国预防未成年人犯罪法	综合性法律	所有儿童	
中华人民共和国收养法	专项法律	特殊儿童	救助
九十年代中国儿童发展规划纲要	综合性政策		
中国儿童发展纲要（2001—2010年）	综合性政策		
中国儿童发展纲要（2011—2020年）	综合性政策		
残疾人教育条例	综合性政策	特殊儿童	
托儿所、幼儿园卫生保健管理办法	综合性政策		
公安机关办理未成年人违法犯罪案件的规定	综合性政策		

法律法规、政策名称	类别	适用对象	内容
流动儿童少年就学暂行办法	专项政策	特殊儿童	救助
中国公民收养子女登记办法	综合性政策	特殊儿童	
社会福利机构管理暂行办法	综合性法规	特殊儿童	
城市居民最低生活保障条例	综合性法规		救助
国务院关于在全国建立农村最低生活保障制度通知	综合性法规		救助
关于加强孤儿保障工作的意见	专项政策	特殊儿童	福利
城市生活无着落的流浪乞讨人员救助管理办法	综合性法规	特殊儿童	救助

（四）中国补缺型儿童福利制度是否因为人们思想认识的原因

文献研究得到的结论认为，中国实施补缺型儿童福利制度还与人们的思想认识有关，特别是研究者、决策者对儿童福利的认识。

通过查询知网（CNKI），选择以"儿童福利"为主题的关键词进行搜索，共找到理论文章2821篇。从图12.3可以看出，从1956年到2005年，在长达五十年的时间里，每年有关儿童福利的研究文章不到100篇。其中从1956年到1992年，基本上每年都是个位数，有关儿童福利的理论研究严重不足。而从2006年开始，我国有关儿童福利的研究加速发展，文章总数从2006年的128篇增加到2013年的522篇。因此，从数据分析的角度，我国实施补缺型的儿童福利制度与理论研究长期不足有明显的相关性。

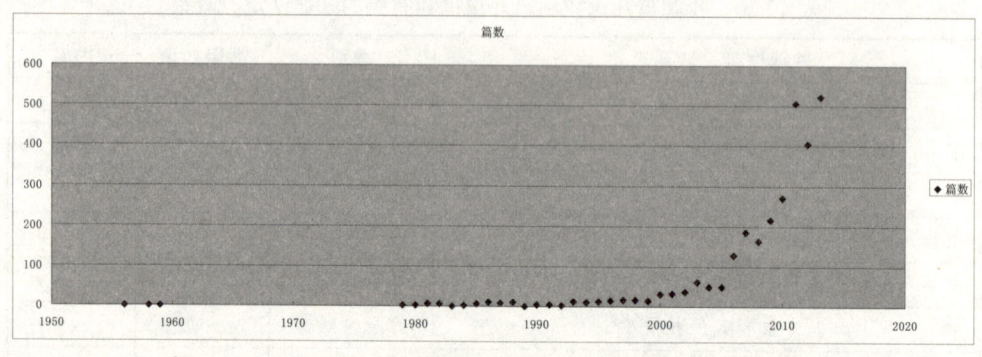

图12.3 1956-2013年有关"儿童福利"的理论研究文章数量

第三节 实证分析

通过建立假设和理论推导，我们可以得到：中国补缺型儿童福利制度受到我国经济发展水平、财政投入状况、国家的儿童福利政策、人们的思想认识等因素的影响。但是这些因素中，哪些因素更重要、更直接，因素之间是否存在协同共变，还需要进一步做实证分析。

一、变量的选取与数据的获得

在这一组关系变量中,很显然,补缺型儿童福利制度是因变量,而经济发展水平、财政投入、国家儿童福利政策、人们的思想认识这四个因素是自变量。但就变量本身来说,都是定性的范畴,必须进行相应刻画,变成定量的范畴,才能进行实证分析。

(一)因变量的设定

补缺型儿童福利制度更直接地反映在国家对儿童福利的财政投入上。因此,若要对补缺型儿童福利制度进行刻画,则只需确定历年国家对儿童福利的财政投入即可。然而,由于儿童福利没有专门的预算科目,有关儿童福利投入的数据也散落在各个不同的部门,因此无法获得相应数据。由于儿童福利属于社会保障的一个有机组成部分,而且儿童福利的财政投入与我国社会保障的财政投入之间存在显著正相关关系。因此,可以利用历年社会保障投入的数据替代儿童福利数据进行变量之间的相关和回归分析。而我国社会保障的数据可以通过对《中国统计年鉴》进行整理而获得。

(二)自变量的设定

1. 经济发展水平。反映经济发展水平的指标主要有 GDP 和人均 GDP。这里只需要选择 GDP 即可。

2. 财政投入。

3. 国家的儿童福利政策。这里主要统计各年度国家通过的有关儿童福利方面的政策法规的件数。

4. 人们的思想认识。这里主要关注关于儿童福利理论研究的数量。

(三)数据的获得

儿童福利方面的数据(用社会保障数据代替)、经济发展水平数据和财政数据,来源于历年的《中国统计年鉴》;有关儿童福利方面的政策法规的件数通过查询政策文件库自编而成;有关儿童福利理论研究的论文数量通过查询知网获得。

由于政策法规、论文数量等变量在 1952—1977 年之间难以查到或缺失,因此数据统计时间统一定为 1978—2012 年。

二、相关和回归分析

(一)相关关系分析

将经整理后的数据输入系统,运用 SPSS17.0 进行列联相关分析。从表 12.11 可以看出,儿童福利支出与 GDP、财政支出、儿童福利政策、儿童福利理论研究数量之间高度相关,其相关系数分别为 0.986、0.951、0.843、0.943。可见,我国补缺型儿童福利制度受到经济发展水平、财政投入、国家儿童福利政策以及人们思想认识等方面的影响。

表 12.11 儿童福利支出与 GDP、财政支出、政策数量、论文数量相关关系分析

		儿童福利支出	GDP	财政支出	儿童福利相关政策数量	儿童福利论文篇数
儿童福利支出	Pearson 相关性	1	.986**	.951**	.843**	.943**
	显著性（双侧）		.000	.000	.000	.000
	N	34	34	34	34	34
GDP	Pearson 相关性	.986**	1	.988**	.902**	.927**
	显著性（双侧）	.000		.000	.000	.000
	N	34	34	34	34	34
财政支出	Pearson 相关性	.951**	.988**	1	.947**	.882**
	显著性（双侧）	.000	.000		.000	.000
	N	34	34	34	34	34
儿童福利相关政策数量	Pearson 相关性	.843**	.902**	.947**	1	.731**
	显著性（双侧）	.000	.000	.000		.000
	N	34	34	34	34	34
儿童福利论文篇数	Pearson 相关性	.943**	.927**	.882**	.731**	1
	显著性（双侧）	.000	.000	.000	.000	
	N	34	34	34	34	34

**在.01水平（双侧）上显著相关。

注：儿童福利支出数据用社会保障数据代替。

（二）回归分析

回归（Regression）这个词，被研究者视为研究变量间因果或预测关系的重要同义词[1]。可见，回归分析具有两大职能：解释的职能和预测的职能。解释的职能在于分析自变量在多大程度上解释了因变量，而预测的职能在于通过回归建立一个最佳预测方程，以显示哪些因素对因变量最具影响力。本书的目的在于寻求因果变量之间的预测职能。

1. 预测变量的确定

在预测型回归分析中，采用逐步回归方法，计算机将自动选取相关度最高的独立变量首先进入模型。从表 12.12 可以看出，第一个以最佳独立变量角色进入模型的是 GDP。GDP 可以独立解释因变量 97.2%的变异量（F（1,32）=1099.453，p=.000）。以调整后的 R^2 来表示，仍有 97.1%的解释力。第二个被选入的独立变量是财政支出，该变量可以单

---

[1] 邱皓政.量化研究与统计分析——SPSS中文视窗版数据分析范例解析[M]重庆：重庆大学出版社，2009:247

独解释因变量 2% 的变异量，F 改变量为 79.325，（p=.000），符合被选入的标准。

表 12.12 模型汇总

模型	R	R 方	调整 R 方	估计的标准误	更改统计量				
					R 方更改	F 更改	df1	df2	Sig. F 更改
1	.986[a]	.972	.971	507.1472	.972	1099.453	1	32	.000
2	.996[b]	.992	.992	273.1315	.020	79.325	1	31	.000

a. 预测变量：(常量), GDP。

b. 预测变量：(常量), GDP, 财政支出。

注：儿童福利支出数据用社会保障数据代替。

因此，模型 2 共有 2 个变量，分别是 GDP 和财政支出，总计可以解释 99.2% 的变异量，调整后的解释力仍为 99.2%，根据 F 检验结果，此一解释力具有统计意义（F(2,31)=1934.933，P=.000），如表 12.13 所示。

表 12.13 变异数分析

变异数分析[c]					
模型		平方和	df	均方	F	Sig.
1	回归	2.828E8	1	2.828E8	1099.453	.000[a]
	残差	8230344.572	32	257198.268		
	总计	2.910E8	33			
2	回归	2.887E8	2	1.443E8	1934.933	.000[b]
	残差	2312624.831	31	74600.801		
	总计	2.910E8	33			

a. 预测变量：(常量), GDP。

b. 预测变量：(常量), GDP, 财政支出。

c. 因变量：儿童福利支出

注：儿童福利支出数据用社会保障数据代替。

模型显著性整体检验：模型 1 的 R^2(.972)，F 检验值 1099.453，模型 2 的 R^2(.992)，F 检验值 1934.933，均达显著，表示回归分析效果具有统计意义。因此，可以用来预测未来儿童福利财政投入的因素主要是 GDP 和财政支出。

表 12.14　模型系数

模型		非标准化系数		标准系数	t	Sig.	相关性			共线性统计量	
		B	标准误差	试用版			零阶	偏	部分	容忍值	VIF
1	（常量）	-541.270	112.734		-4.801	.000					
	GDP	.023	.001	.986	33.158	.000	.986	.986	.986	1.000	1.000
2	（常量）	176.271	100.880		1.747	.090					
	GDP	.045	.002	1.883	18.458	.000	.986	.957	.296	.025	40.608
	财政支出	-.218	.025	-.909	-8.906	.000	.951	-.848	-.143	.025	40.608

a. 因变量：儿童福利支出

注：儿童福利支出数据用社会保障数据代替。

根据表 12.14 提供的自变量系数 B 值，据此建立预测方程。方程式如下：

$$Y = .045 X_{GDP} - .218 X_{财政支出} + 176.271$$

2. 排除变量的确定

共线性问题在多元回归分析中表现异常活跃。容忍值（Tolerance）和变异数膨胀因素（VIF）通常是评价共线性的两个重要指标。公式为：

$$Tolerance = 1 - R_i^2$$

$$VIF = 1/Tolerance = 1/(1 - R_i^2)$$

其中 R_i^2 表示某一变量被其他变量当做因变量来预测时，该解释变量可以被解释的力度。$1 - R_i^2$ 则表示为该解释变量不能被其他变量解释的残差比。容忍值越小，代表解释变量不能被解释的残差比越低；VIF 越大，即解释变量回归系数的变异数增加，共线性越明显[1]。变量的容忍值越小，VIF 越大，则共线性越显著，变量越易被排除。

除了个别解释变量的共线性诊断以外，还可以通过整体回归模型进行共线性诊断。特征值（eigenvalue；λ）和条件索引（conditional index；CI）通常是判断整体共线性的两个重要指标。最大特征值除以特定特征值，然后开根号，就是条件索引，公式为：

$$CI_i = \sqrt{\frac{\lambda_{max}}{\lambda_i}}$$

特征值越大，解释效果越好；特征值越小，解释变量之间的共线性越明显；当特征值为 0 时，表示解释变量之间具有完全线性相依性（linear dependencies）。CI 值越大，共线性越明显，变量被排除的可能越大。在整体回归分析中，最后一个线性整合的 CI

---

[1] 邱皓政.量化研究与统计分析——SPSS 中文视窗版数据分析范例解析[M]重庆：重庆大学出版社，2009:261

值，反映了整个回归模型受到共线性影响的严重程度[1]。

分析表 12.15，共线性诊断显示，模型 2 中，单个解释变量"儿童福利相关政策数量"和"儿童福利论文篇数"的容忍值都较小，而 VIF 值都偏大，共线性明显，因此变量被排除。

表 12.15 被排除的变量

已排除的变量[c]

模型		Beta In	t	Sig.	偏相关	共线性统计量		
						容忍值	VIF	最小容忍值
1	财政支出	-.909[a]	-8.906	.000	-.848	.025	40.608	.025
	儿童福利相关政策数量	-.244[a]	-4.482	.000	-.627	.187	5.344	.187
	儿童福利论文篇数	.210[a]	2.938	.006	.467	.140	7.139	.140
2	儿童福利相关政策数量	.095[b]	1.458	.155	.257	.058	17.118	.008
	儿童福利论文篇数	-.010[b]	-.191	.850	-.035	.095	10.545	.011

a. 模型中的预测变量：(常量)，GDP。
b. 模型中的预测变量：(常量)，GDP，财政支出。
c. 因变量：儿童福利支出

再从整体回归模型的共线性诊断进行分析（见表 12.16），模型 2 中，最后一个线性整合的 CI 值，即维数 3 的特征值较小，而条件索引值较大，方差比例高，变量间高度共线性。因此，受共线性影响，"儿童福利相关政策数量"和"儿童福利论文篇数"两个变量被排除掉。

表 12.17 整体回归模型的共线性诊断结果

共线性诊断[a]

模型	维数	特征值	条件索引	方差比例		
				(常量)	GDP	财政支出
1	1	1.636	1.000	.18	.18	
	2	.364	2.121	.82	.82	
2	1	2.580	1.000	.02	.00	.00
	2	.414	2.498	.37	.01	.00
	3	.006	20.216	.61	.99	1.00

a. 因变量：儿童福利支出

---

[1] Belsley, D. A. Conditioning diagnostics : Collinearity and weak data in regression[M]. New York: John Wiley，1991：233.

三、结论

通过文献回顾、理论推导、实证分析,可以得到如下结论:

第一,中国实施补缺型儿童福利制度受到经济发展水平、财政投入、儿童福利政策、人们的思想认识等因素的影响,其相关系数分别为 0.986、0.951、0.843、0.943。

第二,由于受到共线性的影响,儿童福利政策、人们的思想认识等因素虽然具有解释因变量的功能,但是不能作为预测因素被排除掉。最后,最具预测效应的因素是经济发展水平和财政支出。预测方程为 $Y=.045X_{GDP} - .218X_{财政支出} + 176.271$。

第三,从根本上说,我国补缺型儿童福利制度是经济发展水平和财政投入共同作用的结果。这一作用机制影响了人们的思想认识和政府的政策决策,也影响了我国儿童福利制度的选择[1]。

---

[1] 戴建兵.构建与我国中等收入水平相适应的适度普惠型社会福利制度[J].华东经济管理,2012(8):48-51.

第三篇

我国适度普惠型儿童福利体系建构与保障机制

第十三章 我国适度普惠型儿童福利内容体系建设

第一节 不同发展阶段儿童福利政策体系构建

根据前文分析，本章运用马斯洛需要理论和儿童生命周期理论为指导，借鉴国外经验，结合我国实际经济发展水平、社会发展战略和国家定位，设计2014年到2050年期间的儿童福利政策。其中，根据我国重要的经济社会建设节点，将这一时期划分为三个阶段。分别构建2014年到2020年期间建议实施的儿童福利政策、2021年到2030年期间建议实施的儿童福利政策和2031年到2050年期间建议实施的儿童福利政策[1]。

一、2014年到2020年期间建议实施的儿童福利政策

2014年到2020年期间，主要是针对特殊困境儿童的收入保障计划和普通儿童的服务计划，建议实施的儿童福利政策如表13.1所示：

表13.1　2014—2020年针对特殊困境儿童的收入保障建议计划

序号	项目	给付时间段	对象	内容
1	新生儿津贴计划	怀孕3个月到出生12个月	父母一方重度残疾或重病、低收入儿童（儿童平均收入低于低保线200%）、父母一方犯罪被关押、父母一方丧失劳动能力、死亡、长期离家出走；父母一方失业；父母离异未再婚；未婚妈妈怀孕生产	对低收入儿童进行贫困评估，其他情况的儿童不需要评估，只要事实存在。直接由政府提供银行存折，进行现金给付。或者提供奶粉等婴幼儿所需实物
2	婴幼儿营养补助计划	出生第13个月开始到出生3周岁（第36个月）	父母一方重度残疾或重病、低收入儿童（低保线200%）、父母一方犯罪被关押、父母一方丧失劳动能力、死亡、长期离家出走；父母一方失业；父母离异未再婚；未婚妈妈的孩子	对低收入儿童进行贫困评估，其他情况的儿童不需要评估，只要事实存在。直接由政府提供银行存折，进行现金给付。或者提供奶粉等婴幼儿所需实物

---

[1] 戴建兵.我国适度普惠型儿童社会福利制度建设研究[D].上海：华东师范大学，2015.

序号	项目	给付时间段	对象	内容
3	学龄前营养补助计划	出生3周岁（第37个月）开始到6周岁（70个月）	父母一方重度残疾或重病、低收入儿童（低保线200%）、父母一方犯罪被关押、父母一方丧失劳动能力、死亡、长期离家出走；父母一方失业；父母离异未再婚；未婚妈妈的孩子	对低收入儿童进行贫困评估，其他情况的儿童不需要评估，只要事实存在。直接由政府提供银行存折，进行现金给付。或者提供所需实物
4	儿童津贴计划	6周岁（第71个月）到18周岁	父母一方重度残疾或重病、低收入儿童（低保线200%）、父母一方犯罪被关押、父母一方丧失劳动能力、死亡、长期离家出走；父母一方失业；父母离异未再婚；未婚妈妈的孩子	为儿童提供生活费用津贴，根据儿童中儿童的数量、儿童中父母的收入、儿童的年龄、儿童是否残疾等因素来综合衡量
5	儿童寄养津贴计划	0-18周岁	被寄养儿童	为被寄养儿童提供儿童寄养津贴
6	残疾儿童生活补助	0-18周岁。全日制学生可以延长领取到22周岁	残疾儿童	为残疾儿童提供的福利补助。按自理能力程度分不同等级，纳入重度、中度和轻度残疾儿童
7	在校免费中餐补助计划	幼儿园3-6岁、义务教育阶段和高中阶段（含中职）	父母一方重度残疾或重病、低收入儿童（低保线200%）、父母一方犯罪被关押、父母一方丧失劳动能力、死亡、长期离家出走；父母一方失业；父母离异未再婚；未婚妈妈的孩子	可以采用食品券方式，每学期初由学校将伙食费打入学生饭卡中。不实行饭卡的学校实行食品券方式，期末由学校和有关部门结算
8	康复津贴	康复训练阶段	需要康复训练的残疾儿童、残疾成年人、大重病儿童	按照康复需要给予
9	残疾儿童辅助器具补助	需要辅助器具期间	需要辅助器具的残疾儿童	轮椅、助听器和其他辅助器具补助或免费
10	孤儿生活津贴	孤儿	集中供养孤儿和散居孤儿	国家规定的津贴
11	住房津贴	成年孤儿	成年的集中供养孤儿和散居孤儿	廉租房实物或货币补贴
12	就业津贴	成年孤儿和残疾儿童求职前	成年孤儿和残疾儿童具有就业能力，进行就业技能培训，给予补贴	

序号	项目	给付时间段	对象	内容
13	孕产妇产前、产后检查补贴计划	怀孕3个月到出生后半年	父母一方重度残疾或重病、低收入儿童（儿童平均收入低于低保线200%）、父母一方犯罪被关押、父母一方丧失劳动能力、死亡、长期离家走失；父母一方失业；父母离异未再婚；未婚妈妈怀孕生产	补助检查费用
14	社保缴费补贴计划	养老保险缴纳，医疗保险缴纳	重度残疾儿童、极度贫困的儿童	由政府补助他们缴费，加入养老保险计划、医疗保险计划等
15	儿童计划外免疫接种计划	儿童接种免疫阶段	所有儿童	实行儿童计划外免费免疫接种计划，扩大儿童免费接种的项目范围
16	雇佣保姆津贴	0-3岁儿童	父母均工作且孩子3岁以下的特殊困难儿童	符合条件可以领取雇佣保姆津贴
17	食品券计划	0-18岁儿童	贫困儿童的孩子	食品券只授予真正贫困的儿童，或特殊困难儿童
18	"学校早餐计划"	幼儿园或在校儿童	特殊困境儿童和困境儿童儿童	贫困儿童或特殊困难儿童儿童，可以享受免费或低价的早餐
19	住宿补贴	在学校住宿阶段	特殊困境儿童和困境儿童儿童	政府提供免费住宿或补贴
20	暑期食品服务计划	每年暑假	有需要的儿童	为暑假期间无法满足食物需求的儿童提供暑期食品。困境儿童免费，普通儿童收费
21	妇女、婴儿和儿童特别补充食品计划	婴儿、5岁以下幼儿、孕妇和哺乳期妇女	贫困孕产妇及其婴幼儿	预防性的健康计划，提供营养食品。资助儿童收入低于贫困线200%的人群
22	公立幼儿园补助	幼儿园阶段	普通儿童	公立幼儿园大量的财政补助来降低儿童在幼儿园的费用和支出。
23	教育券	求学阶段	贫困儿童的儿童	为贫困儿童的子女选择公立或私立学校提供教育券，学生可以用这些教育券购买教育

序号	项目	给付时间段	对象	内容
24	教育津贴	学龄前一年、义务教育和高中一年级（含中职）	所有儿童	免费学龄前教育和小学、中学教育
25	文具补贴	幼儿园、中小学教育期间	困境儿童	在接受幼儿园、中小学教育期间，儿童享受免费的文具等。
26	亲属护理慰劳金	需要护理期间	需要护理的儿童	对亲属提供护理的儿童，发放慰劳金
27	残疾青年补助金	年龄在21岁以下寻找工作	残疾儿童	发放残疾青年补助金
28	交通补助、护理人补助或护理人津贴	所有需要的时段	伤残者、伤残儿童的父母或监护人	为伤残儿童提供交通补助、为伤残儿童的父母或监护人提供护理人补助或护理人津贴。
29	医疗补助金	有需要的时段	所有残疾儿童	直接向医疗康复机构发放
30	生活补助金	有需要的时段	所有残疾儿童	每月向残疾人发放补助金
31	特别福利津贴	有需要的时段	不同程度的重度残疾儿童	给予不同数额的特别福利津贴

除收入保障外，我国还可以设计儿童福利服务政策。在2014年到2020年期间，服务政策主要面向特殊困境儿童。当然，一些普及性的服务政策，例如优惠政策等，可以面向普通儿童。建议服务政策如表13.2所示：

表13.2 2014—2020年儿童福利服务建议政策

序号	项目	对象	内容
1	医疗援助计划	贫困儿童的儿童	设立医疗援助计划，对于贫困儿童，提供医疗援助
2	儿童保护服务	普通儿童	对遭受虐待的儿童提供紧急服务的措施。安排寄养儿童
3	未婚妈妈及其儿童服务	所有未婚妈妈	将未婚妈妈安置于未婚妈妈之家，并照顾其所生的子女
4	儿童照料	所有需照看的儿童	如果儿童需要人照看，地方政府派专门的服务员提供儿童照料服务
5	儿童心理健康服务	所有儿童	政府设置儿童和青少年心理健康服务中心，为青少年儿童提供心理咨询和各种帮助

序号	项目	对象	内容
6	寄养制度	残疾儿童	残疾儿童进入普通儿童，享受普通儿童的成长环境
7	母子短期保护所	单亲母亲，特别保护未婚单亲母亲	对于养育孩子的单亲母亲，设立母子短期保护所，为这些单亲母亲在外出工作或无能力养育和照料孩子时提供照看服务
8	儿童指导中心	所有儿童	为养育儿童的儿童提供咨询和庇护服务
9	电话咨询服务	所有有需要的儿童及其儿童	帮助年轻父母答疑解惑
10	儿童馆服务	低年级儿童	低年级儿童放学后的健康活动
11	母亲保健中心	所有婴儿及孕产妇	产前产后的护理都可以全部享受免费
12	照料服务	残疾儿童	当儿童残疾需要父母照顾时，政府给予儿童照料补助
13	免费校车服务	所有儿童	对离校较远的学生，政府提供车辆进行接送
14	儿童之家服务	不良习惯的儿童	帮助吸毒少年戒掉毒瘾及帮助酗酒少年改变不良嗜好
15	儿童协助服务	所有儿童	因母亲生病或者生产无法照顾子女时，要由受训练的儿童服务人员协助做家务；儿童轻微生病，无法上幼儿园时，保育人员要帮助看护小孩
16	儿童司法帮助服务	所有儿童	当儿童受到虐待、遗弃或被迫劳动等情况时，为其提供司法帮助和志愿者帮助。政府还成立儿童委员会，专门处理儿童权利相关法案
17	流浪儿童融合项目	流浪儿童	建立专门的机构为流浪儿童提供营养、卫生、医疗等方面的帮助
18	儿童融合发展项目	流浪儿童	政府建立根除贫困项目，为他们提供食物以及职业培训
19	生活服务	重度残疾儿童	由社区派出护理人员，为残疾儿童提供烹饪、洗衣等家务服务
20	照顾服务	居住在社区的残疾儿童	社区提供残疾儿童学习和培训支持，提供暂时性托管服务和就业服务，为残疾儿童提供个人照顾、送餐、交通、购物等帮助
21	康复服务	需要康复服务的残疾儿童	康复服务机构为残疾儿童提供康复服务
22	全纳教育	残疾学生	残疾学生和正常学生一样，进入普通班级学习，"因材施教"

序号	项目	对象	内容
23	幼儿园到高中免费	残疾学生	对残疾学生实施幼儿园到高中的义务教育，国家负担所有的学费
24	优惠待遇	所有残疾儿童	残疾儿童在公共交通费用、电讯费用和航空费用上给予减免
25	"访问护士制度"	所有残疾儿童	形成社区卫生中心、精神医院、康复中心等精神病儿童治疗系统
26	保障权利	所有残疾儿童	为残疾儿童出行提供便利。规定保障残疾儿童的基本人权和各项权利。
27	定期免费体检制度	机构内儿童和重度残疾儿童	每年进行一次免费体检
28	医疗档案制度	机构内儿童和重度残疾儿童	建立医疗档案并每年回访、指导
29	室外和室内健身设施	每个小区（村）或者每2000人左右	安装一套室外健身设施，五年更换一次
30	室内健身设施	每个社区	一套免费室内健身设施
31	公园/公共健身绿地建设	每个街道	至少一个免费开放公园或公共健身绿地
32	社区活动中心制度	每3000人	一个社区活动站/中心/室/棋牌室
33	免费参观本地公园	本地常住儿童	包括外地户口，均享受免费
34	免费进入本地公共厕所	本地常住儿童	包括外地户口，均享受免费
35	免费或半价参观本地景点	本地常住儿童	包括外地户口，均享受免费或半价
36	长途汽车、火车和飞机	儿童人口	省内半价优惠，省际暂时不能使用
37	免费借书	所有儿童	公共图书馆的免费借书服务
38	法律援助制度	特殊儿童等弱势群体	提供免费或较低费用的法律咨询和辩护。建立公益性律师制度，培养专业法律援助律师

二、2021年到2050年的儿童福利内容体系

随着我国社会经济的发展，我国于2010年达到中等发达国家经济水平。我国民政部发布通知，在全国试点建设适度普惠型儿童社会福利制度。我国儿童福利水平逐步提高，面对对象由孤儿、贫困儿童、贫困家庭儿童逐步扩展到普通儿童。因此，我国"十三五"及以后时期设置的儿童福利基本上可以面向全体儿童。其中，儿童福利内容体系

分为收入、实物和服务三类。2021年到2050年收入性福利,预计情况如表13.3所示:

表13.3　2021—2050年针对所有儿童的收入保障计划(预计)

序号	项目	给付时间段	对象	内容
1	新生儿津贴计划	怀孕3个月到出生12个月	所有儿童	直接由政府提供银行存折,进行现金给付。或者提供奶粉等婴幼儿所需实物
2	婴幼儿营养补助计划	出生第13个月开始到出生3周岁(第36个月)	所有儿童	直接由政府提供银行存折,进行现金给付。或者提供奶粉等婴幼儿所需实物
3	学龄前营养补助计划	出生3周岁(第37个月)开始到6周岁(70个月)	所有儿童	直接由政府提供银行存折,进行现金给付。或者提供所需实物
4	儿童津贴计划	6周岁(第71个月)到18周岁	所有儿童	为儿童提供生活费用津贴
5	儿童寄养津贴计划	0-18周岁	被寄养儿童	为被寄养儿童提供儿童寄养津贴
6	残疾儿童生活补助	0-18周岁。全日制学生可以延长领取到22岁。	残疾儿童	为残疾儿童提供的福利补助。按自理能力程度分不同等级,纳入重度、中度和轻度残疾儿童
7	在校免费中餐补助计划	幼儿园3-6岁、义务教育阶段和高中阶段(含中职)	所有儿童	食品券方式,或期末由学校和有关部门结算
8	康复津贴	康复训练阶段	需要康复训练的残疾儿童、大重病儿童	按照康复需要给予
9	残疾人辅助器具补助	需要辅助器具期间	需要辅助器具的残疾儿童	轮椅、助听器和其他辅助器具补助或免费
10	孤儿生活津贴	孤儿	集中供养孤儿和散居孤儿	国家规定的津贴
11	住房津贴	成年孤儿	成年的集中供养孤儿和散居孤儿	廉租房实物或货币补贴
12	就业津贴	成年孤儿和残疾儿童求职前	成年孤儿和残疾儿童	具有就业能力,进行就业技能培训,给予补贴
13	孕产妇产前、产后检查补贴计划	怀孕3个月到出生后半年	所有儿童	补助检查费用

序号	项目	给付时间段	对象	内容
14	社保缴费补贴计划	养老保险缴纳，医疗保险缴纳	重度残疾儿童、极度贫困的儿童	由政府补助他们缴费，加入养老保险计划、医疗保险计划等
15	残疾儿童求职补贴计划	求职前和求职阶段	有求职意向的残疾儿童	政府帮助投资求职前的培训和求职期间求职费用
16	儿童计划外免疫接种计划	儿童接种免疫阶段	所有儿童	实行儿童计划外免费免疫接种计划，扩大儿童免费接种的项目范围
17	雇佣保姆津贴	0-3岁儿童	父母均工作且孩子3岁以下的特殊困难儿童	符合条件可以领取雇佣保姆津贴
18	食品券计划	0-18岁儿童	贫困家庭的孩子	食品券只授予真正贫困的儿童，或特殊困难儿童
19	"学校早餐计划"	幼儿园或在校儿童	所有儿童	贫困儿童或特殊困难家庭儿童，可以享受免费或低价的早餐
20	住宿补贴	在学校住宿阶段	所有儿童	政府提供免费住宿或补贴
21	寒暑假食品服务计划	每年寒假和暑假	有需要的儿童	为暑假期间无法满足食物需求的儿童提供暑期食品。所有儿童免费
22	妇女、婴儿和儿童特别补充食品计划	婴儿、5岁以下幼儿、孕妇和哺乳期妇女	贫困孕产妇及其婴幼儿	预防性的健康计划，提供营养食品。资助儿童收入低于贫困线200%的人群
23	公立幼儿园补助	幼儿园阶段	普通儿童	公立幼儿园大量的财政补助来降低儿童在幼儿园的费用和支出
24	教育券	求学阶段	贫困家庭的儿童	为贫困家庭的子女选择公立或私立学校提供教育券，学生可以用这些教育券购买教育
25	教育津贴	学龄前3年、义务教育和高中（含中职）	所有儿童	免费学龄前教育和小学、中学教育
26	文具补贴	幼儿园、中小学教育期间	所有儿童	在接受幼儿园、中小学教育期间，儿童享受免费的文具等
27	残疾儿童护理津贴制度	需要护理期间	半自理、不能自理残疾儿童	政府发放护理津贴

关于儿童福利服务，建议我国可以提供的服务政策如表 13.4 所示，包括面向儿童及其家庭的各项服务政策：

表 13.4　2021－2050 年可以提供的儿童福利服务政策（建议）

序号	项目	对象	内容
1	医疗援助计划	贫困家庭的儿童	设立医疗援助计划，对于贫困儿童，提供医疗援助
2	儿童保护服务	普通儿童	对遭受虐待的儿童提供紧急服务的措施。安排寄养儿童
3	未婚妈妈及其儿童服务	所有未婚妈妈	将未婚妈妈安置于未婚妈妈之家，并照顾其所生的子女
4	儿童照料	所有需照看孩子的儿童	如果儿童需要人照看孩子，地方政府派专门的服务员提供儿童照料服务
5	儿童心理健康服务	所有儿童	政府设置儿童和青少年心理健康服务中心，为青少年儿童提供心理咨询和各种帮助
6	寄养制度	残疾儿童	残疾儿童进入普通儿童，享受普通儿童的成长环境
7	母子短期保护所	单亲母亲，特别保护未婚单亲母亲	对于养育孩子的单亲母亲，设立母子短期保护所，为这些单亲母亲在外出工作或无能力养育和照料孩子时提供看护服务
8	儿童指导中心	所有儿童	为养育儿童的儿童提供咨询和庇护服务
9	电话咨询服务	所有有需要的儿童及其儿童	帮助年轻父母答疑解惑
10	儿童馆服务	低年级儿童	低年级儿童放学后的健康活动
11	母亲保健中心	所有婴儿及孕产妇	产前产后的护理都可以全部享受免费
12	照料服务	残疾儿童	当儿童残疾需要父母照顾时，政府给予儿童照料补助
13	免费校车服务	所有儿童	对离校较远的学生，政府提供车辆接送
14	儿童之家服务	不良习惯的儿童	帮助吸毒少年戒掉毒瘾及帮助酗酒少年改变不良嗜好
15	儿童协助服务	所有儿童	因母亲生病或者生产无法照顾子女时，要由受训练的儿童服务人员协助做家务；儿童轻微生病，无法上幼儿园时，保育人员要帮助看护小孩
16	儿童司法帮助服务	所有儿童	当儿童受到虐待、遗弃或被迫劳动等情况时，为其提供司法帮助和志愿者帮助。政府还成立儿童委员会，专门处理儿童权利相关法案

序号	项目	对象	内容
17	流浪儿童融合项目	流浪儿童	建立专门的机构为流浪儿童提供营养、卫生、医疗等方面的帮助
18	儿童融合发展项目	流浪儿童	政府建立根除贫困项目,为他们提供食物以及职业培训
19	生活服务	重度残疾儿童	由社区派出护理人员,为残疾儿童提供烹饪、洗衣等家务服务
20	照顾服务	居住在社区的残疾儿童	社区提供残疾儿童学习和培训支持,提供暂时性托管服务和就业服务,为残疾儿童提供个人照顾、送餐、交通、购物等帮助
21	康复服务	需要康复服务的残疾儿童	康复服务机构为残疾儿童提供康复服务
22	全纳教育	残疾学生	残疾学生和正常学生一样,进入普通班级学习,"因材施教"
23	幼儿园到高中免费	残疾学生	对残疾学生实施幼儿园到高中的义务教育,国家负担所有的学费
24	"访问护士制度"	所有残疾儿童	形成社区卫生中心、精神医院、康复中心等精神病儿童治疗系统
25	保障权利	所有残疾儿童	为残疾儿童出行提供便利。规定保障残疾儿童的基本人权和各项权利
26	定期免费体检制度	所有儿童	每年面向所有儿童进行一次免费体检
27	医疗档案制度	所有儿童	对所有儿童建立医疗档案并每年回访、指导
28	室外和室内健身设施	每个小区(村)或者每2000人左右	每个小区(村)或者每1000人左右安装一套室外健身设施,增加器材数量,提高质量
29	室内健身设施	每个社区	每个小区(村民小组)一套免费室内健身设施
30	公园/公共健身绿地建设	每个街道	每个社区至少一个免费开放公园或公共健身绿地
31	社区活动中心制度	每3000人	每2000人一个社区活动站/中心/室/棋牌室
32	免费参观本地公园	本地常住儿童	包括外地户口,均享受免费
33	免费进入本地公共厕所	本地常住儿童	包括外地户口,均享受免费
34	免费或半价参观本地景点	本地常住儿童	包括外地户口,均享受免费或半价
35	免费乘坐本地公交、地铁	所有儿童	包括外地户口,均享受免费

序号	项目	对象	内容
36	长途汽车、火车和飞机	所有儿童	火车票和长途汽车半价优惠
37	免费借书	所有儿童	公共图书馆的免费借书
38	法律援助制度	所有儿童	提供免费或较低费用的法律咨询和辩护。建立公益性律师制度，培养专业法律援助律师。

三、已可重点推出的儿童福利项目列表

表13.5　可立即重点推出的儿童福利项目（建议）

序号	项目	内容
1	新生儿津贴制度	面向特殊困境儿童，提供新生儿津贴
2	免费送书	为老年人、残疾儿童，公共图书馆提供免费送书上门服务
3	特殊儿童免费中餐或早餐制度	包括困境儿童、困境儿童儿童等。具体对象有：父母一方重度残疾或重病、低收入儿童（低保线200%）、父母一方犯罪被关押、父母一方丧失劳动能力、死亡、长期离家出走、父母一方失业、父母离异未再婚以及未婚妈妈的孩子等
4	免费孕检、产检制度	对贫困妇女，怀孕3个月到出生后半年，实施免费孕检、产检制度
5	普通儿童免费游泳制度	实施中小学生免费游泳制度，要求提高中小学生游泳技能
6	普通儿童图书馆免费阅读活动	公立图书馆对市民免费开放
7	残疾儿童生活补助	按照儿童残疾类别，给予残疾儿童生活补助
8	医疗档案制度	机构内儿童和重度残疾儿童，建立医疗档案并每年回访、指导
9	定期免费体检制度	机构内儿童和重度残疾儿童，每年进行一次免费体检
10	残疾儿童优惠卡	面向所有残疾儿童，残疾儿童证乘车、医疗检查时可以获得优惠待遇
11	免费校车服务	对离校较远的学生，政府提供车辆进行接送
12	暑期食品服务计划	为暑假期间无法满足食物需求的儿童提供暑期食品。困境儿童免费，普通儿童收费
13	儿童照料服务	如果儿童需要人照看孩子，地方政府派专门的服务员提供儿童照料服务
14	儿童心理健康服务	政府设置儿童和青少年心理健康服务中心，为青少年儿童提供心理咨询和各种帮助
15	儿童指导中心	为养育儿童的儿童提供咨询和庇护服务

序号	项目	内容
16	助餐服务	对居家老年人和残疾儿童，提供送餐服务
17	电话咨询服务	面向所有有需要的儿童及其儿童，帮助年轻父母答疑解惑
18	照料津贴	亲属照顾或雇佣其他人照顾生活不能自理的儿童，政府均发给儿童等同于住院的津贴
19	社保缴费补贴计划	重度残疾儿童、极度贫困的儿童，由政府补助他们缴费，加入养老保险计划、医疗保险计划等
20	教育津贴	学龄前一年、义务教育和高中一年级（含中职），免费教育
21	文具补贴	在接受幼儿园、中小学教育期间，困境儿童享受免费的文具等
22	残疾儿童护理津贴制度	对半自理、不能自理残疾儿童，政府发放护理津贴
23	儿童协助服务	因母亲生病或者生产无法照顾子女时，要由受训练的儿童服务人员协助做家务；儿童轻微生病，无法上幼儿园或者幼稚园时，保育人员要帮助看护小孩
24	母亲保健中心	产前产后的护理都可以全部享受免费
25	康复津贴	为需要康复训练的残疾儿童、大重病儿童发放康复津贴
26	残疾儿童辅助器具补助	对需要辅助器具的残疾儿童，轮椅、助听器和其他辅助器具补助或免费
27	住房津贴	将成年的集中供养孤儿和散居孤儿纳入廉租房制度，给予廉租房实物或货币补贴
28	就业津贴	成年孤儿和残疾儿童求职前（16岁以上），如果成年孤儿和残疾儿童具有就业能力，进行就业技能培训，给予补贴

四、已可重点实施的儿童福利项目建议

根据儿童的需要和我国实际情况，本书建议"十三五"时期内，实施针对所有普通儿童和针对特殊儿童的儿童福利。

（一）针对所有普通儿童的儿童福利

项目1　开展以中小幼为主体的儿童免费运动培训，提高儿童身体素质

1. 项目背景

我国虽然很多社区有青少年活动中心，但一般没有游泳馆、羽毛球馆、篮球馆等专业性的场馆。而且一个社区管辖面积太大、管理人数太多。

笔者调研显示，有的社区居住人数大约为8000~10000人，一个社区活动中心远远不能满足需要。此外，社区活动中心没有专业性的指导，无法有效提高中小学生的运动水平。

在所有的运动项目中，建议优先实施免费游泳指导。因为提高游泳能力是时代的需要，教育部多次提到要提高中小学生游泳能力。

2. 活动理念

为丰富中小学生暑期业余生活，满足中小学生暑期运动需要，为在校中小学生举办各种运动培训班，培养学生对体育的兴趣，增强孩子们的身体素质和团队意识。此项目是我国暑期面向中小学生的惠民举动。

3. 项目开展方法

（1）网站预约

我国在校中小学生凭有效学生资料，通过体育信息平台网站填写相关信息，申请注册参加体育项目免费培训活动会员号，通过身份审核后，学生即可按照自己的兴趣爱好，参加相关的运动培训班。

预约流程为：点击"我要预约"按钮；用户注册；登记姓名、学校；选择区域；选择运动场馆；点击"预约"按钮。

（2）组织运动

由当地体育局主管、其他相关单位协办，选配大学特长生或中小学体育教师担任志愿者教练，对参与活动的中小幼学生进行培训。

（3）考核评分

为了更好地服务中小学生，引进"星级场馆评分系统"。在这个系统中，只要是网站会员，就可以对体验过的运动场馆进行网上评分，评分分为满意、一般、差三个等级，每个会员 ID 每天可以进行一次打分。评分结果将及时更新在网站上，同时为其他会员朋友的场馆选择提供参考。

登录系统，点击"我要打分"按钮，系统就会默认出现用户上次预约的场馆，即可勾选分数进行评分。

（4）投诉建议

场馆服务态度不佳，卫生或者安全措施不到位，可以进行投诉。

4. 项目难点及解决措施

（1）对运动场馆进行免费开放，需要政府部门发出号召，进行组织。

（2）要招募具有一定专业能力的志愿者。

（3）要开发一个专门的网页，用于预约各种运动。例如，游泳需要一个链接，羽毛球需要一个链接，乒乓球需要一个链接，篮球、排球、网球、跑步等都需要一个独立的链接。

5. 项目可行性

（1）培养运动能力、提高身体素质是共同的追求

教育部多次要求提高中小学生游泳能力，在安排好免费游泳外，再安排球类和其他

运动,这是对教育部号召的响应。家长也希望孩子提高身体素质。提高中小学生整体身体素质也是我国政府的需求。

(2) 我国有数量众多的志愿者

(3) 我国有数量众多的运动场所

开放运动场所,为中小学生甚至为市民运动服务,是儿童福利的重要体现。

6. 项目作用

第一,提高中小学生甚至国民的身体素质。第二,促进儿童运动,促进儿童间成员交流。第三,提高我国运动场地的使用率。第四,对中小学生暑期进行合理安排,减少近视率的发生。为双职工或单亲儿童减轻子女照顾任务。

项目 2　发挥退休老人余热,充当"代爷爷奶奶(姥姥姥爷)"角色,提供中小幼学生接送放学服务,解除父母后顾之忧

1. 项目背景

许多双职工儿童家庭或单亲儿童家庭,无暇照顾孩子的上学或放学。尤其是小学阶段,放学时间在两三点,家长一般要五点才下班。家长上班时间无法抽空接孩子,很多孩子往往还是一年级的时候就独自回家,独自在家中看电视或玩游戏。由于缺乏监管,存在较大的风险。有的职业女性将孩子带到办公场地,边工作边带孩子,对父母的工作也带来干扰。

2. 项目难点及解决措施

(1) 招募"年轻"老年人,作为志愿者

按照退休后的年龄,老年人可以分为几个阶段。55-70 岁仍为"年轻"老年人状态。社区中许多刚退休的老年人,可以通过扮演"代爷爷奶奶(姥姥姥爷)"角色,提供中小幼学生接送放学服务,为双职工儿童家庭、单亲儿童家庭解决后顾之忧。

(2) 社区有一定的场地,便于孩子进行课后的学习和娱乐

利用社区中的青少年活动中心和图书馆,社区可以为孩子提供课后的学习和娱乐。

(3) 利用大学生志愿者队伍,辅导孩子学习

每个班设两名志愿者,辅导孩子的学习,监督完成课后作业。

(4) 社区老年餐桌向孩子开放

社区为老年人提供的"助餐服务",可以向孩子开放。缴纳一定的晚餐费用后,孩子可以在社区食用卫生营养的晚餐。

3. 项目可行性

许多双职工儿童家庭及单亲儿童家庭,以及异地分居儿童家庭,由于家长上班时间内无法回来接孩子放学,无法及时为孩子提供营养卫生的晚餐。社区中老年人志愿者、大学生志愿者队伍的有序管理,可以提供这方面必要的人力资源。社区中老年餐桌制度、

青少年活动中心和图书馆等，提供制度性保障。由社区来组织，降低人与人之间的不信任，提高人民群众对制度的信任度。

4. 项目作用

解决双职工儿童家庭及单亲儿童家庭，以及异地分居儿童家庭工作与孩子照顾任务冲突的困扰。充分利用社区志愿者资源，倡导"年轻"老年人发挥余热。

项目3　提供免费或低付费"延展学校"服务

延展学校就是为2点半到3点放学的孩子提供放学后照看孩子（辅导作业、提供晚餐）等服务。为双职工儿童、单亲儿童、两地分居儿童等需要在这个时段内因工作原因无法照顾孩子的家长解决后顾之忧。孩子主要安置在社区活动中心或图书室，由志愿者辅导完成作业。接回时间一般为18点左右。

项目4　开展儿童日间照料中心和暑期、节假日餐桌（或者被称为"暑期食品计划"），分担父母负担

1. 项目背景

在街道调研时发现，许多街道为老年人提供老年餐桌。但是，没有为假期中缺乏监管的儿童提供助餐服务的机制。许多父母遇到工作、出差等情况，只能聘请保姆。由于保姆市场管理不严，出现很多问题。且许多父母并不是长期需要保姆，只是希望在节假日父母需要上班时临时辅助照管儿童。因此，一些年轻父母建议开展儿童日间照料中心和暑期、节假日餐桌，减轻父母负担。

2. 项目难点及解决措施

（1）配置儿童所需的伙食。此项目难度较小，利用社区中已经存在的老年餐桌，另外配置适合儿童需要的饭食即可。

（2）配置儿童日间照料中心。在已有的老年人日间照料中心，再开辟儿童日间照料中心，添置适合儿童娱乐和学习的配置。

（3）通过招募志愿者或设置公益性岗位为儿童提供服务。

（4）由居委会统计社区内儿童及其父母需求，上报街道，进行统一安排。

3. 项目可行性

（1）老年餐桌和老年日间照料中心的存在，为此项目提供了一定程度的硬件设施和制度保障。

（2）志愿者队伍的存在，公益性岗位的设置，提供人力资源保障。

（3）双职工儿童家庭、单亲儿童家庭、异地分居儿童家庭等无暇照顾儿童的父母亲有此需求。

4. 项目作用

解决双职工儿童家庭、单亲儿童家庭、异地分居儿童家庭因父母上班或其他原因无法为孩子提供照顾的父母的后顾之忧。减轻父母亲的负担。

项目5 提供临时性看护孩子的服务、临时性3岁前婴幼儿托幼服务

社区设立儿童服务中心，为职业妇女、单亲儿童妇女（丈夫死亡、离婚、出走、服刑、丧失劳动能力或失业）等提供日常家务服务、照看孩子服务。当这些妇女生病而儿童无人员照看时，志愿者在社区服务中心提供看护服务。

社区设立儿童服务中心，为职业妇女、单亲儿童妇女（丈夫死亡、离婚、出走、服刑、丧失劳动能力或失业）等妇女提供3岁前儿童托幼服务。

为夫妻分居妇女提供家务和孩子照看服务。许多父母两地分居的儿童，尤其是父亲在外地，母亲单独带孩子在本地，缺乏照看人员，母亲又需要上班或有其他事情无法将孩子带到工作场地，同时又是幼儿园或学校放假或放学时间，社区提供志愿性照看孩子服务。

照看场地：社区活动中心

提供者：志愿者

服务时间：一个上午或下午；或者一天等临时性帮助

项目6 发放儿童交通卡，让儿童共享优惠福利

1. 项目背景

当前我国存在的悖论是，按照身高来对孩子进行是否优惠（如交通乘坐等）的判别标准。这种做法一是不平等，许多孩子由于生长发育快，小学一二年级身高就超过1.3米，四五年级就超过1.5米；有些孩子生长慢，初中还不到1.3米。二是容易造成司机和孩子以及家长的纠纷，经常在司机要求孩子买票时，家长争辩孩子才六七岁，只是长得高而已。还有些儿童在经过地铁闸口时，采取不刷卡钻过去的做法，既不安全，也不文明。从国外的经验来看，许多城市按照儿童的年龄来决定是否给予交通乘坐的优惠。例如，美国纽约规定12岁以下儿童乘坐公共汽车等市内公共交通免费。

2. 项目难点及解决措施

本项目难度不高，建议：按照年龄决定儿童应该享有的优惠福利。按照国际惯例，12周岁以下儿童公共交通全部免费。如果条件许可，可以放宽到13-18周岁半价优惠。

项目的难点是：办理"儿童交通卡"需要一定的人力物力。但是这一问题不难解决，可以利用社保卡办理中心的技术和"敬老卡"办理技术，由规定年龄范围内的儿童持印有儿童本人身份证的社保卡去社保卡办理中心办理儿童交通卡。儿童交通卡在公共汽车、地铁等刷卡时优惠。

3. 项目可行性

本项目具有非常大的可行性。首先，对儿童的关爱是政府和社会的责任，儿童是祖国的未来，理应受到优惠福利覆盖。因此，从理念上容易接受，因为每个家庭都有儿童，群众观念方面赞成度很高。

其次，已经有社保卡和敬老卡技术支撑，在技术层面不存在问题。

第三，儿童由中小幼学校统一管理，宣传到位，办证及时。

4. 项目作用

第一，体现对儿童的关爱，凝聚人心。

第二，与国际接轨，按年龄标准提供交通优惠，避免身高引发的争端。

项目7 普及儿童指导中心、儿童心理健康服务、育儿电话咨询服务

1. 项目背景

许多家长在儿童养育过程中存在一些误区，例如，出现"5岁儿童每天喝几瓶饮料，导致白血病"等案例。家长在育儿过程中存在疑惑，如担忧孩子长高、担忧孩子网瘾、与孩子沟通存在障碍等。国外许多大都市都设立儿童指导中心、儿童心理健康服务、育儿电话咨询服务。

2. 项目难点及解决措施

本项目难度不大，只需在社区开辟一个办公室，开辟一个热线电话，接受居民网上预约或电话预约，进行咨询。也可以由社区组织观看科学育儿，或举行专题讲座，解决育儿过程中出现的困境。对问题青少年进行引导和专业性教育。

其次，需要有专业素养的社工和心理教师（心理咨询师）、医生等专业人士值班进行答疑解惑，或举行专题讲座。

3. 项目可行性

此项目具有较大可行性。设施需要和人员需要都相对较为简单。

4. 项目作用

（1）为家长科学育儿提供指导。

（2）为家长和儿童沟通、建立良好关系提供帮助。

（3）为问题儿童（程度不太严重）提供帮助和指导，引导他们成才。

项目8 社区二手衣物（玩具或家具）中转站制度

社区建立旧衣物、玩具和家具流转站，提供给需要的贫困、单亲、残疾或其他困境儿童。尤其是婴幼儿服装、玩具等，社区集中起来，建立福利经纪人制度，统计捐赠和需要捐赠的儿童，进行匹配和流转。

尤其是婴幼儿用品，愿意接受的儿童比较多。现在每个家庭养育的孩子数量少，养

育一个孩子后，物品还非常新，可以进行再次使用，不仅为低收入家庭、外来务工家庭节约成本，还促进环保，促进物品循环使用。

项目9 社区图书流转站制度

建立社区图书流转站。将社区中普通家庭儿童多余的图书集中，赠送或借阅给需要的儿童，提高儿童阅读率。

本项目可以和项目10联合执行。

项目 10 制作"儿童防骗、防被害"图书音像资料，发放至儿童，举办社区公益性儿童防范技巧讲座，提高儿童防范意识和技巧

每年女童以及男童被拐骗、被杀害等事故屡有发生，许多案例是因为儿童缺乏防范意识和防范技巧。政府在这方面可以做一些努力，制作"儿童防骗、防被害"图书音像资料，发放至儿童及妇女，举办社区公益性儿童防范技巧讲座，尽量提高儿童防范意识和技巧，降低儿童被害发生率。

（二）针对特殊儿童的儿童福利

项目1 为无生育保险者提供免费孕检产检和婴幼儿体检，促进优生优育

1. 项目背景

近年来，经常有报道农民工或农民、贫困家庭等为了省钱，不进行孕期检查和产前检查，导致新生儿有毛病没及时发现等问题。这种情况存在的原因主要是我国生育保险制度还没有覆盖全体女性，生育保险存在碎片化现象。育龄女性中，一般女职工能获得生育保险的保障，无业妇女、女性农民工、贫困妇女等群体没有纳入生育保险制度，她们一般也不会主动参与生育保险。这种状况不利于优生优育，不利于提高儿童质量，也不利于保护妇女儿童的生存权和健康权。

2. 项目难点及解决措施

（1）为无生育保险的女性发放孕产期和婴幼儿免费体检券

为无生育保险的流动女性、贫困女性、农村女性提供孕检、产检和胎儿、新生儿免费检查，采用政府购买服务方式，覆盖率达到95%以上；方式：经核准的孕产妇，到居住所在地领取孕检、产检和胎儿、新生儿免费检查券，孕检4次，产检一次，新生儿检查4次（出生12个月以内）。每次检查使用一张检查券。

（2）财政与定点医院进行结算

所需费用由财政与医院进行结算，每年度列入财政预算。

3. 项目可行性

（1）检查费用比较低，财政能负担得起。

（2）定点医院具有相应的医疗设施和医疗人员，可以提供服务。

（3）政府买单方式，令困境孕产妇不需买单，有体检的积极性。

4. 项目作用

（1）保护孕产妇及其胎儿与婴幼儿，提高生育质量。

（2）提前预防各种疾病，及早发现胎儿异常。

（3）弥补生育保险制度覆盖面不全的不足，为育龄女性生育提供保护。

项目2 为困境女性提供营养券

为流动女性、贫困女性、农村女性、单亲女性、未婚妈妈提供孕期、产期和哺乳期营养券，每月一罐奶粉或钙片等，可以在慈善超市领取。不仅覆盖"低保"家庭中的女性，也扩大到低收入女性和其他特殊女性。

项目3 未婚妈妈保护所项目

建立未婚妈妈保护所。进行未成年女性性教育，避免怀孕。如果确实是怀孕了，经医生鉴定或未婚妈妈无法及时组建家庭，不得不流产，则提供流产免费服务，政府对费用买单。如果不流产，而最终生育，则应提供帮忙照看服务，提供心理辅导，避免杀婴等行为。

项目4 无生育保险女性免费妇科检查项目

1. 项目内容

为无生育保险的流动女性、贫困女性、农村女性、单亲女性、未婚妈妈等提供免费体检券、妇科病检查券（每年一次，定点医院）。

2. 项目难点及解决措施

项目主要依托社区卫生中心的人力资源和医疗硬件设施，需要社区卫生中心的积极配合。

3. 项目可行性

社区卫生中心有足够的人力和硬件设施，建立健全定期体检制度和医疗档案制度。体检花费并不是太多，政府财政具有负担能力。

本项目已经有一定的基础，我国已经实施对低保儿童的免费体检制度，只需要扩大覆盖面。

4. 项目作用

倡导我国女性健康，节约公共卫生资源。

项目5 普及困境儿童义务家教，提高儿童素质

1. 项目背景

一些孤儿、困境儿童如残疾儿童、大病儿童等。困境儿童，如单亲家庭儿童、父母

重残、父母一方或双方长期服刑或强制戒毒家庭的儿童、父母一方死亡另一方无法履行监管的儿童等，由于家庭条件制约，在学习生活上存在困难，需要帮助。

2. 项目难点及解决措施

（1）招募志愿者，主要是大学生和社工，进行辅导

（2）建立困境儿童、困境家庭儿童和孤儿的扶助制度，形成有效管理。

3. 项目可行性

志愿者队伍的存在，可以为项目提供所需的人力资源。

4. 项目作用

为困境儿童、困境家庭儿童和孤儿提供学习帮助和心理疏导，帮助他们提高素质，提高学习能力。

项目6　为贫困家庭儿童和残疾儿童提供学龄前教育补贴

对"低保"家庭以外的其他困境儿童，提供学龄前教育补贴，减轻其家庭负担。主要对象是低收入家庭儿童和残疾儿童。

项目7　对低收入家庭进行学校免费中餐补助计划以及孤儿、困境儿童和困境家庭儿童文具补贴

1. 项目背景

根据民政部通知，我国儿童分为孤儿、困境儿童和困境家庭儿童、普通儿童等四类。对孤儿、困境儿童和困境家庭儿童提供学校免费中餐补助计划以及文具补贴计划，具有较大的必要性。

孤儿包括社会散居孤儿和集中供养孤儿。困境儿童分残疾儿童、重病儿童和流浪儿童三类；困境家庭儿童分父母重度残疾或重病的家庭、父母长期服刑在押或强制戒毒的家庭、父母一方死亡另一方因其他情况无法履行抚养义务和监护职责的家庭、贫困家庭的儿童四类。

2. 项目难点及解决措施

在居委会进行登记、民政部门核实后，可以发放食品券或文具券。我国目前只对农村户口儿童和城市低保家庭儿童实施中餐免费，可以扩大免费范围。

3. 项目可行性

利用目前较为完善的低保制度和儿童福利制度，借助民政部门的力量，项目具有较大可行性。

4. 项目作用

为孤儿、困境儿童和困境家庭儿童提供福利帮助，提高他们的生活质量。

项目 8　提供公益性岗位，为困境儿童提供护理和家务服务

1. 项目背景

当前，一些困境儿童，如残疾儿童等，需要护理和家务服务。同时，存在一些家庭妇女，孩子已经长大，家务事不是很多。这些家庭妇女需要通过公益性工作实现自身价值。可以采用政府购买服务的方式，为妇女提供公益性岗位，为残疾儿童提供护理和家务服务。外来务工女工在家政公司寻找家政服务，政府也可以利用购买服务的方式，组织她们为困境儿童等提供护理和家务服务。

2. 项目难点及解决措施

（1）通过居委会以及家政公司寻找愿意提供服务的女性。寻找有服务意愿的女性有两种方法，一是通过居委会招募社区中失业、无业但有劳动能力的女性；二是通过在家政公司设立公益性职位招募。

（2）通过居委会对困境儿童进行摸排和服务需求统计，了解各个困境儿童的具体需求，对供、需双方进行匹配。

（3）居委会接受反馈意见，建立考核制度。有利于对服务提供方进行规范管理。

3. 项目可行性

（1）"4050"等失业、无业女性的存在为这一项目提供了人力资源的保障。

（2）家政公司的普及性为项目开展提供了中介力量。

（3）当前，许多困境儿童，如残疾儿童等，对这一服务具有较大的需求。

（4）政府购买服务，并对服务进行跟踪和监督。虽需要一定的费用，但费用比较低廉，且能提高整个城市的福利水平。政府具有一定的积极性。

4. 项目作用

（1）为困境儿童提供服务性儿童福利，提高儿童的生活质量。

（2）提高城市的儿童福利水平。

（3）为失业、无业女性提供公益性岗位，获得一定的收入。

（三）我国儿童福利宣传

项目 1　将儿童福利措施分类整理，发放儿童福利手册

对于我国实行哪些儿童福利，许多居民并不知情或不全知情。调查显示：许多居民如果没有亲自体验，就不知道社区提供哪些福利、政府提供哪些福利。让居民了解我国提供的福利措施，有利于提高福利的使用率，有利于提高政府的形象，提高我国的形象，有利于公民享受应得的福利。

因此，建议对国民提供儿童福利手册，一是提高国民对儿童福利的知情权，二是提高儿童福利利用率，三是提高儿童福利享受权，四是提升城市形象。可以发放到居委会，由市民到居委会去领取查阅。

第二节 我国完善儿童福利内容体系的保障措施

一、转变我国儿童福利制度类型：从补缺转向适度普惠

随着我国经济的发展，补缺型儿童福利制度越来越显示出它的局限性，特别是它不能使我国最大多数的儿童共享经济社会发展成果。因此，在我国社会经济和综合国力发展的基础上，儿童福利制度应实现转型。但是，应该建立什么样的儿童福利制度？立即建立起全面普惠的儿童福利制度不符合我国的现实国情，况且我国有大量的特殊儿童存在，补缺仍是我国儿童福利制度的必然存在。因此，我国儿童福利制度的发展只能是逐步过渡，经过若干年的发展，最终建立起全面普惠的儿童福利制度。而就已实行的，是适度普惠的儿童福利制度。也就是说，儿童福利的对象逐步地由部分儿童转到了全体儿童，儿童福利的项目逐步多样化，儿童福利标准逐步提高。

（一）增加我国儿童福利的财政投入

从根本上说，要实现我国儿童福利制度的转型，还需要增加我国儿童福利的财政投入。当前，我国并没有建立起独立的儿童福利制度，各项儿童福利的供给，分散在不同的福利供给制度中，如包含在社保、医保、低保等各种制度中，这种"嵌入"式儿童福利模式，使我国儿童福利的投入无法得到保障。因此，急需建立起独立的儿童福利体系，如儿童津贴制度，从而使儿童福利成为独立的保障制度，为我国建立独立的儿童福利财政预算拨款体系提供依据。

（二）扩大我国儿童福利的覆盖范围

第一，要使所有特殊儿童纳入到儿童福利体系中来，实现儿童福利制度全覆盖；第二，要逐步实现所有特殊儿童的生活津贴制度，使各类特殊儿童得到基本的生活保障；第三，逐步使普通儿童得到福利，建立起儿童津贴制度。

（三）建立多层次的儿童福利体系

当前，我国儿童所能享有的福利，主要以生存性福利为主，发展性福利和提高性福利相对缺乏。随着我国经济的发展，应使一切儿童享受到普惠性的学前教育，并最终实现十五年一贯制的免费教育制度。在教育等发展性福利改善的基础上，逐步增加儿童体能、娱乐等方面的提高性福利。

（四）提高儿童福利的给付水平

从总体上看，在补缺型儿童福利制度下，儿童福利的给付水平较低，特殊儿童所能获得的福利主要是以维持生存为主。这一状况与我国日益增长的经济发展水平和人均GDP占有量不符。因此，随着我国经济的发展和财政投入的增加，我国应提高适度普惠型儿童福利的给付标准。

首先，大幅度提高给予特殊儿童的生活津贴水平；其次，随着经济水平的发展，实现儿童福利标准的动态提高。

（五）完善我国儿童福利制度的法律体系和管理职能

相对于西方发达国家完善的儿童福利法律体系，我国缺乏独立的儿童福利方面的立法。首先，应建立儿童福利有关的母法，使儿童福利有一个总的指导原则；其次，健全以儿童津贴为主体的各类儿童福利专门法规，逐步形成相对独立的完善的儿童福利法律体系。

在法律制度健全的同时，我国应完善儿童福利管理职能，形成相对独立的儿童管理体系，使儿童成为国家政治生活中的重要议题。同时要完善儿童福利的行政管理职能，提高工作效率，使儿童福利机构成为实现儿童美好生活的重要载体。

二、构建多元主体的供给模式

多元主体的供给模式是指，儿童福利的提供者和筹资机构由多个主体构成。包括政府、非营利组织和个人。在筹资方面，政府是儿童福利筹资主体，需要的资金主要由政府财政负担。要积极吸收社会组织、私营企业参与儿童福利，捐赠资金。接受福利的儿童视能力大小和需求多少可以适当承担一部分资金。福利提供方面，政府作为福利提供的主体，可以采用政府购买的方式进行提供，政府还需进行监督和管理。

非营利组织包括专业组织、群众组织和志愿组织。专业组织包括社区文化中心、老年人日间照料中心、青少年活动中心、"阳光之家"等提供专业化服务的非营利组织。专业组织成员一般具有专业性的任职资格。群众组织是指专门协会与专职和兼职的监督员、联络员等代表群众利益、收集居民需求提供相应的服务。志愿组织是指通过网站或其他渠道招聘的提供志愿服务的成员。

在儿童福利提供过程中，要加强各种组织的活动积极性，鼓励居民积极参与，鼓励居民互助，建立有特色的"老少结对"等志愿服务。建立直达楼宇的网格式管理模式。

三、专列成项的财政支持和政府购买服务的运作机制

在儿童福利提供过程中，依赖于专列成项的财政支持。当前，我国财政实力可以提供更多、更加惠民的儿童福利。党的十八届三中全会指出，要重视发展民生，让人民群众共享经济社会发展成果。财政收入要取之于民，用之于民。因此，政府有责任在每年的预算中，单列用于建立儿童福利制度的财政支出，专款专用，提高我国的福利水平，让人民群众真正享受城市发展带来的成果，真正体会"城市让生活更美好"。

针对儿童福利的提供，本书主张运用政府购买服务的形式，购买非营利组织或个人提供的儿童福利服务。政府以财政购买的形式获得社会组织和个人提供的儿童福利服务，将其提供给有切实需要的人。在提供过程中，可以采用委托管理的方式，将儿童福利的直接供给委托给专业的非营利组织来承担，政府做好监督管理和绩效考核的工作。

在实际操作过程中，政府要借助好居委会（村委会）这个中国最具特色的居民（村民）自治组织。居委会（村委会）是最接近群众的组织，遍布每个社区和村庄，具有强大的辐射力。因此，利用好居委会（村委会）的力量，将极大地提高儿童福利提供的质量，扩大儿童福利的覆盖面，增加儿童福利内容，提高儿童福利水平。

四、引入福利经纪人制度，提供协调与传递

福利经纪人是西方发达国家的运用比较普遍的一种辅助儿童福利的制度。福利经纪人不直接提供儿童福利服务，但会收集群众的服务需求信息，深入了解居民的儿童福利需求；对福利提供方的信息进行总结，对儿童福利需求方和供给方进行协调，确保儿童福利服务有效传递。

将福利需求和供给集中到福利经纪人处，将有效提高儿童福利的效率。有了福利经纪人制度，有儿童福利需求的居民可以直接向福利经纪人提出需求，实现"一站式"服务。有了福利经纪人制度，有儿童福利需求的居民不再会"为了一个服务跑一个部门"，也不再有各个部门互相推诿的情况出现。将福利提供者的资料集中到福利经纪人处，也可以深入掌握福利提供者的基本资料，综合统筹福利提供。

福利经纪人制度中，每个街道可以根据所管辖的社区多少，相应设立福利经纪人小组，每个小区配备一到两名福利经纪人。福利经纪人需要经过专业培训，扎实地掌握儿童福利相关知识，具有统筹规划和管理能力，实行持证上岗制度。

第十四章 适度普惠型儿童福利标准适度性分析

第一节 孤儿生活津贴标准适度性的判断标准及思路

《民政部、财政部关于发放孤儿基本生活费的通知》(民发〔2010〕161号)指出,各地区要根据当地经济发展水平,在最低养育标准基础上确定本地孤儿养育标准,并根据平均生活水平和物价上涨指数建立自然增长机制[1]。我们按此规定对孤儿生活津贴标准的判断标准和分析思路进行界定。如果孤儿生活津贴标准是适度的,那么必须满足四个条件:

第一,孤儿生活津贴标准能满足孤儿最基本的生存和发展需要。在价值维度,孤儿生活津贴制度的目标是满足孤儿最基本的生存和发展需要,如果孤儿生活津贴标准能够满足孤儿最基本的生存和发展需要,那么孤儿生活津贴是适度的;反之,则是不适度的。

第二,孤儿生活津贴标准增长速度要与物价增长速度相一致。在时间维度,孤儿最基本的生存和发展需要不变的情况下,孤儿生活津贴标准的增速要与物价增长速度相一致。如果孤儿生活津贴标准能随着物价增长而增长,两者处于最佳适应状态,孤儿生活津贴标准是适度的。反之,则是不适度的。

第三,孤儿生活津贴标准要与其他社会救助和社会福利政策标准相衔接。孤儿生活津贴标准的对象是0-18岁的儿童,超过18周岁的残疾、智障孤儿需要转为其他的社会救助或社会福利政策的对象。因此,孤儿生活津贴制度的标准要与其他社会救助标准相适应。反之,则会导致制度衔接的不顺利[2]。

第四,孤儿生活津贴标准应与各地区生产力发展水平相适应。在区域维度,孤儿生活津贴标准要与政府、社会和个人的承受能力相适应。如果孤儿生活津贴标准过高,会给地区经济发展带来沉重的财政负担,影响社会经济发展。

第二节 孤儿生活津贴标准适度性的价值维度分析

孤儿生活津贴标准价值维度分析,即分析现有的孤儿生活津贴标准是否满足孤儿基本的生存和发展需要,使孤儿有尊严地活着。

---

[1] 民政部.民政部财政部关于发放孤儿基本生活费的通知[EB/OL].http://www.mca.gov.cn/article/zwgk/fvfg/shflhshsw/201012/20101200118262.shtml,2010-12-03/2013-11-21.

[2] 王建云.我国孤儿生活津贴标准适度性研究[D].上海:华东师范大学,2014.

一、孤儿生活津贴标准的高标准线和低标准线

本书认为孤儿生活津贴标准存在着高标准线和低标准线。

（一）孤儿生活津贴的低标准线

孤儿生活津贴低标准线的目的是满足孤儿最基本的生存需要，如果达不到低标准线，孤儿的生命就存在威胁。通过前文的分析，孤儿最基本的生存需要是食品需要。国家统计局规定，食品类支出包括粮油、肉禽蛋水产品、蔬菜、干鲜瓜果、糕点、奶及奶制品以及在外饮食等[1]：

$$Y_1 = F$$

其中，Y_1 表示孤儿生活津贴低标准线，F 表示保障孤儿生存的最基本食品类支出。

（二）孤儿生活津贴的高标准线

孤儿生活津贴高标准线的目的是在保障基本生存的基础上，给予孤儿更多的生活资源或生存权利，满足其安全需要、尊重需要、社交需要。通过前文分析，孤儿最基本的生存和发展需要应包括：衣着类、生活用品类、交通通信类、医疗保健类、教育类等支出。衣着类支出包括春、夏、秋、冬四季服装支出；生活用品和洗化用品类支出包括牙刷、牙膏、洗发水、毛巾、碗、勺、水杯、床、卫生纸等支出；交通通信类支出包括手机话费和所乘坐的交通工具等支出；医疗保健类支出包括体检费用、医疗费和药品费等支出；康复护理类支出包括康复费用、护理费用、心理咨询费用等支出；教育类支出主要包括义务教育的学杂费、书费、学习用品费（本子、笔、尺子、橡皮等）、住宿费等支出：

$$Y_2 = F + C + T + L + M + E$$

其中，Y_2 表示孤儿生活津贴高标准线，F 表示食品类支出，C 表示服装衣着类支出，T 表示交通通信费支出，L 表示生活用品和洗化用品类支出，M 表示医疗、康复和护理类支出，E 表示孤儿义务教育支出。

二、孤儿生活津贴标准的理论测算

（一）集中供养孤儿生活津贴标准的理论测算

根据《民政部关于制定福利机构儿童最低养育标准的指导意见》中所列福利机构儿童养育费用支出参照表（如表14.1所示）。

---

[1] 国家统计局.人民生活城镇居民家庭购买商品支出[EB/OL].http://www.stats.gov.cn/tjzd/tjzbjs/t20020327_14290.htm, 2001-03-15/2013-12-03.

表 14.1 福利机构儿童养育费用支出参照表（均值）（元/人/月）

项目	0—1岁人均月消费	1—3岁人均月消费	3—6岁人均月消费	6—14岁人均月消费	14岁以上人均月消费
伙食费	511	386	417	505	631
服装被褥费	96	112	123	148	165
日常用品费	108	108	60	57	71
教育费	21	68	68	178	178
基本医疗费	230	230	230	230	230
康复费	204	204	204	204	204
合计	1170	1108	1102	1322	1479

资料来源：民政部关于制定福利机构儿童最低养育标准的指导意见（民发〔2009〕77号）。

$$Y_{t+1} = \Sigma P_t * (1 + N_{t+1}/100)$$

Y_{t+1}为基年的福利机构儿童养育费用；P_t为报告年福利机构儿童各项目养育费用人均月消费，即福利机构儿童各项养育费用，如伙食费、服装被褥费、日常用品费、教育费、基本医疗费、康复费；N_{t+1}为报告年与基年的基本生活费用各项目（食品、衣着、日常用品费、教育文化用品及服务、医疗保健、康复费、交通通信、住房人均月消费）价格指数。

通过对2009-2013年统计年鉴的分析，把居民消费价格比上年涨跌幅度汇总，如表14.2所示：

表 14.2 2009—2012年居民消费价格比上年涨跌幅度（%）

项目	2009年	2010年	2011年	2012年
食品	0.7	7.2	11.8	4.8
衣着	-2.0	-	2.1	3.1
日常用品费	0.2	0.0	2.4	1.9
教育文化用品及服务	-0.7	-	0.4	0.5
医疗保健	1.2	3.2	3.4	2.0
康复费	1.2	3.2	3.4	2
交通通信	-2.4	-0.4	0.5	-0.1
住房	-3.6	4.5	5.3	2.1

资料来源：根据国家统计局网站2009-2013年全国年度统计公报1整理所得。

---

[1]中华人民共和国国家统计局网站.全国年度统计公报
[EB/OL].http://www.stats.gov.cn/tjsj/tjgb/ndtjgb/,2013-12-15.

1. 0-1岁儿童生活津贴理论测算

根据公式测算 2009-2012 年随物价变化的儿童福利院 0-1 岁孤儿生活津贴标准，测算随物价水平增长的孤儿生活津贴标准的高标准线和低标准线（如表 14.3 所示）：

表 14.3 2009—2012 年随物价变化的 0—1 岁儿童养育费用支出表（均值）（元/人/月）

项目	2009 年	2010 年	2011 年	2012 年
伙食费	511	547.79	612.43	641.83
服装被褥费	96	96.00	98.02	101.05
日常用品费	108	108.00	110.59	112.69
教育费	21	21.00	21.08	21.19
基本医疗费	230	237.36	245.43	250.34
康复费	204	210.53	217.69	222.04
低方案 Y_1	511	547.79	612.43	641.83
高方案 Y_2	1170	1220.68	1305.24	1349.14

资料来源：根据《民政部关于制定福利机构儿童最低养育标准的指导意见》利用公式计算整理而得。

2. 1-3岁儿童生活津贴理论测算

根据公式测算 2009-2012 年随物价变化的儿童福利院 1-3 岁孤儿生活津贴标准（如表 14.4 所示），并测算随物价水平增长的孤儿生活津贴标准的高标准线和低标准线：

表 14.4 2009—2012 年随物价变化的 1—3 岁儿童养育费用支出表（均值）（元/人/月）

项目	2009 年	2010 年	2011 年	2012 年
伙食费	386	413.79	462.62	484.83
服装被褥费	112	112.00	114.35	117.90
日常用品费	108	108.00	110.59	112.69
教育费	68	68.00	68.27	68.61
基本医疗费	230	237.36	245.43	250.34
康复费	204	210.53	217.69	222.04
低方案 Y_1	386	413.79	462.62	484.83
高方案 Y_2	1108	1149.68	1218.95	1256.41

资料来源：根据《民政部关于制定福利机构儿童最低养育标准的指导意见》利用公式计算整理而得。

3. 3-6岁儿童生活津贴理论测算

根据公式测算 2009-2012 年随物价变化的儿童福利院 3-6 岁孤儿生活津贴标准

（如表 14.5 所示）及随物价水平增长的孤儿生活津贴标准的高标准线和低标准线：

表 14.5　2009—2012 年随物价变化的 3—6 岁儿童养育费用支出表（均值）（元/人/月）

项目	2009 年	2010 年	2011 年	2012 年
伙食费	417	447.02	499.77	523.76
服装被褥费	123	123.00	125.58	129.48
日常用品费	60	60.00	61.44	62.61
教育费	68	68.00	68.27	68.61
基本医疗费	230	237.36	245.43	250.34
康复费	204	210.53	217.69	222.04
低方案 Y_1	417	447.02	499.77	523.76
高方案 Y_2	1102	1145.91	1218.18	1256.84

资料来源：根据《民政部关于制定福利机构儿童最低养育标准的指导意见》利用公式计算整理而得。

4. 6－14 岁儿童生活津贴理论测算

根据公式（21）测算 2009－2012 年随物价变化的儿童福利院 6－14 岁孤儿生活津贴标准（如表 14.6 所示）及随物价水平增长的孤儿生活津贴标准的高标准线和低标准线：

表 14.6　2009—2012 年随物价变化的 6—14 岁儿童养育费用支出表（均值）（元/人/月）

项目	2009 年	2010 年	2011 年	2012 年
伙食费	505	541.36	605.24	634.29
服装被褥费	148	148.00	151.11	155.79
日常用品费	57	57.00	58.37	59.48
教育费	178	178.00	178.71	179.61
基本医疗费	230	237.36	245.43	250.34
康复费	204	210.53	217.69	222.04
低方案 Y_1	505	541.36	605.24	634.29
高方案 Y_2	1322	1372.25	1456.54	1501.55

资料来源：根据《民政部关于制定福利机构儿童最低养育标准的指导意见》利用公式计算整理而得。

5. 14 岁以上儿童生活津贴理论测算

根据公式测算 2009－2012 年随物价变化的儿童福利院 14 岁以上孤儿生活津贴标准（如表 14.7 所示），并测算随物价水平增长的孤儿生活津贴标准的高标准线和低标准线。

表14.7　2009—2012年随物价变化的14岁以上儿童养育费用支出表（均值）（元/人/月）

项目	2009年	2010年	2011年	2012年
伙食费	631	676.43	756.25	792.55
服装被褥费	165	165.00	168.47	173.69
日常用品费	71	71.00	72.70	74.09
教育费	178	178.00	178.71	179.61
基本医疗费	230	237.36	245.43	250.34
康复费	204	210.53	217.69	222.04
低方案 Y_1	631	676.43	756.25	792.55
高方案 Y_2	1479	1538.32	1639.25	1692.31

资料来源：根据《民政部关于制定福利机构儿童最低养育标准的指导意见》利用公式计算整理而得。

综上所述，列出2009－2012年随物价变化的集中供养孤儿养育费用支出情况（见表14.8）。与理论测算的孤儿生活津贴标准相比，目前各地区的孤儿生活津贴标准，没有随物价水平的增长而增长，也尚未建立与物价水平相适应的动态调整机制，孤儿生活津贴标准存在随意性，孤儿生活津贴标准在时间维度上是不适度的。

表14.8　2010—2012年集中供养孤儿生活津贴标准理论测算（均值）（元/人/月）

类别	年份	2009	2010	2011	2012	2013
0－1岁	低方案 Y_1	511	547	612	641	659
	高方案 Y_2	1170	1220	1305	1349	1387
1－3岁	低方案 Y_1	386	414	463	485	499
	高方案 Y_2	1108	1150	1219	1256	1294
3－6岁	低方案 Y_1	417	447	500	524	539
	高方案 Y_2	1102	1146	1218	1257	1295
6－14岁	低方案 Y_1	505	541	605	634	653
	高方案 Y_2	1322	1372	1457	1502	1547
14岁以上	低方案 Y_1	631	676	756	793	816
	高方案 Y_2	1479	1538	1639	1692	1743
（平均值）	低方案 Y_1	490	525	587	615	633
	高方案 Y_2	1236	1285	1368	1411	1453

资料来源：根据《民政部关于制定福利机构儿童最低养育标准的指导意见》利用公式计算整理而得。

（二）社会散居孤儿生活津贴标准的理论测算

根据调研得知，许多社会散居孤儿的生活水平往往取决于抚养孤儿家庭的消费水平。一般生活条件较好的抚养家庭中的孤儿生活水平会高于生活条件差的抚养家庭中的孤儿生活水平。为此，本书采用了社会散居孤儿的平均生活水平作为社会散居孤儿生活津贴标准理论测算的研究对象。

1. 食品费用

调研得知：0-3 岁孤儿和 3 岁以上孤儿的食品支出差别很大。因此，本书将分别计算 0-3 岁孤儿和 3 岁以上孤儿的食品支出。其中，0-3 岁孤儿采用了调研数据；3 岁以上孤儿采用《中国居民膳食指南》中的有关数据。

（1）0-3 岁孤儿

根据前文分析，0-3 岁孤儿每月需要 3~4 罐奶粉，按市场价每罐奶粉 150 元计算，每月食品支出约 500 元。

（2）3 岁以上孤儿

2007 年，《中国居民膳食指南》指出，膳食宝塔共分五层，谷类食物位居底层，每人每天应该吃 250 克~400 克；蔬菜和水果居第二层，每天应吃 300 克~500 克和 200 克~400 克；鱼、禽、肉、蛋等动物性食物位于第三层，每天应该吃 125 克~225 克（鱼虾类 50 克~100 克，畜、禽肉 50 克~75 克，蛋类 25 克~50 克）；奶类和豆类食物合居第四层，每天应吃相当于鲜奶 300 克的奶类及奶制品和相当于干豆 30 克~50 克的大豆及制品；第五层塔顶是烹调油和食盐，每天烹调油不超过 25 克或 30 克，食盐不超过 6 克[1]。

根据膳食宝塔，本书认为每月食品支出金额为：

$$Yt = \sum Qt \times Pt \times 30$$

其中，Yt 表示每月食品支出金额；Qt 表示每天消耗的各食品项目数量；Pt 表示每天消耗的各食品项目的价格（如表 14.9 所示）。

表 14.9 50 个城市主要食品平均价格变动情况

商品名称	规格等级	单位	本期价格（元）	比上期价格涨跌（元）	涨跌幅（%）
大米	粳米	千克	5.76	-0.01	-0.2
面粉	富强粉	千克	5.40	0.02	0.4
面粉	标准粉	千克	4.48	0.02	0.5
豆制品	豆腐	千克	4.39	0.01	0.2
花生油	压榨一级	升	27.64	-0.09	-0.3

---

[1] 百度百科. 膳食宝塔[EB/OL]http://baike.baidu.com/link?url=iKUhHEasnP6- NuPAIxU3d8OXrdDAHCHugO-Ge_14nXPKjpqbSnIEl_YcU-J19MkS,2013-07-20/2013-11-24.

商品名称	规格等级	单位	本期价格（元）	比上期价格涨跌（元）	涨跌幅（%）
大豆油	5L桶装	升	11.23	-0.01	-0.1
菜籽油	一级散装	升	13.52	-0.05	-0.4
肉	猪肉后臀尖（后腿肉）	千克	26.71	0.00	0.0
猪肉	五花肉	千克	26.44	-0.07	-0.3
牛肉	腿肉	千克	65.70	0.05	0.1
羊肉	腿肉	千克	65.58	0.30	0.5
鸡	白条鸡	千克	18.70	0.02	0.1
鸡	鸡胸肉	千克	20.65	0.03	0.2
鸭	白条鸭	千克	16.56	0.04	0.2
鸡蛋	散装鲜鸡蛋	千克	9.92	0.07	0.7
活鲤鱼		千克	13.84	0.07	0.5
活草鱼		千克	16.39	-0.04	-0.2
带鱼		千克	30.74	0.08	0.3
大白菜		千克	2.20	-0.03	-1.4
油菜		千克	4.47	-0.01	-0.2
芹菜		千克	5.52	-0.13	-2.3
黄瓜		千克	5.88	-0.07	-1.2
西红柿		千克	6.92	-0.14	-2.0
豆角		千克	9.46	0.37	4.1
土豆		千克	4.21	0.04	1.0
苹果	富士苹果	千克	10.70	0.08	0.8
香蕉	国产	千克	5.80	0.18	3.2

注：上期为2013年12月1－10日。

资料来源：国家统计局.50个城市主要食品平均价格变动情况（2013年12月11－20日）[EB/OL].http://www.stats.gov.cn/tjsj/qtsj/dzcszyspjg/t20131114_402931172.htm,2013-12-14/2013-1-1.

经计算得知：满足孤儿最基本的生存需要的孤儿生活津贴标准是每人每月497.01元（如表14.10所示）。

表 14.10 孤儿生活每月食品支出估算

食品项目名称	各项食品数量	每日食品支出金额（元）	每月食品支出金额（元）
谷类薯类	Q1=400 克	2.08	62.40
水	Q2=1200 毫升	0.003	0.09
蔬菜	Q3=500 克	2.69	80.7
水果类	Q4=400 克	3.20	96
畜禽肉类	Q5=75 克	2.55	76.5
鱼虾类	Q6=100 克	2.03	60.9
蛋类	Q7=50 克	0.50	15
大豆类及坚果	Q9=50 克	0.45	13.50
油	Q10=25-30 克	0.58	17.4
盐	Q11=6 克	0.024	0.72
合计	--	16.57	497.01

资料来源：根据公式计算，整理所得。

2. 服装衣着费用

按照调研结果，孤儿生活服装衣着需要为每年平均新增 4 套，按每套衣服 150 元，每月的服装衣着消费为 50 元。

3. 医疗费用

调研显示，社会散居孤儿需要的是门诊费用，而不是大额的医疗康复费用。但由于疾病的发生概率是不确定的，医疗保险制度也存在地区差异，具体的医疗费用很难进行测量。因此，为保障测算数据的完整性，我们采用一般的门诊费用，每月 50 元计算。

4. 生活用品费用

调研显示，孤儿生活用品类需要主要是尿片、卫生纸、洗漱用品、床单、被褥、脸盆等，0-3 岁孤儿生活用品费按每包尿片 100 元计算，平均每月 150 元左右，3 岁以上孤儿生活用品费用平均每月 50 元左右。

5. 教育费用

身体健康和智力正常的儿童有教育需要。调研显示，大多数的社会散居孤儿是健康的儿童，有教育需要，应参加九年义务教育和特殊教育；因此，本书选取甘肃、湖南、上海三地公办学校的教育费用（不包括择校费、伙食费），如表 14.11 所示。

因为孤儿生活津贴标准按 12 个月发放，所以按每年 12 个月计算三地的教育支出均值：幼儿园平均每月花费 221 元；义务教育（小学）平均每月花费 25 元；义务教育（初中）平均每月花费 37 元；高中平均每月花费 270 元。

表 14.11 教育需要费用（均值）（元/年）

		甘肃省[1]	湖南省某县[2]	上海市[3]
幼儿园	学费	2000	3000	2500
	教材费	100	100	100
	课外活动费	——	——	100
	生活用品	——	——	70
总计：		2100	3100	2770
义务教育（小学）	教辅资料	160	160	200
	课外教育活动费	——	——	200
	作业本	20	20	50
总计：		180	180	450
义务教育（初中）	教辅资料	200	200	300
	课外教育活动费	——	——	200
	作业本费	50	30	80
	住宿费	200	230	580
总计：		250	280	780
高中	学杂费	1600	1600	4000
	课外活动费	——	——	320
	卫生保健费	——	——	40
	住宿费	500	300	——
	课本、作业费	400	500	440
	班费	10	——	——
总计：		2510	2400	4800

---

[1] 甘肃省教育厅.2012 年省级批准的收费项目公示[EB/OL].http://www.gsedu.gov.cn/Article/Article_14605.aspx,2012-12-03/2014-02-20.

[2] 华容县信访局 2013 年秋季普通高中和职业高中收费项目及标准表[EB/OL].http://wjj.huarong.gov.cn/Item/16951.aspx,2013-07-10/2014-02-20.

[3] 上海市教育厅.《关于规范本市幼儿园代办服务性收费管理的通知》（沪教委财〔2013〕79 号）、《关于进一步规范本市义务教育阶段学生代办服务性收费管理有关事项的通知》（沪教委财〔2013〕80 号）、《关于进一步规范、本市高中学生代办服务性收费管理有关事项的通知》（沪教委财〔2013〕81 号），[EB/OL].http://www.shanghai.gov.cn/shanghai/node2314/node2319/node12344/u26ai32165.html,2013-06-10/2014-02-20.

6. 交通通讯费用

调研显示，孤儿生活需要交通通讯费用，经理论测算平均每月 20 元左右。

三、孤儿生活津贴实际标准与理论标准的差距

在孤儿生活津贴标准的价值维度，我们要分析孤儿生活津贴标准是否已经满足最基本的孤儿生存和发展需要，于是本书按照孤儿生存和发展需要概括成孤儿生活津贴标准的低标准线和高标准线，通过上文分析得出以下结论：

表 14.12　2013 年社会散居孤儿生活津贴标准理论测算（元/人/月）

	0—1 岁	1—3 岁	3—6 岁	6—14 岁	14 岁以上	（平均值）
食品费用	500	500	497	497	497	498
服装衣着费用	50	50	50	50	50	50
教育费用	0	0	221	30	270	104
医疗费用	50	50	50	50	50	50
生活用品费	150	150	50	50	50	90
交通通信费	0	0	20	20	20	12
低方案 Y_1	500	500	497	497	497	498
高方案 Y_2	750	750	888	697	937	804

2013 年，我国各地区集中供养孤儿生活津贴标准平均为每月 1098 元/人，社会散居孤儿生活津贴标准为每月 744 元/人。上文理论测算 2013 年孤儿生活津贴标准所得的结果是：集中供养孤儿生活津贴的低标准线是 Y_1=633，高标准线是 Y_2=1453；社会散居孤儿生活津贴的高标准线是 Y_1=498，Y_2=804。现有的孤儿生活津贴标准均值超过低标准线，但尚未达到高标准线。这表示现有的孤儿生活津贴标准能维持孤儿最基本的生存需要，但是不满足发展的需要，这对孤儿来说是远远不够的。

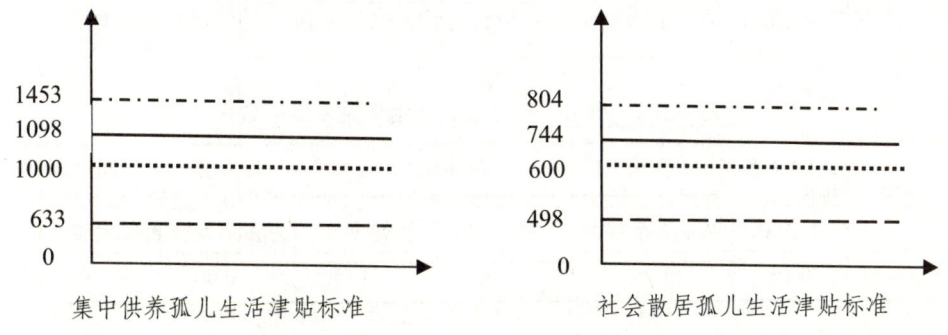

图 14.1　孤儿生活津贴标准的理论标准（均值）与实际标准（均值）测算图

第三节 孤儿生活津贴标准适度性的时间维度分析

从时间维度来分析孤儿生活津贴标准的适度性,就要考虑孤儿生活津贴标准的增长速度与 GDP 增长速度之比及与物价水平增长率之比。

一、孤儿生活津贴发展系数研究

根据社会保障水平发展系数理论,可以推出,通过分析孤儿生活津贴标准的增速与国民经济增速的关系,可判断孤儿生活津贴的发展相对于经济发展是否适度。孤儿生活津贴标准发展系数并不是衡量孤儿生活津贴标准高低的指标,而是衡量孤儿生活津贴标准的增长与国民经济增长的关系的指标。

假设某地区的孤儿生活津贴标准大部分由该地的经济因素决定,我们可以运用孤儿生活津贴标准发展系数:

$$r_1 = RY/RGDP = \frac{\Delta Y/Y}{\Delta GDP/GDP}$$

其中,r_1 为孤儿生活津贴发展系数;RY 为各地区孤儿生活津贴的增长率[1],代表各地区的孤儿生活津贴标准增长率;RGDP 为国民经济发展水平的增长率,可以用各地区生产总值增长率。当 $r_1=1$ 时,表示孤儿生活津贴标准与国民经济发展同步增长,两者处于最佳适应状态,这时的孤儿生活津贴标准是适度的。当 $0<r_1<1$ 时,表示孤儿生活津贴标准增速与国民经济增速正相关,孤儿生活津贴标准随国民经济增长而增长,但其增速略低于国民经济增长速度,处于基本适应状态。当 $r_1<0$ 时,表示孤儿生活津贴标准增长与经济增长负相关,当国民经济增长时,孤儿生活津贴标准是下降的,当国民经济水平负增长时,孤儿生活津贴标准是相对上升的,两者是不适度的。当 $r_1=0$ 时表示孤儿生活津贴标准没有增长。如果国民经济是正增长,则孤儿生活津贴标准是下降的,反之亦然,两者是不适度的。当 $r_1>1$ 时,表示孤儿生活津贴标准的增长速度超越了国民经济的增长速度,孤儿生活津贴标准增长过快,会带来沉重的经济负担,两者处于不适应状态。

表 14.13　2010—2012 孤儿生活津贴发展系数表

地区	2011 年各地区 GDP 增长率	2011 年集中供养孤儿生活津贴发展系数 r_1	2011 年散居孤儿生活津贴发展系数 r_1	2012 年各地区 GDP 增长率	2012 年集中供养孤儿生活津贴发展系数 r_1	2012 年散居孤儿生活津贴发展系数 r_1
北京	0.16	3.75	8.33	0.15	0.00	0.00

---

[1] 注:本书中的增长率是环比增长率,即本期发展水平和上期发展水平相比较的变化幅度。环比增长率=(本期量-上期量)/上期量×100%。

地区	2011年各地区GDP增长率	2011年集中供养孤儿生活津贴发展系数 r_1	2011年散居孤儿生活津贴发展系数 r_1	2012年各地区GDP增长率	2012年集中供养孤儿生活津贴发展系数 r_1	2012年散居孤儿生活津贴发展系数 r_1
天津	0.23	1.91	6.09	0.23	0.00	0.00
河北	0.18	0.00	0.00	0.2	0.00	0.00
山西	0.25	0.00	1.33	0.22	0.00	0.00
内蒙古	0.2	2.57	0.00	0.23	0.00	0.00
辽宁	0.21	0.00	0.00	0.2	0.00	0.00
吉林	0.19	0.00	0.00	0.22	0.00	0.00
黑龙江	0.21	0.00	0.00	0.21	0.00	0.00
上海	0.14	4.29	9.52	0.12	0.00	0.00
江苏	0.2	0.00	0.00	0.19	0.00	0.00
浙江	0.21	0.98	0.98	0.17	0.00	0.00
安徽	0.23	0.00	0.00	0.24	0.00	0.00
福建	0.2	0.00	0.00	0.19	0.00	0.00
江西	0.23	0.00	0.00	0.24	0.00	0.00
山东	0.16	0.00	0.00	0.16	0.00	0.00
河南	0.19	0.00	0.00	0.17	0.00	0.00
湖北	0.23	1.17	1.45	0.23	0.00	0.00
湖南	0.23	0.00	0.00	0.23	0.00	0.00
广东	0.17	1.18	3.92	0.16	0.00	0.00
广西	0.23	0.00	0.00	0.22	0.00	0.00
海南	0.25	2.67	0.00	0.22	0.00	0.00
重庆	0.21	2.04	0.00	0.26	0.00	0.00
四川	0.21	0.57	0.57	0.22	0.00	0.00
贵州	0.18	0.00	0.00	0.24	0.00	0.00
云南	0.17	0.00	0.00	0.23	0.00	0.00
西藏	0.15	0.00	0.00	0.19	0.00	0.00
陕西	0.24	0.00	1.39	0.24	0.00	0.00
甘肃	0.22	0.00	0.00	0.22	1.14	0.00
青海	0.25	0.00	0.00	0.24	0.00	0.00

地区	2011年各地区GDP增长率	2011年集中供养孤儿生活津贴发展系数 r_1	2011年散居孤儿生活津贴发展系数 r_1	2012年各地区GDP增长率	2012年集中供养孤儿生活津贴发展系数 r_1	2012年散居孤儿生活津贴发展系数 r_1
宁夏	0.25	0.00	0.67	0.24	0.00	0.00
新疆	0.27	0.00	0.00	0.22	0.00	0.00
（平均）	0.21	0.68	1.10	0.21	0.04	0.00

资料来源：根据国家统计局网站数据整理而得。

2011年，全国各地孤儿生活津贴标准发展系数中，集中供养孤儿生活津贴标准发展系数 r_1，0< r_1<1 的是浙江和四川，表示孤儿生活津贴标准增速与国民经济增速正相关，孤儿生活津贴标准随国民经济增长而增长，但其增速略低于国民经济增长速度，处于基本适应状态。r_1>1 的省市有北京、天津、内蒙古、上海、湖北、广东、海南和重庆，表示孤儿生活津贴标准的增长速度超越了地区生产总值的增速，孤儿生活津贴标准增长过快，会带来沉重的经济负担，两者处于不适应状态。更多的省市没有随着经济社会的发展调整孤儿生活津贴标准，r_1=0。

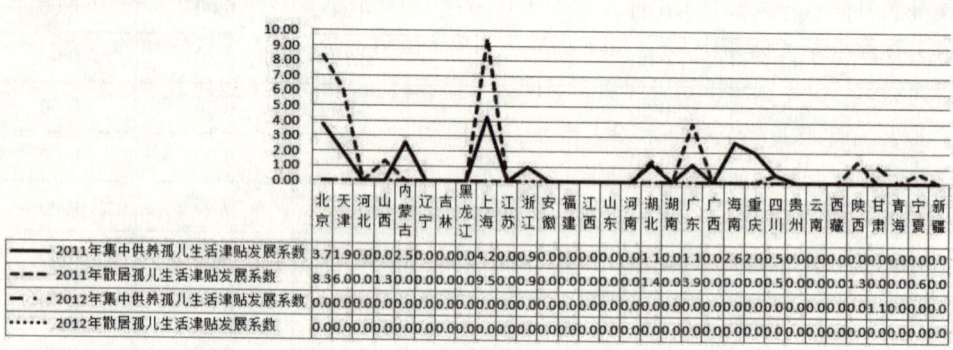

图 14.2　2011－2012年孤儿生活津贴发展系数分析图

纵观孤儿生活津贴标准的增长率和国民经济发展水平的增长率，各地区生产总值稳定增长；而孤儿生活津贴标准的增长速度是随机的。要么孤儿生活津贴标准的增长率 RY=0，要么孤儿生活津贴标准增长率 RY>1，孤儿生活津贴标准并没有稳定性的发展。由此可知，孤儿生活津贴标准并没有随着国民经济的发展而发展，也没有建立孤儿生活津贴标准的动态调整机制，孤儿生活津贴标准的制定还存在随意性，孤儿生活津贴标准在时间维度上是不适度的。

二、孤儿生活津贴与物价增长系数研究

$$r_2 = RY/RCPI = \frac{\Delta Y/Y}{\Delta CPI/CPI}$$

r_2 表示孤儿生活津贴与物价增长系数；RY 为孤儿生活津贴（Y）的增长率，代表各

地区的孤儿生活津贴标准增长率；RCPI 为物价水平的增长率。

当 $r_2=1$ 时，表示孤儿生活津贴标准与物价水平同步增长，两者处于最佳适应状态，这时的孤儿生活津贴标准是适度的。

当 $0<r_2<1$ 时，表示孤儿生活津贴标准增速与物价水平增速正相关，孤儿生活津贴标准随物价水平增长而增长，但其增速略低于物价水平增长速度，处于基本适应状态。

当 $r_2<0$ 时，表示孤儿生活津贴标准增长与物价水平增长负相关，当物价水平增长时，孤儿生活津贴标准是下降的，两者是不适度的。

当 $r_2=0$ 时表示孤儿生活津贴标准在原有基础上没有增长，如果物价水平是正增长，则说明孤儿生活津贴标准是下降的，反之亦然，两者是不适度的。

当 $r_2>1$ 时，表示孤儿生活津贴标准的增长速度超越了物价水平的增长速度，孤儿生活津贴标准增长过快，会带来沉重的经济负担，两者处于不适应状态。

表 14.14 2010—2013 孤儿生活津贴与物价增长系数表

地区	2011 商品物价增长速度	2012 商品物价增长速度	2011 年社会散居孤儿生活津贴与物价增长系数	2011 年散居孤儿生活津贴与物价增长系数	2012 年社会散居孤儿生活津贴与物价增长系数	2012 年散居孤儿生活津贴与物价增长系数
北京	0.00	0.03	18.46	41.03	0	0
天津	0.03	0.05	9.40	29.91	0	0
河北	0.03	0.05	0	0	0	0
山西	0.02	0.05	0	6.76	0	0
内蒙古	0.03	0.05	10.52	0	0	0
辽宁	0.03	0.05	0	0	0	0
吉林	0.04	0.05	0	0	0	0
黑龙江	0.03	0.05	0	0	0	0
上海	0.02	0.04	14.78	32.84	0	0
江苏	0.03	0.05	0	0	0	0
浙江	0.04	0.06	3.72	3.72	0	0
安徽	0.03	0.05	0	0	0	0
福建	0.03	0.05	0	0	0	0
江西	0.03	0.05	0	0	0	0
山东	0.03	0.05	0	0	0	0
河南	0.04	0.06	0	0	0	0
湖北	0.03	0.06	4.83	5.96	0	0

地区	2011商品物价增长速度	2012商品物价增长速度	2011年社会散居孤儿生活津贴与物价增长系数	2011年散居孤儿生活津贴与物价增长系数	2012年社会散居孤儿生活津贴与物价增长系数	2012年散居孤儿生活津贴与物价增长系数
湖南	0.03	0.06	0	0	0	0
广东	0.03	0.05	3.94	13.12	0	0
广西	0.03	0.06	0	0	0	0
海南	0.05	0.05	74.21	0	0	0
重庆	0.02	0.05	9.20	0	0	0
四川	0.03	0.05	2.58	2.58	0	0
贵州	0.03	0.05	0	0	0	0
云南	0.04	0.05	0	0	0	0
西藏	0.01	0.04	0	0	0	0
陕西	0.04	0.05	0	6.93	0	0
甘肃	0.05	0.05	0	0	0	0
青海	0.03	0.05	0	0	0	0
宁夏	0.03	0.05	0	3.17	0	0
新疆	0.03	0.05	0	0	0	0
（平均）	0.03	0.05	2.90	4.71	0.00	0.00

资料来源：根据中华人民共和国国家统计局2010−2012《中国统计年鉴》整理所得。

从图14.3中我们可以得知全国各地孤儿生活津贴与物价增长系数，纵观孤儿生活津贴标准的增长率和物价水平的增长率，可以看出，物价水平的增长率以0<RCPI<0.05的稳定幅度增加，保持了物价的稳定，而孤儿生活津贴标准则没有这种稳定性，要么孤儿生活津贴标准的增长率RY=0，要么孤儿生活津贴标准增长率RY>1。

当r_2=0时表示孤儿生活津贴标准在原有基础上没有增长，如果物价水平是正增长，则说明孤儿生活津贴实际标准是下降的，两者是不适度的。当r_2>1时，表示孤儿生活津贴标准的增长速度超越了物价水平的增长速度，孤儿生活津贴标准增长过快，会带来沉重的经济负担，两者也是不适应的。

由此可以看出，孤儿生活津贴标准并没有随着物价水平的增长而增长，我国孤儿津贴尚未建立与物价水平相适应的动态调整机制，孤儿生活津贴标准存在随意性，孤儿生活津贴标准在时间维度上是不适度的。

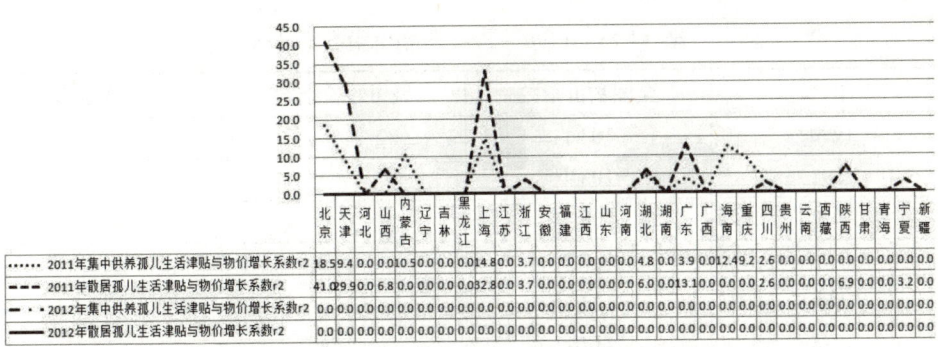

图 14.3 2011－2012 年孤儿生活津贴与物价增长系数分析图

三、孤儿生活津贴标准（均值）适度区间的预测

依据社会发展系数理论，我们可以根据物价指数增长率来确定孤儿生活津贴标准的增长率，使两者的增长率保持一致。对孤儿生活津贴标准时间维度的适度性分析，可以制定孤儿生活津贴标准的适度区间。根据物价指数增长率我们可以计算孤儿生活津贴标准的上限和下限。本书以 CPI 为影响因素进行分析。

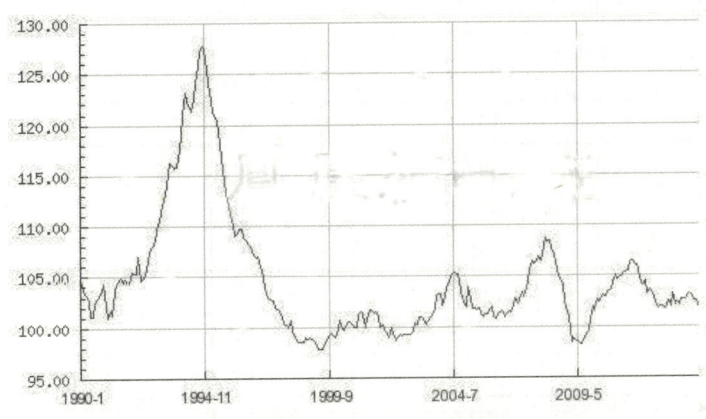

图 14.4 1990－2013 年的居民消费价格指数折线图

资料来源：凤凰网．居民消费价格指数-食品类[EB/OL].http://app.finance.ifeng.com/data/mac/jmxf.php?symbol=01, 2014-03-20.

以 1990－2013 年的居民消费价格指数来分析我国物价指数的变化情况，发现这二十四年中，居民消费价格指数平均值约为 105。根据现实情况，距离预测年份越近，预测结果越准确。因此，本书选取了近十年（2004－2013 年）的居民消费价格指数数据，计算得出，近十年居民消费价格指数的平均值 103.11，其中城市物价指数 102.95，农村物价指数 103.49。

表 14.15 1990—2012 年物价指数汇总表

年份	全国物价指数	城市物价指数	农村物价指数
1990	103.1		
1991	103.4		
1992	106.4		
1993	114.7		
1994	124.1	125.0	123.4
1995	117.1	116.8	117.5
1996	108.3	108.8	107.9
1997	102.8	103.1	102.5
1998	99.2	99.4	99.0
1999	98.6	98.7	98.5
2000	100.4	100.8	99.9
2001	100.7	100.7	100.8
2002	99.2	99.0	99.6
2003	101.2	100.9	101.6
2004	103.9	103.3	104.8
2005	101.8	101.6	102.2
2006	101.5	101.5	101.5
2007	104.8	104.5	105.4
2008	105.9	105.6	106.5
2009	99.3	99.1	99.7
2010	103.3	103.2	103.6
2011	105.4	105.3	105.8
2012	102.6	102.8	102.6
2013	102.6	102.6	102.8
1994－2013 年平均	104.14	104.14	104.28
2004－2013 年平均	103.11	102.95	103.49

资料来源：国家统计局.1990－2013 年的全国年度统计公报.居民消费价格指数整理所得[EB/OL].http://www.stats.gov.cn/tjsj/tjgb/ndtjgb/.2014-2-25.

（一）孤儿生活津贴标准适度下限

以本书计算的 2013 年孤儿生活津贴低标准线为标准，孤儿生活津贴标准的下限适用孤儿生活津贴低标准线：

孤儿生活津贴标准下限=孤儿生活津贴低标准线×CPI 的增长率

其中，孤儿生活津贴低标准线采用孤儿生活津贴标准的低方案理论测算结果，CPI增长率采用 2004 年到 2013 年的平均值 103.11，分别计算 2013－2050 年随物价增长的孤儿生活津贴标准下限。

表 14.16 2013－2050 年随 GDP 变化的孤儿津贴标准（均值）适度下限（元/人/月）

年份	2013	2014	2015	2016	2017	2018	2019	2020	2021	2022
集中供养孤儿津贴标准适度下限	633	653	673	694	715	738	761	784	809	834
社会散居孤儿津贴标准适度下限	498	513	529	546	563	580	598	617	636	656
年份	2023	2024	2025	2026	2027	2028	2029	2030	2031	2032
集中供养孤儿津贴标准适度下限	860	887	914	943	972	1002	1033	1065	1099	1133
社会散居孤儿津贴标准适度下限	676	697	719	742	765	788	813	838	864	891
年份	2033	2034	2035	2036	2037	2038	2039	2040	2041	2042
集中供养孤儿津贴标准适度下限	1168	1204	1242	1280	1320	1361	1404	1447	1492	1539
社会散居孤儿津贴标准适度下限	919	947	977	1007	1039	1071	1104	1139	1174	1210
年份	2043	2044	2045	2046	2047	2048	2049	2050	2051	2052
集中供养孤儿津贴标准适度下限	1586	1636	1687	1739	1793	1849	1906	1966	2027	2090
社会散居孤儿津贴标准适度下限	1248	1287	1327	1368	1411	1455	1500	1547	1595	1644

资料来源：根据"孤儿生活津贴标准下限=生活津贴低标准线*CPI 增长率"计算而得。

（二）孤儿生活津贴标准适度上限

以本书计算的 2013 年孤儿生活津贴低标准线为标准，孤儿生活津贴标准的上限适用孤儿生活津贴高标准线：

孤儿生活津贴标准上限=孤儿生活津贴高标准线×GDP 的增长率

其中，孤儿生活津贴高标准线采用孤儿生活津贴标准的高方案理论测算结果，CPI增长率采用 2004 年到 2013 年的平均值 103.11，计算 2013－2050 年随物价增长的孤儿生活津贴标准上限。

表 14.17　2013—2050 年随 GDP 变化的孤儿津贴标准（均值）适度上限（元/人/月）

年份	2013	2014	2015	2016	2017	2018	2019	2020	2021	2022
集中供养孤儿津贴标准适度上限	1453	1498	1545	1593	1642	1693	1746	1800	1856	1914
社会散居孤儿津贴标准适度上限	804	829	855	881	909	937	966	996	1027	1059
年份	2023	2024	2025	2026	2027	2028	2029	2030	2031	2032
集中供养孤儿津贴标准适度上限	1974	2035	2098	2164	2231	2300	2372	2446	2522	2600
社会散居孤儿津贴标准适度上限	1092	1126	1161	1197	1234	1273	1312	1353	1395	1439
年份	2033	2034	2035	2036	2037	2038	2039	2040	2041	2042
集中供养孤儿津贴标准适度上限	2681	2764	2850	2939	3030	3125	3222	3322	3425	3532
社会散居孤儿津贴标准适度上限	1483	1530	1577	1626	1677	1729	1783	1838	1895	1954
年份	2043	2044	2045	2046	2047	2048	2049	2050	2051	2052
集中供养孤儿津贴标准适度上限	3642	3755	3872	3992	4116	4244	4376	4512	4653	4797
社会散居孤儿津贴标准适度上限	2015	2078	2142	2209	2278	2348	2421	2497	2574	2655

资料来源：根据"孤儿生活津贴标准上限=孤儿生活津贴高标准线 *GDP 的增长率"计算而得。

第四节　孤儿生活津贴标准适度性的公平维度分析

孤儿生活津贴标准要与其他社会救助和社会福利政策标准相衔接。孤儿生活津贴制度仅涵盖 0-18 周岁的孤儿，超出 18 周岁的残疾、智障的孤儿转为其他社会救助或社会福利政策的救助对象，孤儿生活津贴制度的建立要与其他社会救助标准相适应。因此，从消费角度来看，孤儿生活津贴标准要与城乡居民平均消费水平相适应；从收入角度来看，孤儿生活津贴标准要与城乡居民最低生活保障标准相适应。如果孤儿生活津贴标准与其他社会救助或社会福利标准相差过大，必然会导致制度衔接的不顺利。

一、与各地区城乡居民消费水平适度性分析

居民消费水平是居民在物质产品和劳务的消费过程中，满足生存和发展需要的各项

物质产品和劳务的数量和质量的总额[1]。城乡居民消费水平是把人口数作为权数,对农村居民消费水平和城镇居民消费水平加权平均而得[2]。孤儿生活津贴要满足孤儿最基本的生存和发展需要。因此,孤儿生活津贴标准就要达到城乡居民平均消费水平。

(一)集中供养孤儿生活津贴标准与城乡居民消费水平的适度性模型

$$F_1 = \frac{Yi}{C}$$

F_1代表集中供养孤儿生活津贴占城乡居民人均消费水平支出的比重,Y_i表示各地区集中供养孤儿每人每月生活津贴标准,C表示各地区城乡居民每月的平均消费水平。$F_1>1$,表示集中供养孤儿生活津贴标准高于城乡居民的平均消费水平;$F_1=1$,表示当地的集中供养孤儿生活津贴标准基本与城乡居民的平均消费水平持平;$0<F_1<1$,说明集中供养孤儿生活津贴低于城乡居民的平均消费水平。这一模型能够精确地说明集中供养孤儿生活津贴标准与城乡居民平均消费水平的适度性。

(二)社会散居孤儿生活津贴标准与城乡居民平均消费水平的适度性模型

$$F_2 = \frac{Yj}{C}$$

F_2代表散居孤儿生活津贴占城乡居民人均消费水平支出的比重,Y_j表示各地区社会散居孤儿每人每月生活津贴标准,C表示各地区城乡居民每月的平均消费水平。$F_2>1$,表示社会散居孤儿生活津贴标准高于城乡居民的平均消费水平;$F_2=1$,表示社会散居孤儿生活津贴标准基本与城乡居民的平均消费水平持平;$0<F_2<1$,说明社会散居孤儿生活津贴低于城乡居民的平均消费水平。这一模型能够精确地说明社会散居孤儿生活津贴标准与城乡居民平均消费水平的适度性。

表14.18 2010—2012年孤儿生活津贴标准与城乡居民平均消费水平的适度性分析表

地区	2010年城乡居民平均消费水平(元/月)	F_1	F_2	2011年城乡居民平均消费水平(元/月)	F_1	F_2	2012年城乡居民平均消费水平(元/月)	F_1	F_2
北京	1664.88	0.60	0.36	1820.71	0.88	0.77	1980.06	0.81	0.71
天津	1178.33	0.85	0.51	1375.75	1.05	1.05	1562.70	0.92	0.92
河北	728.58	1.37	0.82	842.67	1.19	0.71	930.00	1.08	0.65
山西	699.13	1.43	0.86	820.08	1.22	0.98	899.00	1.11	0.89
内蒙古	883.92	0.79	0.97	1039.21	1.02	0.83	1180.84	0.90	0.73

---

[1] 百度百科.居民消费水平[EB/OL]http://baike.baidu.com/link?url=iKUhHEasnP6- NuPAIxU3d8OXrdDAHCHugO-Ge_14nXPKjpqbSnIEl_YcU-J19MkS,2013-07-20/2013-11-24.

[2] 百度百科.居民消费水平[EB/OL]http://baike.baidu.com/link?url=iKUhHEasnP6- NuPAIxU3d8OXrdDAHCHugO-Ge_14nXPKjpqbSnIEl_YcU-J19MkS,2013-07-20/2013-11-24.

地区	2010年城乡居民平均消费水平（元/月）	F1	F2	2011年城乡居民平均消费水平（元/月）	F1	F2	2012年城乡居民平均消费水平（元/月）	F1	F2
辽宁	967.83	1.03	0.62	1157.54	0.86	0.52	1321.53	0.76	0.45
吉林	737.29	1.32	0.91	876.79	1.11	0.76	993.74	0.98	0.67
黑龙江	705.75	1.42	0.85	843.54	1.19	0.71	915.97	1.09	0.66
上海	2008.21	0.50	0.30	2304.79	0.69	0.61	2400.31	0.67	0.58
江苏	1101.63	0.91	0.54	1323.42	0.76	0.45	1492.58	0.67	0.40
浙江	1395.92	0.72	0.43	1634.46	0.74	0.44	1749.28	0.69	0.41
安徽	737.75	1.36	0.81	844.96	1.18	0.71	907.46	1.10	0.66
福建	1033.29	0.97	0.58	1174.92	0.85	0.51	1263.25	0.79	0.47
江西	707.92	1.41	0.81	828.42	1.21	0.69	906.26	1.10	0.63
山东	977.46	1.02	0.61	1126.96	0.89	0.53	1239.17	0.81	0.48
河南	750.79	1.33	0.80	856.04	1.17	0.70	946.31	1.06	0.63
湖北	763.92	1.31	0.79	899.50	1.41	0.89	1000.05	1.27	0.80
湖南	800.83	1.25	0.75	932.92	1.07	0.64	1018.41	0.98	0.59
广东	1224.63	0.82	0.49	1390.88	0.86	0.72	1548.62	0.77	0.65
广西	730.42	1.37	0.82	848.00	1.18	0.71	950.53	1.05	0.63
海南	633.79	0.82	0.95	769.83	0.30	0.78	878.67	1.14	0.68
重庆	788.00	0.89	0.76	941.17	1.06	0.64	1067.24	0.94	0.56
四川	758.54	1.32	0.79	898.71	1.25	0.75	991.49	1.13	0.68
贵州	631.13	1.58	0.95	744.29	1.34	0.81	828.74	1.21	0.72
云南	676.13	1.48	0.89	803.71	1.24	0.75	923.28	1.08	0.65
西藏	548.25	1.82	1.09	590.33	1.69	1.02	669.02	1.49	0.90
陕西	735.83	1.36	0.82	871.25	1.15	0.92	1001.55	1.00	0.80
甘肃	619.00	1.29	0.97	731.29	1.09	0.82	817.10	1.22	0.73
青海	648.42	1.54	0.93	760.54	1.31	0.79	880.93	1.14	0.68
宁夏	776.38	1.29	0.77	906.13	1.10	0.77	1007.54	0.99	0.69
新疆	669.83	1.49	0.90	798.25	1.25	0.75	952.14	1.05	0.63
（平均）	880.121	1.08	0.69	1024.42	1.05	0.71	1136.25	0.95	0.64

资料来源：根据中华人民共和国国家统计局2010－2013年《中国统计年鉴》的分地区居民消费水平表整理所得。[EB/OL].http://www.stats.gov.cn/tjsj/tjgb/ndtjgb/.2014-2-25.

（三）孤儿生活津贴标准与城乡居民平均消费水平适度性分析

孤儿津贴标准与城乡居民平均消费水平相适应，即集中供养孤儿生活津贴标准应该相当于城乡居民的平均消费水平，即 $F_1=1$，社会散居孤儿生活津贴标准略低于城乡居民的消费水平，即 $F_2<1$。由上表得知，2011 年，全国各地区集中供养孤儿生活津贴标准占城乡居民消费水平的比重平均为 1.05；社会散居孤儿生活津贴标准占城乡居民比重平均为 0.71。

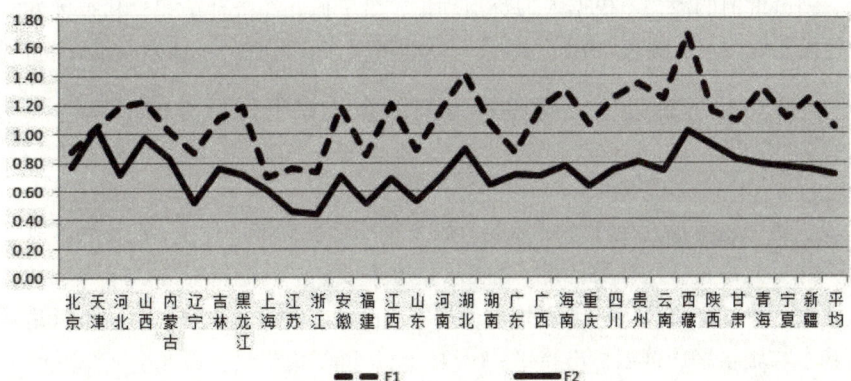

图 14.5　2011 年孤儿生活津贴标准与城乡居民平均消费水平适度性分析折线图
资料来源：根据以上分析绘制而成。

由于我国经济发展存在地域性差异，因此，本书认为孤儿生活津贴标准地方与全国标准相比，上下浮动 0.2 是符合国情的，集中供养孤儿生活津贴占城乡居民人均消费水平支出的比重 $F_1 \in$（0.8，1.2）是适度的；社会散居孤儿生活津贴占城乡居民人均消费水平支出的比重 $F_2 \in$（0.5，0.9）是适度的。

二、与各地区城乡平均低保标准适度性分析

城乡居民最低生活保障标准，是国家为救助收入低且难以维持其基本生活需要的社会成员而制定的一种社会救助标准[1]。因此，孤儿生活津贴标准应适当略高于城乡居民最低生活保障标准，这是因为：

首先，孤儿生活津贴标准不仅要满足平均生活水平，还应满足孤儿教育、医疗、就业、住房等方面的需要。孤儿正处于长身体的阶段，要保障其最基本的营养需要。孤儿没有劳动能力和家庭支持，没有经济来源，如果国家不对其进行保障，他们很可能流落街头，不仅难以满足自身生存和发展需要，还面临生命危险。

其次，孤儿群体不具备劳动能力。社会救助的保障对象是城乡低收入人群，具有劳

---

[1] 百度百科.城市居民最低生活保障标准[EB/OL]http://baike.baidu.com/link?url=iKUhHEasnP6-NuPAIxU3d8OXrdDAHCHugO-Ge_14nXPKjpqbSnIEl_YcU-J19MkS,2013-10-20/2013-11-24.

动能力，具备增加收入和提高生活水平的可能。国际经验也表明，社会救助的标准不宜过高，以免导致"养懒汉"现象。而孤儿群体在成年参加工作前，不具备劳动能力、无生活来源，没有提高收入和退出受助群体的可能性。因此，国家和社会应全面保障孤儿群体的基本生活。

最后，孤儿群体的权利诉求能力差，但救助效果最明显。孤儿是最弱小、最困难的群体。孤儿权利诉求能力薄弱，几乎是"集体失语"的。但从长远看，这一群体最具摆脱贫困、创造价值的潜力。根据人力资本理论，给予孤儿经济补贴和福利服务方面的救助，满足孤儿的生活、教育、医疗、住房、就业等需求，将有利于他们成年后摆脱贫困。

（一）集中供养孤儿生活津贴标准与城乡平均低保标准的适度性模型

$$F_3 = \frac{Y_i}{P}$$

F_3 表示集中供养孤儿生活津贴标准占城乡平均低保标准的比重，Y_i 表示各地区集中供养孤儿每人每月生活津贴标准，P 表示各地区城乡平均低保标准。$F_3 > 1$，表示集中供养孤儿生活津贴标准高于城乡平均低保标准；$F_3 = 1$，表示当地的集中供养孤儿生活津贴标准基本与城乡平均低保标准持平；$0 < F_3 < 1$，说明集中供养孤儿生活津贴低于城乡平均低保标准。这一模型能够精确地说明集中供养孤儿生活津贴标准与城乡平均低保标准的适度性。

（二）社会散居孤儿生活津贴标准与城乡低保标准的适度性模型

$$F_4 = \frac{Y_j}{P}$$

F_4 表示社会散居孤儿生活津贴标准与城乡平均低保标准之间的比重。Y_j 表示各地区社会散居孤儿每人每月生活津贴标准，P 表示各地区城乡平均低保标准。$F_4 > 1$，表示社会散居孤儿生活津贴标准高于城乡平均低保标准；$F_4 = 1$，表示当地的社会散居孤儿生活津贴标准基本与城乡平均低保标准持平；$0 < F_4 < 1$，说明社会散居孤儿生活津贴低于城乡平均低保标准。这一模型能够精确地说明社会散居孤儿生活津贴标准与城乡平均低保标准的适度性。

表 14.19 2010—2013 年孤儿生活津贴标准与城乡平均低保标准的适度性分析表

地区	2011年城乡平均低保标准（元/月）	F_3	F_4	2012年城乡平均低保标准（元/月）	F_3	F_4	2013年城乡平均低保标准（元/月）	F_3	F_4
北京	441.54	3.62	3.17	473.31	3.38	2.96	550.77	2.91	2.54
天津	404.07	3.56	3.56	445.00	3.24	3.24	521.00	2.76	2.76
河北	208.10	4.81	2.88	238.77	4.19	2.51	279.11	3.58	2.15

地区	2011年城乡平均低保标准（元/月）	F_3	F_4	2012年城乡平均低保标准（元/月）	F_3	F_4	2013年城乡平均低保标准（元/月）	F_3	F_4
山西	190.44	5.25	4.20	223.02	4.48	3.59	259.85	3.85	3.08
内蒙古	255.65	4.15	3.36	312.60	3.39	2.75	367.53	2.88	2.34
辽宁	235.56	4.25	2.55	283.94	3.52	2.11	314.75	4.13	2.54
吉林	180.75	5.37	3.71	212.58	4.56	3.15	240.29	4.04	2.79
黑龙江	194.24	5.15	3.09	202.89	4.93	2.96	243.35	4.11	2.47
上海	432.50	3.70	3.24	500.00	3.20	2.80	570.00	2.81	2.46
江苏	336.14	2.97	1.78	389.45	2.57	1.54	433.55	2.31	1.38
浙江	341.59	3.53	2.12	389.70	3.09	1.86	443.56	2.72	1.63
安徽	209.76	4.77	2.86	249.88	4.00	2.40	285.87	3.50	2.10
福建	197.77	5.06	3.03	234.88	4.26	2.55	272.68	3.67	2.20
江西	218.51	4.58	2.61	251.93	3.97	2.26	295.48	3.72	2.37
山东	220.72	4.53	2.72	265.96	3.76	2.26	298.76	4.02	2.41
河南	164.87	6.07	3.64	189.82	5.27	3.16	218.63	4.57	2.74
湖北	192.44	6.60	4.16	220.08	5.77	3.64	267.22	4.75	2.99
湖南	173.18	5.77	3.46	217.43	4.60	2.76	248.48	4.02	2.41
广东	230.77	5.20	4.33	253.78	4.73	3.94	315.41	3.80	3.17
广西	166.69	6.00	3.60	188.20	5.31	3.19	223.80	4.47	2.68
海南	235.91	4.24	2.54	276.43	3.62	2.17	294.53	3.40	2.04
重庆	197.25	5.07	3.04	234.21	4.27	2.56	258.11	3.87	2.32
四川	167.65	6.68	4.01	192.96	5.80	3.48	223.01	5.02	3.01
贵州	193.32	5.17	3.10	221.72	4.51	2.71	247.26	4.04	2.43
云南	155.71	6.42	3.85	207.00	4.83	2.90	237.22	4.22	2.53
西藏	218.06	4.59	2.75	266.46	3.75	2.25	290.62	3.44	2.06
陕西	215.64	4.64	3.71	250.94	3.98	3.19	270.76	3.69	2.95
甘肃	146.26	5.47	4.10	180.51	5.54	3.32	220.04	4.54	2.73
青海	190.01	5.26	3.16	187.48	5.33	3.20	252.46	3.96	2.38
宁夏	163.99	6.10	4.27	178.08	5.62	3.93	220.07	4.54	3.18

地区	2011年城乡平均低保标准（元/月）	F_3	F_4	2012年城乡平均低保标准（元/月）	F_3	F_4	2013年城乡平均低保标准（元/月）	F_3	F_4
新疆	139.67	7.16	4.30	179.44	5.57	3.34	215.86	4.63	2.78
（平均）	226.41	4.74	3.22	261.89	4.12	2.79	302.58	3.63	2.46

资料来源：中华人民共和国民政部规划财务司.2010年第三季度保障标准,2011年第三季度保障标准,2012年第三季度保障标准

[EB/OL].http://cws.mca.gov.cn/article/tjjb/e/,2013-06-15/ 2013-12-17.

（三）各地区孤儿生活津贴标准与城乡平均低保标准适度性分析

从表14.19得知，孤儿生活津贴标准高于城乡平均低保标准，集中供养孤儿生活津贴标准大约是城乡平均低保标准的3~5倍，社会散居孤儿生活津贴标准是城乡平均低保标准的2~3倍。其中，2013年集中供养孤儿生活津贴标准是城乡平均低保标准的3.6倍，社会散居孤儿生活津贴标准是城乡平均低保标准的2.5倍，以2013年为例分析，18周岁以上孤儿生活津贴标准与城乡最低生活保障制度标准衔接（见表14.20）。由于要保障18周岁以上没有自理能力、没有劳动能力的孤儿的生存，孤儿生活津贴标准需要和城乡最低生活保障制度进行衔接。本书建议，每三年调整一次，每次降低1倍，六年时间孤儿生活津贴标准就与城乡最低生活保障制度的标准相衔接。由于目前大多数地区的城镇居民最低生活保障制度标准约是农村最低生活保障的2倍左右，集中供养孤儿的生活津贴标准也是社会散居孤儿生活津贴标准的2倍左右。因此，本书认为孤儿在27岁时领到的孤儿生活津贴需满足：集中供养孤儿生活津贴标准是城乡居民最低生活保障制度标准的2倍左右，社会散居孤儿生活津贴标准是城乡居民最低生活保障标准的1倍左右。

表14.20　18周岁以上孤儿生活津贴标准与城乡最低生活保障标准的衔接

年龄	制度衔接期限	孤儿类型	孤儿生活津贴标准与城乡平均低保标准之间的比重
18－21周岁	三年	集中供养孤儿	3.6倍
		社会散居孤儿	2.5倍
22－24周岁	三年	集中供养孤儿	2.5倍
		社会散居孤儿	2倍
25周岁以上		集中供养孤儿	2倍
		社会散居孤儿	1倍

三、孤儿生活津贴标准适度性公平维度的综合分析

各地区孤儿生活津贴标准要达到当地居民的基本生活水平,同时略高于城乡居民最低生活保障标准。当孤儿超过 18 周岁后,应当停发孤儿生活津贴,改发城乡居民最低生活保障津贴。

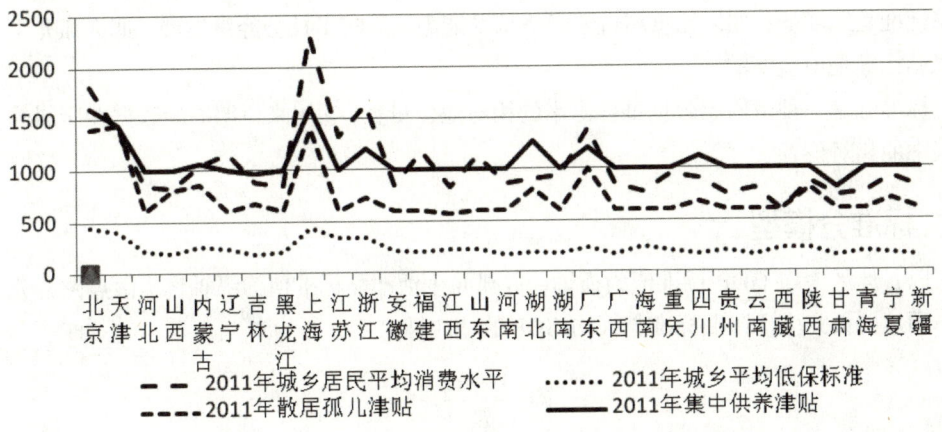

图 14.6　孤儿生活津贴标准适度性公平维度综合分析图

资料来源:根据以上分析绘制而成。

根据图 14.6 制作孤儿生活津贴标准的定位模型图,A 表示城乡居民最低生活保障标准;B 表示社会散居孤儿生活津贴标准;C 表示城乡居民平均消费水平;D 表示集中供养孤儿生活津贴标准。由低到高组合如图 14.7 所示:

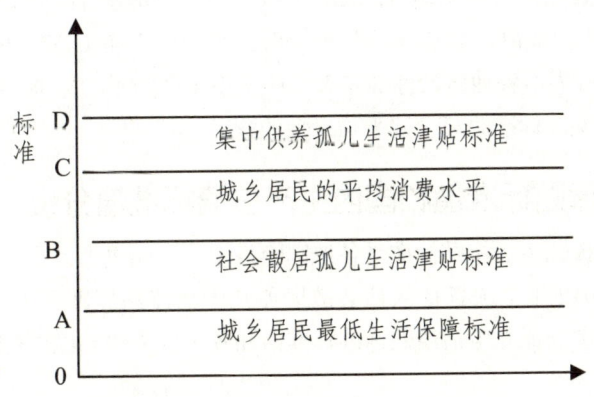

图 14.7　孤儿生活津贴标准的定位模型

资料来源:根据以上分析绘制而成。

第五节　孤儿生活津贴标准适度性的地域维度分析

孤儿生活津贴标准适度性的地域维度分析，就是判断孤儿生活津贴标准是否与各地的生产力发展水平相适应，孤儿生活津贴标准是否与各地经济发展的承受能力相适应。如果孤儿生活津贴标准占生产总值的比重不会给经济发展带来负面影响，那么孤儿生活津贴标准是适度的；如果比重超过了经济承受能力，影响了社会经济发展，那么孤儿生活津贴标准是不适度的。

标准分是一种由原始数据推导出来的相对地位量数，它用来说明原始数据在所属的数据中的相对位置[1]。

一、标准分模型

以各地区人均 GDP 标准值为横轴，以孤儿生活津贴标准值为纵轴作出散点图，分析不同地区孤儿生活津贴标准与人均 GDP 的适应性。

$$\phi = \frac{Y_i - \overline{Y}_i}{S_1}$$

$$\omega = \frac{G_i - \overline{g}_i}{S_2}$$

其中，Φ 表示孤儿生活津贴的标准值，其含义是各地区孤儿生活津贴人均标准与全国平均标准的偏差程度。其中 Y_i 指的是各地区孤儿生活津贴标准，$\overline{Y}_i$ 指全国孤儿生活津贴平均标准，S_1 为各地区孤儿生活津贴的标准差；ω 表示各地区人均 GDP 标准值的标准值，其含义是各地区人均 GDP 标准值与全国人均 GDP 的偏差状况。其中 G_i 指的是各地区人均 GDP 标准值，$\overline{g}_i$ 指平均标准，S_2 为各地区人均 GDP 的标准值。标准值有正负之分，正负号表示各地区的标准是大于还是小于全国平均标准。绝对值数量的大小，表示各地区的实际标准距离全国平均标准的程度。

二、孤儿生活津贴标准值和国内生产总值标准值分析

由于社会散居孤儿生活津贴标准受各地区经济发展影响更大，所以本书在地域维度选取的是 2010－2012 年全国各地区社会散居孤儿生活津贴标准和人均 GDP 的数值，首先分别计算社会散居孤儿生活津贴标准标准值和各地区人均 GDP 标准值（如表 14.21 所示）：

---

[1] 百度百科.标准分[EB/OL]http://baike.baidu.com/link?url=aKJwUJmjutFd_cSxMuqrErlQebZ1quOCAy9Yx2rjV8HUK1wnGkEScBNDSuEyw7kS.2013-08-20/2013-11-24.

表 14.21　2010—2012 年孤儿生活津贴标准值和国内生产总值标准值表

地区	2010年社会散居孤儿津贴标准标准值	2011年社会散居孤儿津贴标准标准值	2012年社会散居孤儿津贴标准标准值	2010年各地区人均GDP标准值	2011年各地区人均GDP标准值	2012年各地区人均GDP标准值
北京	-0.20	2.70	2.70	2.36	2.20	2.21
天津	-0.20	2.86	2.86	2.14	2.52	2.55
河北	-0.20	-0.52	-0.52	-0.27	-0.29	-0.33
山西	-0.20	0.28	0.28	-0.39	-0.45	-0.48
内蒙古	5.16	0.52	0.52	0.76	0.93	1.04
辽宁	-0.20	-0.52	-0.52	0.45	0.59	0.65
吉林	1.24	-0.24	-0.24	-0.13	-0.07	0.00
黑龙江	-0.20	-0.52	-0.52	-0.37	-0.35	-0.34
上海	-0.20	2.70	2.70	2.86	2.31	2.09
江苏	-0.20	-0.52	-0.52	1.01	1.16	1.23
浙江	-0.20	-0.03	-0.03	0.96	1.05	0.99
安徽	-0.20	-0.52	-0.52	-0.73	-0.74	-0.72
福建	-0.20	-0.52	-0.52	0.30	0.44	0.47
江西	-0.82	-0.65	-0.65	-0.66	-0.71	-0.73
山东	-0.20	-0.52	-0.52	0.41	0.41	0.42
河南	-0.20	-0.52	-0.52	-0.51	-0.56	-0.56
湖北	-0.20	0.28	0.28	-0.33	-0.27	-0.23
湖南	-0.20	-0.52	-0.52	-0.48	-0.50	-0.48
广东	-0.20	1.09	1.09	0.71	0.60	0.54
广西	-0.20	-0.52	-0.52	-0.75	-0.73	-0.75
海南	-0.20	-0.52	-0.52	-0.53	-0.54	-0.56
重庆	-0.20	-0.52	-0.52	-0.33	-0.24	-0.20
四川	-0.20	-0.23	-0.23	-0.70	-0.70	-0.68
贵州	-0.20	-0.52	-0.52	-1.15	-1.23	-1.49
云南	-0.20	-0.52	-0.52	-0.95	-1.08	-1.04

地区	2010年社会散居孤儿津贴标准标准值	2011年社会散居孤儿津贴标准标准值	2012年社会散居孤儿津贴标准标准值	2010年各地区人均GDP标准值	2011年各地区人均GDP标准值	2012年各地区人均GDP标准值
西藏	-0.20	-0.52	-0.52	-0.86	-1.02	-1.00
陕西	-0.20	0.28	0.28	-0.38	-0.32	-0.24
甘肃	-0.20	-0.52	-0.52	-0.97	-1.05	-1.05
青海	-0.20	-0.52	-0.52	-0.51	-0.55	-0.50
宁夏	-0.20	-0.12	-0.12	-0.40	-0.35	-0.34
新疆	-0.20	-0.52	-0.52	-0.56	-0.48	-0.47

资料来源：采用中华人民共和国国家统计局2010-2012年《中国统计年鉴》数据，根据公式计算整理所得。

以各地区人均GDP标准值为横轴，各地区孤儿生活津贴标准值为纵轴，以标准值0为参照系。把2010-2011年内地31个省（自治区、直辖市）社会孤儿津贴保障状况和人均生产总值分为Ⅰ、Ⅱ、Ⅲ、Ⅳ四个象限（如图14.8）。其中横轴X表示各省（自治区、直辖市）各地区人均GDP的标准值，表明经济发展程度与全国平均经济发展程度的偏差状况，以及各省（自治区、直辖市）的经济发展水平在全国的排名；纵轴Y表示省（自治区、直辖市）人均散居孤儿救助标准的标准值，表明地区孤儿津贴标准与全国平均标准的偏差程度以及各省市社会散居孤儿津贴标准在全国的排名。最为理想的状态是Y=X，各地区孤儿生活津贴标准在全国的排名与GDP在全国的排名一致。因此，本书认为此时的孤儿生活津贴标准是最适度的。

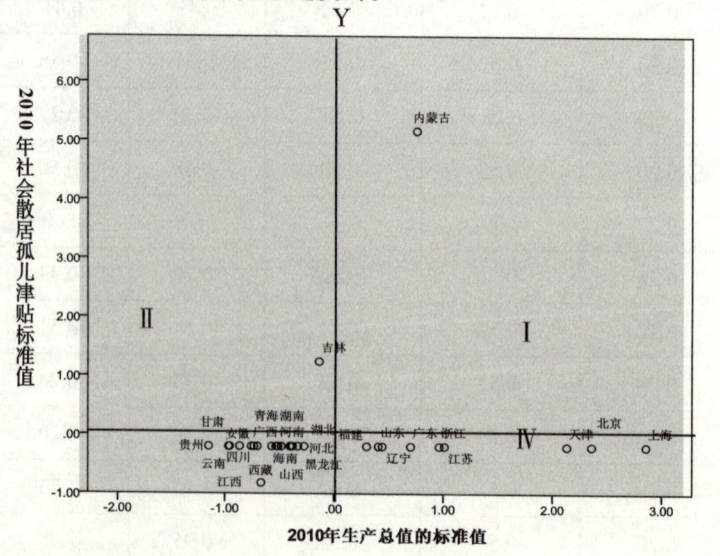

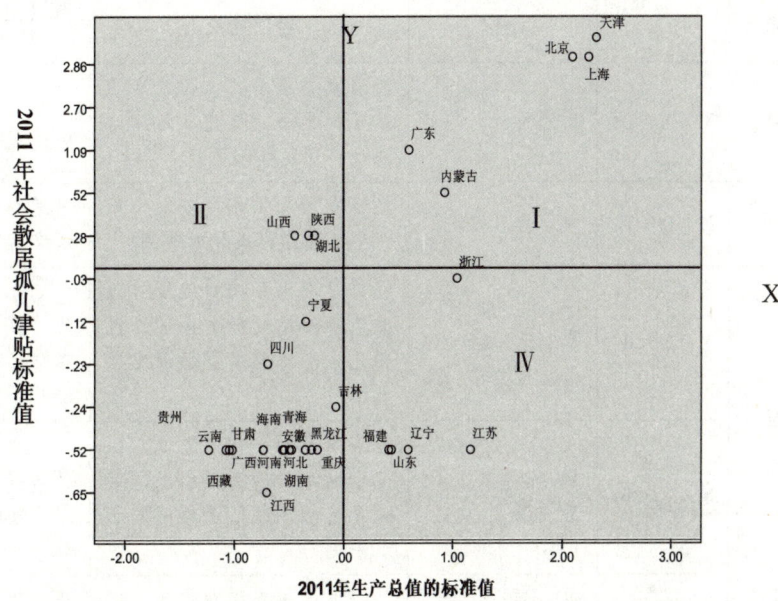

图 14.8　2010-2011 年各地区散居孤儿津贴的保障力度散点图

资料来源： 根据以上分析绘制而成。

2010 年各地区社会散居孤儿津贴标准值在 0 值附近，这说明各省（自治区、直辖市）社会散居孤儿津贴标准与平均值相差不大，仅有内蒙古和吉林两省（自治区）社会散居孤儿津贴标准较高。各省（自治区、直辖市）按各地经济发展水平进行排列如图 14.8 所示：上海、北京、天津三市经济发展水平较高，但是社会散居孤儿津贴偏低，有待提高。

三、孤儿生活津贴标准适度性地域维度的综合分析

2011 年各地区散居孤儿津贴的适度性分析如表 14.22 所示：Ⅰ象限地区，孤儿生活津贴标准与国民经济发展水平相适应，孤儿生活津贴标准适度；Ⅱ象限地区，孤儿生活津贴标准不适度，应适当降低孤儿生活津贴标准，以免影响当地的经济发展；Ⅲ象限地区，国民经济发展水平相对较低，孤儿生活津贴的标准较低，应该在经济发展的基础上合理设定孤儿生活津贴标准；Ⅳ象限地区，孤儿生活津贴标准过低，应该适当提高孤儿生活津贴标准。

表 14.22　2011 年散居孤儿津贴的适度性分析表

象限		地区	经济含义	孤儿生活津贴适度性分析
Ⅰ象限	X＞Y＞0	京、沪、津、粤	经济发展水平高，孤儿生活津贴标准高，孤儿生活津贴低于经济发展水平	孤儿生活津贴标准应适当提高

象限		地区	经济含义	孤儿生活津贴适度性分析
Ⅰ象限	Y>X>0	内蒙古、	经济发展水平高,孤儿生活津贴标准高,孤儿生活津贴高于经济发展水平	孤儿生活津贴标准应适当降低
Ⅱ象限	X<0<Y	陕、晋、鄂	经济发展水平相对较低,孤儿生活津贴标准相对较高	应适当降低孤儿生活津贴标准
Ⅲ象限	X<Y<0	宁、川、桂、琼、贵、云、藏、甘、青、赣、皖、豫	经济发展水平相对较低,孤儿生活津贴的标准也低,但孤儿生活津贴高于经济发展水平	适当降低孤儿生活津贴标准
	Y<X<0	冀、吉、黑、湘、渝、新	经济发展水平相对较低,孤儿生活津贴的标准也低,但孤儿生活津贴低于经济发展水平	适当提高孤儿生活津贴标准
Ⅳ象限	Y<0<X	苏、辽、闽、鲁、浙	经济发展水平相对较高,但孤儿生活津贴标准相对较低	适当提高孤儿生活津贴的标准

资料来源:根据图14.8整理而得。

在中西部经济发展缓慢的地区,孤儿生活津贴标准在全国的地位高于人均GDP的在全国的地位,这样是不合理的,过高的孤儿生活津贴标准会给当地的国民经济发展带来沉重的负担,影响经济的发展。而东部发达地区的孤儿生活津贴标准在全国的地位远远低于当地国民经济发展水平在全国的地位,不能很好地保障当地孤儿最基本的生存和发展的需要。所以孤儿生活津贴标准过高或过低都是不适度的。

本章从价值维度、时间维度、公平维度和地域维度对孤儿生活津贴标准进行适度性分析。在价值维度,本书测算了孤儿生活津贴标准的适度上限和下限;在时间维度,利用孤儿生活津贴应该与GDP发展速度相适应,并建立动态调整机制,预测了2014-2050年的孤儿生活津贴标准;在公平维度,基本按照理论上的定位模型的顺序排列,测算了孤儿生活津贴标准占各地区居民生活水平比重的适度范围;在地域维度,按照各地区生产总值,分析了内地31个省(直辖市、自治区)孤儿生活津贴标准的适度性,发现:中西部经济发展缓慢的地区,孤儿生活津贴标准高于国民经济发展的在全国的地位,过高的孤儿生活津贴标准会给当地的国民经济发展带来沉重的负担;而东部发达地区的孤儿生活津贴标准在全国的地位远远低于当地国民经济发展水平在全国的地位,不能很好地保障当地孤儿最基本的生存和发展的需要,所以孤儿生活津贴标准过高或过低是不适度的。

第六节 我国孤儿生活津贴标准计发办法的探索

本书测算了孤儿生活津贴理论标准，并在四个维度分析孤儿生活津贴标准的适度性。由于我国尚处于社会主义初级阶段，地区间经济发展不平衡，各地区孤儿生活津贴标准存在很大差异，城镇和农村孤儿生活津贴标准也不尽相同。因此，孤儿生活津贴平均标准必须在孤儿生活津贴标准的适度区间内，也要根据各地实际情况确定各地孤儿生活津贴标准。全国各地统一的孤儿生活津贴标准不适应各地孤儿最基本的生存和发展需要，因此，本书对孤儿生活津贴标准的影响因素进行分析，并试图建立科学统一的孤儿生活津贴标准计发办法。各地要根据当地经济发展水平，在最低养育标准基础上确定本地孤儿养育标准，并根据平均生活水平和物价上涨指数建立自然增长机制。孤儿生活津贴标准到底受到哪些因素的影响？

一、根据 GDP 的增长速度制定孤儿生活津贴的适度标准

对 2010 年到 2013 年的全国面板数据进行分析，可以发现：孤儿生活津贴标准与国内生产总值（GDP）存在高度相关性。为了消除选用绝对值所带来的一些影响，本书对 GDP 和孤儿生活津贴标准的绝对值进行标准化处理，选用面板数据分析，得到的处理结果如下：

（一）集中供养孤儿生活津贴标准对数与 GDP 对数的面板数据分析

本书利用 Eviews6.0 采用广义最小二乘法对 2010 - 2012 年 GDP 的对数和集中供养孤儿生活津贴标准对数的面板数据进行分析如下：

表 14.23 集中供养孤儿生活津贴标准对数与 GDP 对数的面板数据分析结果

因变量：集中供养孤儿生活津贴标准对数				
广义最小二乘法				
样本时间：2010 - 2012 年				
观测值：3				
截面数据个数：32				
总样本个数：96				
变量	估计所得参数值	参数标准误差	t 检验统计量值	p 值
GDP 的对数	0.235137	0.047578	4.942155	0.0000
固定效应模型				
北京--C	4.559921			
天津--C	4.482464			

变量	估计所得参数值	参数标准误差	t检验统计量值	p值
河北--C	4.619342			
山西--C	4.482197			
内蒙古--C	4.256860			
辽宁--C	4.366460			
吉林--C	4.402701			
黑龙江--C	4.470719			
上海--C	4.551316			
江苏--C	4.319005			
浙江--C	4.453576			
安徽--C	4.531663			
福建--C	4.381557			
江西--C	4.525540			
山东--C	4.379973			
河南--C	4.499111			
湖北--C	4.619342			
湖南--C	4.490013			
广东--C	4.482535			
广西--C	4.534972			
海南--C	3.962445			
重庆--C	4.338857			
四川--C	4.600341			
贵州--C	4.667857			
云南--C	4.593044			
西藏--C	4.577465			
陕西--C	4.465552			
甘肃--C	4.443325			
青海--C	4.495695			
宁夏--C	4.472179			
新疆--C	4.493659			
加权统计				
拟合优度	0.999761		因变量均值	17.60894
调整后的拟合优度	0.999640		因变量标准差	8.558932

变量	估计所得参数值	参数标准误差	t检验统计量值	p值
回归标准误差	0.162413	残差平方和		1.661816
杜宾沃森检验值	2.390884			

用方程表示为：

$$LJ = 0.235137\ LGDP + \varepsilon$$

$$(4.942155)$$

$$R^2 = 0.999761 \quad 调整的\ R^2 = 0.999640 \quad P = 0.0000$$

从面板数据处理结果来看，方程 $R^2 = 0.999761$，调整的 $R^2 = 0.999640$，说明方程的解释力非常强。孤儿生活津贴标准受到 GDP 的影响非常大。P=0.0000，说明方程在 99% 的置信区间非常显著。从自变量的 t 值=4.942155 来看，大于样本值为 96、自变量个数为 1 个时的标准 t 值。

因此，可以得出结论：集中供养孤儿生活津贴标准与 GDP 具有非常强的相关性。可以根据 GDP 的增长速度来设置集中供养孤儿生活津贴标准的适度标准。

（二）社会散居孤儿生活津贴标准对数与 GDP 对数的面板数据分析

本书利用 Eviews6.0 采用广义最小二乘法对 2010－2012 年 GDP 的对数和社会散居孤儿生活津贴标准对数的面板数据进行分析如下：

表 14.24 社会散居孤儿生活津贴标准对数与 GDP 对数的面板数据分析结果

因变量：社会散居孤儿生活津贴对数				
广义最小二乘法				
样本时间：2010－2012 年				
观测值：3				
截面数据个数：32				
总样本个数：96				
变量	估计所得参数值	参数标准误差	t检验统计量值	p值
GDP 的对数	0.144490	0.035523	4.067505	0.0000
固定效应模型				
北京--C	5.326529			
天津--C	5.340875			
河北--C	5.084591			
山西--C	5.098233			
内蒙古--C	5.177167			
辽宁--C	4.835326			
吉林--C	4.986660			

变量	估计所得参数值	参数标准误差	t检验统计量值	p值
黑龙江--C	4.899392			
上海--C	5.321241			
江苏--C	4.806164			
浙江--C	4.936784			
安徽--C	4.936841			
福建--C	4.844602			
江西--C	4.881786			
山东--C	4.843629			
河南--C	4.916838			
湖北--C	5.084591			
湖南--C	4.911248			
广东--C	5.172513			
广西--C	4.938875			
海南--C	4.916724			
重庆--C	4.891421			
四川--C	5.008169			
贵州--C	5.020531			
云南--C	4.974559			
西藏--C	4.964986			
陕西--C	5.088005			
甘肃--C	4.973972			
青海--C	4.914739			
宁夏--C	5.003056			
新疆--C	4.913488			
加权统计				
拟合优度	0.999840	因变量均值		18.31370
调整后的拟合优度	0.999759	因变量标准差		9.203380
回归标准误差	0.142845	残差平方和		1.285495
杜宾沃森检验值	2.315779			

用方程表示为：

$$LS = 0.144490\ LGDP + \varepsilon$$

(4.067505)

R^2=0.999840　　调整的 R^2=0.999759　　P=0.0000

从面板数据处理结果来看，方程 R^2=0.999840，调整的 R^2=0.999759，说明方程的解释力非常强。散居孤儿生活津贴标准受到 GDP 的影响非常大。P=0.0000，说明方程在 99%的置信区间非常显著。从自变量的 t 值=4.067505 来看，大于样本值为 96、自变量个数为 1 个时的标准 t 值。

因此，可以得出结论：社会散居孤儿生活津贴标准与 GDP 具有非常强的相关性，可以根据 GDP 的增长速度来设置社会散居孤儿生活津贴标准的适度标准。

二、根据物价的增长速度制定孤儿生活津贴的适度标准

为了消除选用绝对值所带来的一些影响，本书对物价指数和孤儿生活津贴标准的绝对值进行标准化处理，选用物价指数的对数和孤儿生活津贴标准对数进行面板数据分析，得到的处理结果如表 14.25 所示：

（一）集中供养孤儿生活津贴标准对数与物价指数对数的面板数据分析

本书利用 Eviews6.0 采用广义最小二乘法对 2010-2012 年物价指数对数和集中供养孤儿生活津贴标准对数的面板数据进行分析如下：

表 14.25　集中供养孤儿生活津贴标准对数与物价指数对数的面板数据分析结果

因变量：集中供养孤儿生活津贴指数				
广义最小二乘法				
样本时间：2010-2011 年				
观测值：2				
截面数据个数：32				
总样本个数：64				
变量	估计所得参数值	参数标准误差	t 检验统计量值	p 值
物价指数对数	7.071348	0.175103	40.38396	0.0000
固定效应模型				
北京--C	-25.54990			
天津--C	-25.75495			
河北--C	-25.83947			
山西--C	-25.90824			
内蒙古--C	-26.08055			
辽宁--C	-25.94325			
吉林--C	-25.99834			

变量	估计所得参数值	参数标准误差	t检验统计量值	p值
黑龙江--C	-25.92229			
上海--C	-25.62266			
江苏--C	-25.92772			
浙江--C	-25.88867			
安徽--C	-25.95234			
福建--C	-25.94130			
江西--C	-25.91867			
山东--C	-25.91225			
河南--C	-25.98349			
湖北--C	-25.83947			
湖南--C	-25.95390			
广东--C	-25.85618			
广西--C	-25.96721			
海南--C	-26.80770			
重庆--C	-26.05737			
四川--C	-25.86692			
贵州--C	-25.94912			
云南--C	-25.95760			
西藏--C	-25.82100			
陕西--C	-25.94713			
甘肃--C	-26.22477			
青海--C	-25.99080			
宁夏--C	-25.94895			
新疆--C	-25.99425			
加权统计				
拟合优度	0.999998	因变量均值		49.33471
调整后的拟合优度	0.999997	因变量标准差		118.9682
回归标准误差	0.220867	残差平方和		1.512247
杜宾沃森检验值	1.978788			

用方程表示为：

$$LJ = 7.071348 LCPI + \varepsilon$$

（40.38396）

$R^2=0.999998$ 调整的 $R^2=0.999997$ P=0.0000

从面板数据处理结果来看，方程 $R^2=0.999998$，调整的 $R^2=0.999997$，说明方程的解释力非常强，孤儿生活津贴标准受到物价指数的影响非常大。P=0.0000，说明方程在 99%的置信区间非常显著。从自变量的 t 值=40.38396 来看，大于样本值为 64、自变量个数为 1 个时的标准 t 值。

因此，可以得出结论：集中供养孤儿生活津贴标准与物价指数具有非常强的相关性。可以根据物价的增长速度来设置集中供养孤儿生活津贴标准的适度标准。

（二）社会散居孤儿生活津贴标准对数与物价指数对数的面板数据分析

本书利用 Eviews6.0 采用广义最小二乘法对 2010－2012 年物价指数对数和社会散居孤儿生活津贴标准对数的面板数据进行分析如下：

表 14.26 社会散居孤儿生活津贴标准对数与物价指数对数的面板数据分析结果

因变量：社会散居孤儿生活津贴指数				
广义最小二乘法				
样本时间：2010－2011 年				
观测值：2				
截面数据个数：32				
总样本个数：64				
变量	估计所得参数值	参数标准误差	t 检验统计量值	p 值
物价指数对数	7.800971	0.532584	14.64739	0.0000
固定效应模型				
北京--C	-29.24532			
天津--C	-29.39932			
河北--C	-29.71716			
山西--C	-29.66119			
内蒙古--C	-29.47051			
辽宁--C	-29.84365			
吉林--C	-29.76047			
黑龙江--C	-29.82053			
上海--C	-29.32558			
江苏--C	-29.82651			
浙江--C	-29.79306			
安徽--C	-29.85368			
福建--C	-29.84150			

变量	估计所得参数值	参数标准误差	t检验统计量值	p值
江西--C	-29.86782			
山东--C	-29.80945			
河南--C	-29.88804			
湖北--C	-29.71716			
湖南--C	-29.85540			
广东--C	-29.59275			
广西--C	-29.87008			
海南--C	-29.90954			
重庆--C	-29.77281			
四川--C	-29.76529			
贵州--C	-29.85012			
云南--C	-29.85948			
西藏--C	-29.70879			
陕西--C	-29.70409			
甘肃--C	-29.90805			
青海--C	-29.89611			
宁夏--C	-29.77286			
新疆--C	-29.89991			
加权统计				
拟合优度	0.999972		因变量均值	因变量均值
调整后的拟合优度	0.999943		因变量标准差	因变量标准差
回归标准误差	0.177138		残差平方和	残差平方和
杜宾沃森检验值	3.878788			

用方程表示为：

$$LS= 7.800971LCPI+\varepsilon$$

（14.64739）

R^2=0.999972   调整的 R^2=0.999943   P=0.0000

从面板数据处理结果来看，方程 R^2=0.999972，调整的 R^2=0.999943，说明方程的解释力非常强，孤儿生活津贴标准受到物价指数的影响非常大。P=0.0000，说明方程在99%的置信区间非常显著。从自变量的 t 值=14.64739 来看，大于样本值为 64、自变量个数为 1 个时的标准 t 值。

因此，可以得出结论：社会散居孤儿生活津贴标准与物价指数具有非常强的相关性。

可以根据物价的增长速度来设置集中供养孤儿生活津贴标准的适度标准。

三、研究结论

本书从四个维度分析孤儿生活津贴标准的适度性。由于我国尚处于社会主义初级阶段，地区之间政治、经济、文化发展不平衡，各地区孤儿生活津贴标准存在很大差异，城镇和农村孤儿生活津贴标准也不尽相同。因此，孤儿生活津贴平均标准必须在孤儿生活津贴标准的适度区间内，各地区孤儿生活津贴标准要在孤儿生活津贴平均标准基础上，根据本地区经济发展水平和平均生活水平，确定适度的孤儿生活津贴标准，并建立孤儿生活津贴标准的自然增长机制。

（一）根据孤儿生存和发展需要制定适度标准

孤儿生活津贴标准要实现价值维度上的适度性，必须要满足孤儿最基本的生存和发展需要。社会保障制度通过社会福利的方式，保障公民满足基本生活需要，分享经济社会发展的成果。调研显示：国家制定的孤儿最低养育标准偏低，孤儿生活津贴标准可以满足孤儿最基本的食品需要，但是不能同时满足孤儿吃饭、穿衣、住房、交通等需要，也不能满足孤儿的发展需要。孤儿相对于其他群体有特殊的需求：集中供养孤儿大多是病残的，需要高额的医疗费用，即使我国有"明天计划"等孤儿康复手术计划，也不能充分满足孤残儿童的医疗需要；社会散居孤儿大多身体健康，智力正常，虽然具有较强的教育需求，但因为贫困，无法支付高额的教育费用而辍学。孤儿最基本的生存和发展需要，事关孤儿群体的基本利益。不管是从社会公平角度出发，还是考虑到政府的社会管理职能和责任，国家都应给予孤儿及社会散居孤儿家庭稳定的经济补贴，保障孤儿基本生存和发展所需。因此，制定孤儿生活津贴标准的适度标准，必须要合理测算和保障孤儿生存和发展需要。

（二）根据地区发展水平制定不同的标准

我国处于社会主义发展的初级阶段，地区间经济发展水平和居民消费水平存在很大差异，全国实行统一的孤儿生活津贴标准是不现实的。"一刀切"的全国统一的孤儿生活津贴标准存在弊端：对经济发展水平高于全国平均水平的地区来说，全国统一的孤儿生活津贴标准可能会低于当地的平均水平，不能满足孤儿生存和发展需要；对经济发展水平低于全国平均水平的地区来说，全国统一的孤儿生活津贴标准会高于当地居民的消费水平，会导致不公平，影响社会平稳和谐发展，也会给经济发展水平相对较低的地区带来沉重的财政负担，影响当地经济的发展。因此，应该根据各地区人均 GDP、人均财政收入、物价指数、居民消费水平的实际情况，科学制定各地区的孤儿生活津贴标准，既保障孤儿的基本生活需求，又不给当地的经济和财政带来负担。

（三）根据物价的增长速度调整适度标准

孤儿生活津贴标准要实现时间维度上的适度性，必须要与国民经济增长速度和物价水平增长速度相适应。2009 年制定的孤儿最低养育标准并没有随着国民经济的发展和物价水平的提高而提高。2011 年，全国大部分省市根据当地经济发展情况和物价水平对孤儿生活津贴标准进行了调整，确定了比较合理的孤儿生活津贴标准，保障了孤儿的生存和发展需要。但在近年来物价快速增长的现实情况下，应该适度调整孤儿津贴标准，而不是一直沿用过去的孤儿生活津贴标准，这不利于保障孤儿生存和发展的需要。制定孤儿生活津贴标准的适度标准，必须要与国民经济发展相适应，与物价波动相挂钩，逐步建立孤儿生活津贴动态调整机制，保障孤儿日益增长的生存和发展需求。由于每次孤儿生活津贴标准的测算存在一定的成本，所以本书建议，孤儿生活津贴标准每三年或每五年进行一次测算比较合理，这既符合孤儿生长发育的时段，也符合受教育阶段儿童的需要。

（四）根据"低保"标准联动机制调整适度标准

孤儿生活津贴标准要实现公平维度上的适度性，必须要与居民消费水平、最低生活保障标准建立联动机制。为保障年满 18 周岁的无生活自理能力、无劳动能力的智障和残疾孤儿的基本生活，孤儿生活津贴制度要与城乡最低生活保障制度相衔接。由于目前大多数地区的城镇居民最低生活保障制度标准约是农村最低生活保障的 2 倍左右，集中供养孤儿的生活津贴标准也是社会散居孤儿生活津贴标准的 2 倍左右。因此，本书建议年满 18 周岁的孤儿生活津贴标准与最低生活保障标准建立联动机制，每三年调整一次孤儿生活津贴标准。制度衔接的第一个三年，集中供养孤儿和社会散居孤儿生活津贴标准与城乡平均低保标准之间的比重分别为 3.6 倍和 2.5 倍；制度衔接的第二个三年，集中供养孤儿和社会散居孤儿生活津贴标准与城乡平均低保标准之间的比重分别定为 2.5 倍和 2 倍；制度衔接的第三个三年，集中供养孤儿和社会散居孤儿生活津贴标准与城乡平均低保标准之间的比重分别定为 2 倍和 1 倍。利用六年的时间使孤儿生活津贴标准与城乡居民最低生活保障制度的标准相衔接，既能完善孤儿生活津贴制度的退出机制，也能实现与其他社会救助和社会福利政策的衔接。

第十五章 城乡儿童福利一体化指标构建及测量

第一节 研究评述

关于儿童福利的城乡一体化，近年来的相关研究集中于我国普惠型儿童福利的建设，笔者认为这是在对象上对儿童福利城乡一体化的讨论。

本书讨论的是广义上面向全体儿童的福利项目，这是儿童福利的发展方向，也是儿童权利理念的体现。

一、整体制度

刘继同（2006）从儿童福利制度本身存在的分割性问题出发，从儿童福利制度安排、服务体系两个维度，具体分析了我国儿童福利存在的分割问题：首先，缺乏统一的福利理念；其次，儿童福利项目分散于不同部门，而部门间协调性差；第三，儿童健康服务体系处于转型时期，对象选择性强、服务内容有限[1]。李娟（2013）对我国目前补缺型儿童福利的现状及成因进行分析，认为低水平、覆盖有限的儿童福利是社会经济水平低、观念落后、管理体制混杂等的产物，提出树立国家责任主体观念、健全法制、建立专门管理机构、人员专业化等建议，以建立适度普惠型儿童福利[2]。

二、具体项目

教育福利是儿童福利的重要部分，它为落后地区的儿童提供了相对公平的教育机会。万国威（2012）以教育福利为视角，对我国内地31个省份的学前教育福利的城乡和地区发展程度进行统计分析，结果显示城乡学前教育在校舍、物资和师资三方面都存在显著差距，城乡差距远大于地区差距。建议加强对农村地区，尤其是西部农村地区的政策扶持力度[3]。

鲍传友（2005）同样关注城乡教育，但其聚焦于"义务教育"的城乡差异：城乡在义务教育经费、师资水平、入学机会等方面都存在显著差距，作者认为其根本原因在于农村的政策资源贫困，提出树立城乡统一的教育思想、立法，以明确农村教育投入标准、

---

[1] 刘继同.儿童健康照顾与国家福利责任重构:中国现代儿童福利政策框架[J].中国青年研究,2006(12): 51-59.
[2] 李娟. 关于适度普惠型儿童福利体系的思考[J].社会福利, 2013(11):7-14.
[3] 万国威.我国三类人群社会福利现状的定量研究[J]. 人口学刊, 2012(3): 42-52.

强化中央政府责任、加强师资队伍建设等建议[1]。

基于《儿童权利公约》和生命质量理论的综合评价，一般采用较复杂的指标体系。OECD国家儿童福利指数包含物质生活、健康和安全、教育、与同龄人和家庭成员关系、主观幸福度、危险和不良行为6个维度，这些维度细分为18个方面，通过40个评价指标来反映[2]。

联合国儿童基金会(以下简称 UNICEF)为巴西开发了评价儿童发展的技术工具——儿童发展指数，它以联合国《儿童权利公约》及《巴西儿童少年条例》为综合评价依据，考察医疗、教育两类公共服务以及家庭环境对儿童发展的影响[3]。

美国 Kenneth C. Land 开发的儿童福利指数参考了社会心理学和社会学研究结果，通过物质生活水平、社会关系、健康、安全和行为、知识水平、社区参与、心理健康7个维度衡量儿童发展和福利水平，并设置了28项测量指标。Nasrin Dalirazar 将计算范围扩展为婴儿死亡率、5岁以下儿童死亡率、5岁以下营养不良患病率、小学入学率、小学5年级在学率5项指标。

由已有指标可看出：儿童福利状况是一个开放性概念，其内涵随着时代的发展和研究的侧重点不同而不断扩展、变化。任何指标体系都无法涵盖所有儿童福利的因素，但这并不影响儿童福利的核心内容：生存、健康、教育、安全等。而具体研究可在此基础上进行改进和完善。

以"城乡儿童福利一体化"为题搜索，鲜有完全相关的文章，用定量技术对儿童福利均等化问题进行的研究还相对有限，对城乡儿童福利一体化测量指标的设计更加缺乏。本书试图在确定儿童福利核心因素的基础上，建立一体化指标体系；并以上海市为例，揭示城乡儿童福利的差距，呈现城乡儿童福利的政策问题，以期对儿童福利的一体化定量研究有所贡献。

第二节　儿童福利城乡一体化指标体系构建

一、指标体系构建方法

（一）构建思路

本书遵循归纳普遍性核心影响因素→结合我国实际选择具体指标→构建指标体系

---

[1] 鲍传友.中国城乡义务教育差距的政策审视[J]. 北京师范大学学报(社会科学版), 2005(3):27-35.

[2] Bradshaw, Jonathan, Petra Hoelscher, Dominic Richardson. Comparing Child Well—Being in OECD Countries: Concepts and Methods. Innocenti Working Paper No. 2006—03[R]. Florence: UNICEF Innocenti Research Centre, 2007, 2~38.

[3] UNICEF. The State of Brazil's Children 2006: The Right to Survival and Development[R]. UN ICEF Rep resentative Office in Brazil, Cross Content Comunicao Integrada, 2005,108~124.

的逻辑。

具体构建思路是：首先界定对儿童生存、成长最关键的影响因素，以此确定总体上的准则层指标；其次，对我国目前实施的儿童福利项目进行归纳，在准则层下选择具有城乡普遍性且数据可得的福利项目作为指标层的具体指标。最后，按照指标层次形成城乡儿童福利指标体系。如图 15.1 所示：

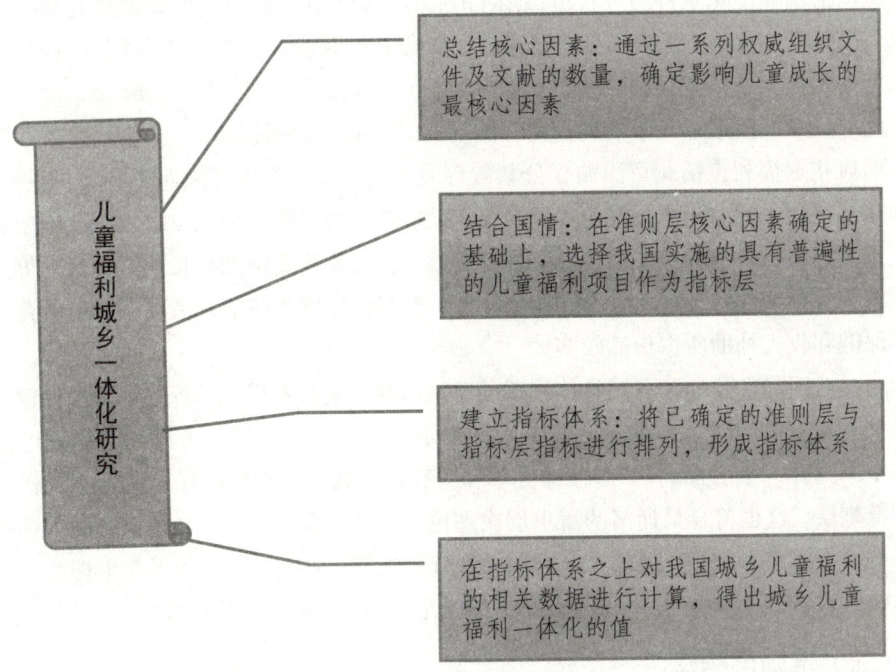

图 15.1 城乡儿童福利指标体系

（二）指标层构建

1959 年，联合国在日内瓦发布的《儿童权利宣言》指出："人类有责任给儿童以必须给予的最好待遇。"《宣言》规定了儿童权利的十原则，分别从身心保护、受教育权、医疗照顾、特殊儿童保护等方面规定了儿童的权利。如原则四："儿童应享受社会安全的各种利益，应有能健康地成长和发展的权利。儿童应有权得到足够的营养、住宅、娱乐和医疗服务"；原则七："儿童有受教育之权，其所受之教育至少在初级阶段应是免费的和义务性的。"[1]

1989 年通过的联合国《儿童权利公约》指出："世界上每一个儿童都应平等地享有生存权、保护权、发展权和参与权。"公约规定了"儿童最大利益"的原则，第六条规定各国"应最大限度地确保儿童的存活与发展"，第二十六条规定"缔约国应确认每个儿童有权受益于

---

[1] 引自《儿童权利宣言》P_{247}

社会保障、包括社会保险，应根据其国内法律采取必要措施充分实现这一权利"。[1]

UNICEF 在其年度报告《世界儿童状况》中通过营养、健康、艾滋病、教育、妇女状况、儿童保护六个领域的数据来说明各国儿童发展水平及其变化。我国政府在报告儿童工作进展时，总结了我国在儿童健康和营养、普及基础教育、减少针对儿童的暴力和犯罪、保护弱势儿童、营造适宜自然环境和社会环境方面取得的成绩和存在的挑战[2]。

从以上国际性儿童公约可看出，面向儿童的福利及保护措施皆紧密围绕儿童的身心特点，以保障儿童基本生活、身心健康、人身安全和平等的受教育权。这些内容与儿童需求密切相关，是儿童福利的核心要素。

此外，本书梳理了儿童福利较完善的发达国家的儿童福利体系，包括：

瑞典儿童福利包括儿童津贴、公共教育服务及津贴、健康照顾服务和父母保险[3]；英国儿童福利主要由儿童福利金、监护人津贴、教育维持津贴和儿童收入抵免组成；日本儿童福利项目包括各类儿童津贴、教育资助、医疗及药品资助和长期看护资助等；美国儿童福利分为收入补助、营养、社会服务、教育、保健和住宅六大项，其中教育、服务、保健和收入补助所占份额较多。

通过对国际性公约和各国具体实践的总结归纳，笔者发现生活保障、医疗保健、教育福利和人身安全等儿童的核心需求同样也是各国实践的关键；考虑到指标的可衡量性，本书选择"生活福利""医疗保健"和"教育福利"三大维度作为儿童福利指标体系的准则层。这也符合马斯洛的需求层次理论：首先，作为脆弱生命体，儿童生存是其面临的首要需求和挑战，依赖于家庭照顾和社会支持；其次，医疗条件对生理脆弱的儿童影响巨大；最后，教育是儿童起点公平的决定性因素之一，对儿童发展具有深远意义。

（三）准则层构建

我国城乡分割的主要原因在于城乡经济水平差异及其影响下的政策话语权、公共资源分配、社会发展程度等的差距。因此，城乡儿童福利的差距也是长期以来城乡经济不平衡、政策向城市倾斜及由此形成的路径依赖的产物。要建立科学合理的指标考察城乡儿童福利的差异，首先须明确我国城乡在儿童生活福利、医疗卫生资源、教育资源等方面的共同项目，在此基础上选择有代表性、可获得的指标，对我国城乡儿童福利存在的差距进行测量。

本书按照代表性高、以儿童为衡量主体的原则，对准则层的具体指标进行选取：

首先，我国儿童福利中"生活福利"主要包括公共儿童照顾机构，如公立幼儿园、

---

[1] 引自《儿童权利公约》P$_{253}$
[2] 刘新亮，雷海潮. 国外儿童发展与福利状况综合评价研究的最新进展[J]. 医学与社会，2011(11): 6-9.
[3] 何玲. 瑞典儿童福利模式及发展趋势研议[J].中国青年研究，2009(2): 5-10.

日间照顾中心等[1]；尚未成为统一的面向全体儿童的津贴；对母亲的补贴也限于城市从业女性。因此，本书认为目前我国对城乡普通儿童的生活福利主要是托儿所、幼儿园等公共服务机构。

城乡经济水平的差距带来了儿童服务、照料机构的条件差距，而"硬件"和"软件"是机构条件差异的主要表现。因此本书选取"人均幼儿园校舍面积""幼儿园生师比"作为衡量城乡儿童生活福利差异的指标。

$$人均校舍面积 = \frac{在园学生数}{幼儿园校舍面积}$$

$$生师比 = \frac{专职幼儿园教师数}{在园学生数}$$

其次，儿童医疗福利的主要目的是为儿童及孕产妇提供疾病预防和康复服务，以保证新生儿的存活和身体健康。正如刘继同所言：儿童健康照顾服务是儿童福利基础性、战略性和先决性组成部分[2]。我国儿童医疗福利主要包括生育费用补贴、儿童免疫服务、孕产妇体检等。

由于生育保险的职业性，农村地区尚无生育补贴；而疫苗、防疫服务等的可衡量性较低，因此本书选取反映儿童医疗福利效果的"新生儿死亡率"和"儿童营养状况"作为医疗福利的指标层指标。

$$新生儿死亡率 = \frac{年内新生儿死亡数}{活产婴儿数} \times 1000‰$$

$$儿童营养状况 = \frac{5岁以下儿童体重低于标准体重人数}{5岁以下儿童总数}$$

最后，教育福利方面，鉴于我国目前义务教育的普及化，基础教育的入学机会差异较小，但在教育过程中因城乡财力差异带来教育资源及质量的不同。因此，本书从办学条件的角度对城乡儿童获得的教育福利进行对比，选择"小学本科及以上教师比""生均图书数量"和"生均校舍面积"作为指标。

$$生均图书数量 = \frac{小学图书藏量}{在校学生人数}$$

$$小学本科及以上教师比 = \frac{本科及以上教师数}{专职教师总数}$$

$$生均校舍面积 = \frac{当年校舍面积}{在校学生数}$$

---

[1] 郑功成主编.社会保障概论[M].复旦大学出版社,2005:306.
[2] 刘继同. 儿童健康照顾与国家福利责任重构:中国现代儿童福利政策框架[J]. 中国青年研究, 2006(12): 51-59.

二、指标体系

对于城乡儿童福利指标体系的构建，本书主要采用 AHP 方法（Analytic Hierarchy Process），即层次分析法的思路进行研究。AHP 是由美国运筹学家沙旦于 20 世纪 70 年代提出的，是一种定性与定量分析相结合的决策分析方法，其优势在于将决策者的经验判断进行量化，从而为决策者提供定量形式的决策依据，在目标结构复杂且数据不是很充足的情况下尤为适用。

其解决问题处理的基本步骤是：首先，确定要解决的问题和目标，分析与目标相关的内在因素间的联系与结构，并把这种结构划分为若干层次，将各层间诸要素的联系用图表表示。基于我国的现实国情：农村儿童福利水平低于城市儿童福利，因此在构建城乡儿童福利一体化指数时，计算时以城市儿童福利某指标参数为基数。构建如表 15.1 所示的指标体系：

表 15.1 城乡儿童福利一体化指标及其含义

目标层	准则层	指标层	指标含义	性质
城乡儿童福利一体化指标体系	生活福利	人均幼儿园校舍面积	指儿童人均可享受的幼儿园面积，衡量儿童在儿童机构获得的活动空间	正向
		幼儿园生师比	指幼儿机构中专职教师数量与儿童数量的比例，是衡量儿童照顾人力资源丰富程度的指标	正向
	医疗福利	新生儿死亡率	指出生后不满周岁的婴儿死亡人数与年内出生人数的比率。衡量当一地的婴幼儿医疗水平和妇幼保健效果	负向
		五岁以下儿童中重度营养不良率	即低体重患病率，指按照世界卫生组织体重标准，5 岁以下儿童体重低于标准体重的人数占 5 岁以下儿童总数的百分比	负向
	教育福利	小学本科及以上教师比	指小学专职教师中本科及以上教师的比例。衡量小学的师资质量，是学校办学资源的反映，对教学质量有重要影响	正向
		生均图书册数	指平均每个学生拥有的学校馆藏纸质书册数，它衡量学生可利用的图书资源的丰富程度及办学条件	正向
		生均校舍面积	指小学每年学生使用面积，包括教室、实验室、图书室、体育馆等，衡量学生享有的硬件学习资源	正向

三、指标权重设置及综合指标计算

从实际层面看,生活、医疗、教育都是儿童生存发展的关键性因素,对儿童的成长、健康具有决定性影响。正如国际儿童救助会[1]的宗旨"改善全世界儿童生活状况"、"确保儿童都能上学并得到相对高质量的教育"、"改善儿童和妇女的健康状况",生活、医疗、教育等都是儿童权益的重要部分,不可分割,同等重要;任何部分的缺失都会造成儿童生理、心理和未来发展的障碍。从研究层面看,国外学者在评价儿童时,以等权重处理方法为主,即综合指数下各维度权重相等、各维度下指标权重相等。这种方式具有计算简单明了、结果可信度提高、权重分配标准的争议少等优点。例如加利福尼亚大学的麦格苇等建立了权重相等的生活质量指数[2];巴西建立了父母文盲率、学前教育入学率等四个权重相同的儿童发展指数:

儿童发展指数=0.25×母亲文盲率+0.25×父亲文盲率+0.25×(疫苗接种率+母亲产前保健覆盖率)/2+0.25×学前教育入学率

因此,笔者认为:生活、医疗、教育三者对儿童福利都具有深远影响,对其重要性的排序难以形成共识性结论;且作为发展中国家,三个福利维度的内容都处在最基本水平,任何一项的缺失或削减都会对儿童成长造成不利影响。因此,本书赋予三个准则层的儿童福利指标以相同的权重,即:

$I_{儿童福利指数}$=1/3×生活福利+1/3×医疗福利+1/3×教育福利

相应地,在准则层中各指标的权重也保持相同,即:

生活福利=1/2×人均幼儿园校舍面积+1/2 幼儿园生师比

医疗福利=1/2×新生儿死亡率+1/2×5岁以下儿童中重度营养不良率

教育福利=1/3×生均图书册数+1/3×小学本科及以上教师比+1/3×生均校舍面积

在指标体系中,正向指标的值与评价呈正相关,即值越大儿童福利城乡一体化程度越高;负向指标与评价呈负相关,即值越小儿童福利城乡一体化程度越高。在指标计算上,采用归一化法,该方法适于指标的横向比较,符合本书城乡对比的研究目的。将城市的各项儿童福利指数作为"最优值",即作为对比的基数,用农村儿童福利的指标与其对比,得出相对于城市而言农村儿童福利的状况。即:

$$I_{ij} = Rg_{ij}/Cg_{ij} \ (i = x, y, z, w \quad j = 1, 2, \cdots)$$

---

[1] 是一个为世界儿童的权利而奋斗的独立国际慈善组织,为受到贫困、疾病、不公和暴力威胁的儿童寻求保护和解决方案。其工作领域包括儿童教育、儿童保护和儿童健康等。

[2] Michael R. Hagerty, Kenneth C. Land. Constructing Summary Indices of Quality of Life: A Model for the Effect of Heterogeneous ImportanceWeights[J]. SociologicalMethods & Research, 2007, 35(4): 455~497.

对于负向指标，采用与正向指标相反的计算方式，以保证每项指标值在汇总成整体指标时的作用方向相同，即：

$$I_{ij} = Cg_{ij}/Rg_{ij} \ (i = x, y, z, w \quad j = 1, 2, \cdots)$$

本书将儿童福利城乡一体化级别抽象分为 4 个等级：0~0.2 之间，极低一体化水平，城乡差异显著，儿童福利公平性低；0.2~0.4 之间，低度一体化水平，城乡差异度大；0.4~0.6，较低的一体化水平，儿童福利的城乡差异较大；>0.8，较高的一体化水平，城乡儿童福利差距较小，公平度高。

第三节　城乡儿童福利一体化指标测算及分析

一、数据来源

本书数据主要来自 2009－2013 年的《中国教育统计年鉴》《中国卫生统计年鉴》、中国经济与社会发展统计数据库。

二、数据汇总

表 15.2　我国儿童福利指标统计数据

福利维度	指标	城乡	2009 年	2010 年	2011 年	2012 年	2013 年
生活福利	人均幼儿园校舍面积（m²）	城市	8.20	7.02	6.39	5.39	4.00
		农村	2.24	2.79	2.60	2.39	2.24
		指数	0.27	0.40	0.41	0.44	0.56
	幼儿园生师比	城市	0.07	0.06	0.06	0.06	0.05
		农村	0.02	0.02	0.02	0.02	0.02
		指数	0.29	0.33	0.33	0.33	0.40
医疗福利	新生儿死亡率（‰）	城市	4.50	4.10	4.00	3.90	3.60
		农村	10.80	10.00	9.40	8.10	7.90
		指数	0.42	0.41	0.43	0.48	0.46
	5 岁以下儿童中重度营养不良率（%）	城市	2.41	2.15	2.21	1.66	2.20
		农村	1.21	1.12	1.03	1.25	0.90
		指数	0.50	0.52	0.47	0.75	0.41

福利维度	指标	城乡	2009年	2010年	2011年	2012年	2013年
教育福利	生均图书册数（本/人）	城市	17.20	17.46	17.11	18.50	19.81
		农村	13.81	14.47	14.61	16.52	19.30
		指数	0.80	0.83	0.85	0.89	0.97
	小学本科及以上教师比	城市	0.44	0.49	0.50	0.56	0.56
		农村	0.12	0.15	0.18	0.28	0.35
		指数	0.27	0.31	0.36	0.50	0.63
	生均校舍面积（m²）	城市	0.16	0.18	0.17	0.22	0.25
		农村	0.20	0.23	0.33	0.33	0.36
		指数	1.30	1.29	1.92	1.48	1.45

三、测算结果及分析

（一）指标测算

儿童福利城乡一体化评价指数是建立在单个指标基础上，用以综合反映全国的儿童福利城乡一体化水平的指数，具体的指数计算如下。

生活福利指数（I_x）=1/2（人均幼儿园校舍面积+幼儿园生师比）

I_x=1/2[(0.27+0.40+0.41+0.44+0.56)/5+(0.29+0.33+0.33+0.33+0.40)/5]=0.376

医疗福利指数（I_y）=1/2（新生儿死亡率+五岁以下儿童中重度营养不良率）

I_y=1/2[(0.42+0.41+0.43+0.48+0.46)/5+(0.50+0.52+0.47+0.75+0.41)/5]=0.48

教育福利指数（I_z）=1/3（生均图书册数+小学本科及以上教师比+生均校舍面积）

I_z=1/3[(0.80+0.83+0.85+0.89+0.97)/5+(0.27+0.31+0.36+0.50+0.63)/5+(1.30+1.29+1.92+1.48+1.45)/5]=0.92

因此，儿童福利城乡一体化指数为：

$$I = \frac{1}{3}(I_X + I_Y + I_Z)$$

$$I = \frac{1}{3}(0.376 + 0.48 + 0.92) = 0.592$$

因此，根据本书对指标水平的抽象划分，0.592的儿童福利城乡一体化水平处于较低的城乡一体化范围内，儿童福利在城乡间的差异较大。

（二）结果分析

从儿童福利指数内部来看，生活福利指数和医疗福利指数均明显低于教育福利指数，因此城乡儿童福利的一体化程度受到基础教育普及化的很大影响，即农村儿童在生活和医疗两方面明显落后于城市儿童，存在显著的不平等；而基础教育由于受到国家的重视和强力推行，一定程度上缩小了城乡儿童的生存质量。

儿童生存、发展情况的改善应是社会经济发展的自然产物，是儿童分享社会进步成果、得到良好生存发展权的体现，但我国城乡儿童的福利差距却体现了福利滞后性和政策强制推动性的特征。即儿童教育福利的改善是国家政策推动的结果，而生活和医疗福利由于强制性弱、重视程度较低，则滞后于经济发展，使城乡儿童的福利状况始终存在较明显的差距。儿童时期是生理、心理发展的特殊时期，儿童成长状况很大程度上取决于早期生活、医疗、教育环境，因此与经济发展同步改善的儿童福利尤其是农村儿童福利应是今后我们努力的方向。

四、结论与建议

城乡差异是我国历史、政治、文化等多因素的产物，由此带来的社会分割发展、分配不均、阻碍流动等社会问题一直是我国着力解决的关键。作为平等的社会成员，儿童的身心发展、需求不应受到城乡社会结构的影响，否则由此带来的儿童发展失衡、更深层次的城乡分割将会产生深远的社会问题。教育是影响儿童成长的核心因素之一，近年来受到国家的高度重视，基础教育也有长足发展；但在基本生活、医疗服务等方面城乡儿童仍存在显著的差距，而这些正是儿童在身体成长、疾病预防与康复的关键影响因素。因此，进一步改善农村儿童的生活支持和医疗资源分配，是今后建立一体化城乡儿童福利体系的关键，也是最终实现我国全体儿童健康、自由发展的基石。

第十六章 适度普惠型儿童福利管理运行制度建设

第一节 儿童福利管理运行制度改革必要性

一、福利制度对儿童的帮助与提升

儿童福利制度对儿童的生存权提供最基本的保障,对儿童发展权、教育权具有推动作用。因此,要保障儿童的健康成长,必须建立相对健全完善的儿童福利制度。综合分析儿童福利对儿童的提升表现在以下几个方面:

(一)为儿童提供所需津贴,提高生育和养育质量

对父母和儿童的帮助体现在提供各种各样的津贴计划,从胎儿开始孕育,到婴儿诞生,到婴幼儿成长,儿童福利制度提供各方面的保障。对贫困儿童新生儿,提供新生儿津贴;对特殊儿童,如单亲儿童,提供寡妇补贴或特别儿童津贴,对低收入儿童子女,提供补贴。

(二)为儿童提供各种实物补助,保障儿童的食物和教育

儿童福利制度不仅以现金形式对儿童提供保障,还以实物形式提供食品和教育保障。对贫困儿童,提供食品券计划;对在学校上学的贫困儿童,提供免费的学校早餐计划和中餐计划;对暑假中的孩子,提供暑期食品服务计划。

(三)为儿童提供各种服务,支持儿童度过难关

对儿童的服务表现在:为需要照顾服务的单亲家庭儿童、双职工家庭儿童,提供日间托育服务;对不能按时接送孩子上学和放学的父母,提供接送上学和放学服务;在儿童成长过程中,提供儿童指导服务和心理咨询服务;对未成年的未婚妈妈,提供"母子之家",收容母子;对弱势妇女,提供免费司法服务;对需要护理服务和家务服务的儿童,提供各种免费护理和家务劳动。

二、提供"支持儿童"政策的必要性

20世纪80年代以前,我国儿童问题基本上是家庭问题,家庭是儿童监护的第一责任主体,家庭承担着儿童的各项福利。一旦家庭破裂或家庭出现危机,儿童的生存就会遭遇困境,儿童福利也将面临危机。这种家庭支持系统完全取决于家庭的自我调节能力。在20世纪80年代以前,我国经济发展落后,家庭经济结构脆弱,家庭在维系儿童福利方面力量单薄,因此出现大量的弃婴、残疾儿童、流浪儿童现象。

20世纪90年代以后，随着我国相继签署联合国《儿童权利公约》和《关于儿童生存、保护和发展的世界宣言》以及《执行九十年代儿童生存、保护和发展世界宣言行动计划》等文件，我国儿童福利政策也逐渐地由"责任取向"转向"权利取向"[1]。这一时期开始，政府逐渐取代家庭成为儿童福利的主要供给者，儿童福利取向也逐渐地走向"支持儿童"。我国"支持儿童"系统主要表现在以下几方面：

（一）经济支持

一是为生育儿童提供生育津贴。2010年颁布的《中华人民共和国社会保险法》第六章第五十四条规定："用人单位已经缴纳生育保险费的，其职工享受生育保险待遇；职工未就业配偶按照国家规定享受生育医疗费用待遇。所需资金从生育保险基金中支付。生育保险待遇包括生育医疗费用和生育津贴。"当前我国生育津贴按照职工所在用人单位上年度职工月平均工资计发。二是建立最低生活保障制度。1999年和2007年，我国先后出台了《城市居民最低生活保障条例》和《关于在全国建立农村最低生活保障制度的通知》，为城乡贫困儿童提供最低生活保障。三是为低收入儿童提供廉租住房。廉租房是指政府以租金补贴或实物配租的方式，向符合城镇居民最低生活保障标准且住房困难的儿童提供社会保障性质的住房。2007年，国务院颁布《关于解决城市低收入家庭住房困难的若干意见》，要求将廉租住房制度保障范围由城市最低收入住房困难家庭扩大到低收入住房困难家庭，从而使有儿童需要抚养，经济困难的低收入家庭纳入政府支持系统。

（二）服务支持

一是母婴保健服务。1994年公布的《中华人民共和国母婴保健法》规定，国家发展母婴保健事业，使母亲和婴儿获得医疗保健服务。为公民儿童提供婚前检查、孕产期保健等。二是发展托幼服务。20世纪90年代以后，我国建立了大量的托儿所和幼儿园。根据2012年全国教育事业发展统计公报，我国学前教育规模大幅增长，全国共有幼儿园18.13万所，比上年增加1.45万所，在园幼儿3685.76万人，比上年增加261.32万人。托幼服务的发展，使大量家长从幼儿抚育中解放出来，可以更好地投身于工作。三是特殊儿童康复服务。我国从1995年起实施残疾儿童康复工程，2004年又启动了"明天计划"，2008年开始开展"重生行动"，为贫困儿童、特殊困难儿童以及孤残儿童提供治疗和康复服务，为儿童提供特殊帮助。

三、国外政府支持儿童政策的启示

在政府支持儿童方面，OECD国家有两大计划，分别是"让家庭更美好"（Doing Better

---

[1] 徐浙宁.我国关于儿童早期发展的家庭政策（1980-2008）——从"家庭支持"到"支持家庭"？[J].青年研究，2009（4）：47-59,95.

for Families）和"让儿童更美好"（Doing Better for Children）[1]。政府为儿童提供全方位的经济支持和社会服务。主要政策措施有：为多子女家庭提供儿童津贴和住房补贴。如丹麦的儿童及青少年福利制度比较完善，17岁的孩子每年可获近1.7万丹麦克朗的收入，而每个家庭领取该项津贴最多可以达到每年3.5万克朗[2]。给寡妇和单亲家庭发放子女抚养费和单亲家庭特定费用、妇女怀孕和生育期间收入补贴，如生育津贴或亲职给付等。亲职福利（产假、育婴假等）、托幼服务（如设立托幼机构，为儿童提供幼儿照料和保育服务、日托中心）、保健服务（如婚检、产检、儿童免疫接种等）、社区服务（美国的开端计划（Head Start）、英国的确保开端计划（Sure Start）、为处境不利儿童提供儿童早期教育服务、健康服务和教养指导服务等。

第二节 儿童福利管理运行制度完善

一、我国现行"支持儿童"系统存在的主要问题

尽管我国政府加大了对贫困儿童的支持力度，但总的来讲，我国现行"支持儿童"政策对儿童的支持范围非常有限[3]。突出表现在以下几方面：

"支持儿童"系统主要表现在对贫困儿童的支持，对普通儿童的支持非常有限。即使是对贫困儿童的支持，与OECD的西方国家相比，政府支持的具体政策措施项目少，福利水平低。在社区服务方面明显落后。我国城市社区发育仍不完善，社区基础设施较为缺乏，与儿童发展相关的综合性指导机构不足，难以满足儿童需要。我国现行政府"支持儿童"政策适用性有限，普惠性措施少。

二、完善政府支持儿童系统的政策建议

（一）加大对贫困和低收入儿童的财政支持力度

本书所做的问卷调查结果显示，90%以上的被调查者反映我国城乡最低生活保障标准低，难以满足儿童营养需要。因此，当前和今后一段时间急需加大对贫困儿童的现金补助力度，以帮助贫困儿童改善营养和健康状况。将面向贫困儿童的儿童重大病救助扩大到普通儿童。疾病带给的不仅是贫困儿童的不幸，也造成普通儿童的经济负担和生活痛苦。国家应采取一切措施帮助一切儿童抵御疾病带来的痛苦和经济上的压力。加大财

---

[1] OECD（2009）.Doing Better for Children[R].www.sourceoecd.org/education/9789264059337. OECD（2011）. Doing Better for Families[R]. http://dx.doi.org/10.787197789264098732-en.
[2] 周佳.移民丹麦：全民免费就医 老人孩子都有高补贴[EB/OL]. http://www.chinanews.com/hr/2012/05-11/3882529.shtml
[3] 徐浙宁.我国关于儿童早期发展的家庭政策（1980-2008）——从"家庭支持"到"支持家庭"？[J].青年研究，2009（4）：47-59,95.

政对学前教育的投入，建立普惠性的学前教育体系。丹麦、芬兰、挪威等国家学前教育发达，儿童进入幼儿园享受补贴或给予免费。我国当前幼儿教育体系还只有发达国家的60%左右，许多儿童并不能接受到基本的学前教育服务。西方国家研究表明，政府应把目光放在生命周期的早期，国家应该在生命周期的早期（从胚胎阶段一直到义务教育阶段）投入更多的资源，这被认为可以提高社会效益和社会质量[1]。我国应加大儿童学前教育的投入，建立更多的幼儿教育机构。国家应为进入幼儿园的贫困儿童提供补贴，在2020年前建立起普惠性的免费学前教育体系。

此外，应给单亲儿童提供特别的抚育津贴。美国、英国等国家都设有单亲儿童抚育津贴，以帮助单亲家长照顾和养育儿童。随着我国离婚率的上升，单亲家庭数量在增大，单亲家庭已经成为一个庞大的群体。给予单亲家庭一定的经济支持，以帮助他们在抚育儿童时度过难关，势在必行。

（二）完善服务性儿童福利制度管理

加大对农村家庭的生育保障。当前，我国生育津贴主要适用于城镇职工，而广大农村家庭在生育上缺乏政府强有力的保障，特别是来自于经济方面的保障。农村妇女在生育上的护理和生活保障急需得到国家支持。完善儿童教育指导，在优生优育、科学喂养、亲子教育等方面提供更多的政府指导，特别是建立更多的农村地区的儿童教育指导站，帮助农村家庭养育儿童。

为流浪儿童家庭提供特别的指导和经济上的帮助。流浪儿童背后是一个破碎的家庭，它们或经济困难无力养育子女，或家庭破裂无人照顾子女，或教育失当无法教育子女。不论何种情况，流浪儿童的出现是儿童困境的写照。为流浪儿童家庭提供经济上的帮助和特别的指导包括儿童教育指导都是必要的和必不可少的。

为留守儿童家庭和流动儿童家庭提供必要的生活和教育环境。改善留守儿童的生存境况，为留守儿童家庭提供托幼服务和相关照顾服务也许能改善留守儿童的生活状况。流动儿童的生活、医疗和教育牵涉太多的政策，如户籍政策、教育政策、医疗政策等，需要全社会合力解决。

完善社区服务设施，为儿童服务提供依托。当前急需建立起集儿童生活、娱乐、教育于一体的大型儿童中心。应该发展一些针对贫困儿童的如"开端计划"之类的儿童早期教育服务项目。

---

[1] OECD.Doing Better for Children[R].2009:179.www.sourceoecd.org/education/9789264059337.

参考文献

国外文献

著作和论文集

[1] Beezley. P. Comprehensive family oriented therapy [A]. In R.E. Helfer & C.H. Kempe (Eds.), The battered child (2nd ed.) [C]. Chicago: University of Chicago Press, 2004.

[2] Cohen. D.J. Federal day care standards: Rationale and recommendations [M]. New York: National Association of Social Workers, 1987:57.

[3] Carroll. C. A, Haase. C.C. The function of protective services in child abuse and neglect [A]. In R. E. Helfer, R.S. Kempe (Eds.) The battered child (4th ed) [C]. Chicago: University of Chicago Press, 2008:159.

[4] Davidson. H. A, Gerlach. K. Child custody disputes: The child's perspective [A]. In R.M. Horowitz, H. A. Davidson (Eds.), Legal rights of children. Colorado Springs [C] Shepard's /McGraw-Hill, 1984:232-261.

[5] Freymond. N, Cameron. G. Towards positive systems of child and family welfare: International comparisons of child protection, family service, and community care models [M]. Toronto: University of Toronto Press, 2006.

[6] Goldstein, B. Children and work. A study of socialization [M]. New York: Free Press, 1979.

[7] Jenkins. S, Norman. E. Filial Deprivation and Foster Care [M]. New York: Columbia University Press, 2002.

[8] Susan Whitelaw Downs, Ernestine Moore. E. Child Welfare and Family Services: Policies and Practice (8th Edition) [M].Pearson Education, 2008:481.

[9] Polier. J. W. A view from the bench [M]. New York: National Council on Crime and Delinquenc, 1994.

[10] Saluter. A. F. Singleness in America[A]. In U.S. Department of Commerce, Bureau of the Census, Studies in Marriage and Family, Current Population Reports[C] (Special Studies Series P-23, No.162.)Washington, DC: U.S. Government Printing Office, 2009:1-10.

[11] Wisdom. W I C(October 14)[M].New York Times, 1987:26.

[12]Bradshaw, Jonathan, Petra Hoelscher, Dominic Richardson. Comparing Child Well—Being in OECD Countries: Coneepts and Methods. Innocenti Working Paper No. 2006—03[R]. Florence：UNICEF Innocenti Research Centre，2007，2~38.

[13]UNICEF. The State of Brazil's Children 2006: The Right to Survival and Development[R]. UN ICEF Rep resentative Office in Brazil, Cross Content Comunicao Integrada, 2005,108~124.

期刊论文

[1]Bradshaw, Jonathan, Petra Hoelscher, Dominic Richardson. Comparing Child Well—Being in OECD Countries: Coneepts and Methods. Innocenti Working Paper No. 2006—03[R]. Florence: UNICEF Innocenti Research Centre, 2007, 2~38.

[2] Brown. G. E. Seeking a national consensus [J]. Public Welfare, 2008,(45):12-17.

[3] David Maunders. Awakening from the Dream: The Experience of Childhood in Protestant Orphan Homes in Australia, Canada, and the United States [J]. Child & Youth Care Forum, Human Sciences Press, Inc. 1994, 23(6):393.

[4] Garfinkel. I. Sweden's child support system: Lessons for the United States [J]. Social Work, 1982, 27(6):509-515.

[5]Michael R. Hagerty, Kenneth C. Land. Constructing Summary Indices of Quality of Life: A Model for the Effect of Heterogeneous ImportanceWeights[J]. SociologicalMethods & Research , 2007, 35 (4) : 455~497.

[6] Ozawa. M.N. The 2002 amendments to the social security act: The issue of intergenerational equity [J]. Social Work, 2003, 29(2):131-137.

[7] Rachel E. Goldberg, Susan E. Short .The Luggage that isn't Theirs is Too Heavy: Understandings of Orphan Disadvantage in Lesotho [J]. Popul Res Policy Rev, 2012,(31):67-83.

[8] Straus. M, Gelles. R. The costs of family violence [J]. Public Health Reports, 2007, 102(6): 640.

[9] Stone. L. M. Effects of maternal employment on children: Evidence from research [J]. Child Development, 2007, (4):31.

[10]UNICEF. The State of Brazil's Children 2006: The Right to Survival and Development[R]. UN ICEF Rep resentative Office in Brazil, Cross Content Comunicao Integrada, 2005,108~124.

[11] Williams. C. W. Guardianship: A minimally used resource for California's dependent children: A study in policy: 1895-1978. Unpublished doctoral dissertation[J]. University of Southren California, Los Angeles, 1980.

电子文献

[1] Demographic and Health Surveys (DHS). Compilation by authors of statistics from most recent DHS final reports[EB/OL].

http://www.measuredhs.com/onlinefiles/uploads/ubos/UDHS/UDHS2011.pdf ,2011-10/2013-6-24.

[2] UNAIDS Report on the Global AIDS Epidemic[EB/OL].http://www.unaids.org/en/media/unaids/contentassets/documents/unaidspublication,2010-11-23/2013-6-24.

国内文献

著作和论文集

[1] 历育纲.加拿大儿童照顾政策及其对我国部分现行政策的启示：以安大略省儿童照顾政策为个案的分析[J].北京青年政治学院学报,2007,(3).

[2] 林毓铭,谢圣元.社会保障理论与实践发展研究[M].北京:人民出版社,2004:81-84.

[3] 卢德平.中国弱势儿童群体:问题与对策[M]. 北京:社会科学文献出版社,2007.

[4] 宋国华等.保险大辞典[M].沈阳:辽宁人民出版社,1989:500-501.

[5] 尚晓援等.中国孤儿状况研究[M].北京:社会科学文献出版社,2008.

[6] 尚晓援.中国弱势儿童群体保护制度[M].北京:社会科学文献出版社,2008.

[7] 王彦斌,赵锦云等.儿童福利社会化重构"昆明模式"[M].北京:社会科学文献出版社,2006.

[8] 叶普万,王军.世界反贫困战略演变书评[J].山东社会科学,2009:10.

[9] 中华少年儿童慈善救助基金会,中国青少年研究会.中国孤儿基本状况及救助保护研究报告[R]. 北京:中国人民公安大学出版社,2013.

[10] 中共中央文献研究室.建国以来重要文献选编:第八册[M].北京:中央文献出版社,1992.

[11] 武帝纪.见:(汉)班固撰,(唐)颜师古注.汉书(卷 6)[M].北京:中华书局,1962 .

[12] 周震欧.儿童福利[M].中国台北:台湾巨流图书公司,1996.

[13] 郑功成.社会保障学[M].北京:中国劳动社会保障出版社,2005.

[14] 尚晓援,王小林,陶传进.中国儿童福利前沿问题[M].北京:社会科学文献出版社,2008.

[15] 郑功成主编.社会保障概论[M].上海:复旦大学出版社，2005.

学位论文类

[1] 陈筱蓉.少子化時代之兒童保育津貼[D].台北：国立高雄大学,2009.
[2] 任红艳.中国城镇居民收入差距适度性研究[D].北京:首都经济贸易大学,2006.

期刊论文

[1] 鲍传友.中国城乡义务教育差距的政策审视[J].北京师范大学学报(社会科学版),2005(3):27-35.
[2] 成海军.从中外儿童福利院舍照顾的比较与变化看我国儿童福利的发展方向[J].社会福利,2004,(10):8.
[3] 程海军.中国儿童福利制度转型与体系嬗变[J].社会福利(理论版),2012,(9):26.
[4] 韩伟,罗利君,李珂.多元化孤儿救助模式研究[J].商品与质量,2010,(7):35.
[5] 黄永昌.宋代的慈幼事业与社会[J].华中师范大学研究生学报,2008,(4):88.
[6] 黎昌珍.从西方儿童福利范式的演变看我国农村孤儿救助制的转型[J].学术论坛,2006,(12):71.
[7] 刘晓红,宋继芳.孤儿救助及其存在的问题[J].西安电子科技大学学报(社会科学版),2008,(1):164.
[8] 杨翠迎,何文炯.社会保障水平与经济发展的适应性关系研究[J].公共管理学报,2004,1(1):83.
[9] 孙奕,巩桂双.儿童福利机构孤残儿童护理人员现状基线调研报告[J].中国民康医学,2008,20(19):2293.
[10] 田珂.孤儿救助的制度化:孤儿的最好出路[J].重庆城市管理职业学院学报,2008,(1):8.
[11] 许莉娅.失依儿童福利院内家庭养护模式探索性研究：以北京市儿童福利院孤残儿童为例[J].中国青年政治学院学报,2007,(4):9.
[12] 姚建平,梁智.从救助到福利：中国残疾儿童福利发展的路径分析[J].山东社会科学,2010,(1):52.
[13] 杨生勇,徐晓军.农村孤儿的成因及其现状分析：以武汉市郊李集镇、山坡镇义务教育阶段的孤儿为例[J].青年研究,2005,(6).
[14] 杨生勇.论农村孤儿抚育的变迁：从宏观社会结构与农村社会微观变动视角考察[J].中南民族大学学报(人文社会科学版),2010,(3):105.
[15] 杨瑛.教育学视域下的中国孤儿教育救助[J].当代青年研究,2011,(1):72.
[16] 王飞鹏.农村孤儿生活状态调查：以烟台部分农村为例[J].中国社会保障,2007,(10):70.

[17] 王飞鹏.农村孤儿的抚养模式与生活状况的实证分析：以山东烟台部分农村调查为例[J].中国青年研究,2010,(2):60.

[18] 郅玉玲.基于社会保障理论的孤残儿童福利研究[J].人口与发展,2011,17(1):87.

[19] 朱丽平.儿童福利机构护士工作现状研究[J].护理管理杂志,2008,(8):7.

[20] 穆怀中.社会保障水平发展曲线研究[J].人口与社会保障.2003,27(2):22-28.

[21] 刘继同.儿童健康照顾与国家福利责任重构:中国现代儿童福利政策框架[J],中国青年研究, 2006(12): 51-59

[22] 李娟. 关于适度普惠型儿童福利体系的思考[J], 社会福利, 2013(11):7-14

[23] 万国威. 我国三类人群社会福利现状的定量研究[J], 人口学刊, 2012(3): 42-52 .

[24] 刘新亮, 雷海潮. 国外儿童发展与福利状况综合评价研究的最新进展[J], 医学与社会, 2011(11): 6-9 .

[25] 何玲. 瑞典儿童福利模式及发展趋势研议[J], 中国青年研究, 2009(2): 5-10 .

电子文献

[1] 中国青年网[EB/OL].http://www.youth.cn,2013-01-10/2013-06-20.

[2] 民政部.曾桂林.施善与教化:中国流浪儿童救助保护史述论[EB/OL].http://fss.mca.gov.cn/article/llyj/200711/20071100003568.shtml,2007-11/2013-06-20.

[3] 民政部.关于全国散居孤儿最低养育标准执行情况的通报[EB/OL].http://fss.mca.gov.cn/article/etfl/zcfg/200910/20091000040624.shtml,2009-10/2013-06-20.

[4] 民政部.民政部关于制定福利机构儿童最低养育标准的指导意见[EB/OL].http://fss.mca.gov.cn/article/etfl/zcfg/200907/20090710032833.shtml,2009-07/2013-06-20.

[5] 民政部.国务院办公厅关于加强孤儿保障工作的意见[EB/OL].http://fss.mca.gov.cn/article/etfl/zcfg/201303/20130300432665.shtml,2013-03/2013-06-20.

[6] 社会福利和社会事务司.民政部等 15 部门关于加强孤儿救助工作的意见[EB/OL].http://fss.mca.gov.cn/article/etfl/zcfg/200809/20080910019758.shtml,2008-09/2013-06-20.

[7] 民政部.民政部财政部关于发放孤儿基本生活费的通知 [EB/OL].http://www.mca.gov.cn/article/zwgk/fvfg/shflhshsw/201012/20101200118262.shtml,2010-12-03/2014-02-15.

后 记

本书为 2013 年度教育部人文社会科学研究青年基金项目，立项结果于 2013 年 5 月 22 日公布。立项题目为"我国适度普惠型儿童福利体系构建及保障机制研究"。2011 年以来，我国加大适度普惠型儿童福利制度建设力度。2013 年，民政部决定在江苏省昆山市、浙江省海宁市、河南省洛宁县、广东省深圳市等地开展适度普惠型儿童福利制度建设试点工作。2013 年 6 月 26 日，民政部发布《关于开展适度普惠型儿童福利制度建设试点工作的通知》。该《通知》指出，"本着适度普惠、分层次、分类型、分标准、分区域的理念，按照分层推进、分类立标、分地立制、分标施保的原则和要求"，进行儿童福利制度建设。在对儿童进行分类时，民政部指出，儿童可以分为四类，第一类为孤儿，包括社会散居孤儿和福利机构养育孤儿；第二类为困境儿童，包括残疾儿童、重病儿童和流浪儿童；第三类为困境家庭儿童，涵盖父母重度残疾或重病的儿童、父母长期服刑在押或强制戒毒的儿童、父母一方死亡另一方因其他情况无法履行抚养义务和监护职责的儿童、贫困家庭的儿童；第四类为普通儿童。

2014 年，民政部发布《关于进一步开展适度普惠型儿童福利制度建设试点工作的通知》，增加 46 个市（县、区），列入第二批试点地区的有：北京市房山区、天津市东丽区、河北省三河市、山西省闻喜县、辽宁省盘锦市、吉林省长春市、黑龙江省大庆市、上海市徐汇区、江苏省盐城市、江西省修水县、海南省琼海市、重庆市永川区、宁夏回族自治区石嘴山市大武口区等。要求建立健全"城乡一体化、保障制度化、组织网络化、服务专业化、惠及所有儿童的福利制度和服务体系"。第二批试点市（县、区）的工作进一步推进了适度普惠型儿童福利制度的建设。

本书在此背景下开展对适度普惠型儿童福利的研究，重点探讨了几类典型的儿童及其所需福利，包括留守儿童、艾滋病相关儿童、流浪儿童和孤儿等，分析现有儿童福利存在的问题，提出建立健全适度普惠型儿童福利的对策建议，希望为实践部门提供决策参考，为相关理论研究者提供理论参考。

本书为课题组成员共同撰写。首先，课题主持人华东师范大学经济与管理学部公共管理学院曹艳春副教授拟定撰写大纲，设计问卷调查和访谈提纲及调研计划。其次，课题组成员，山东英才学院王建云老师、上海应用技术大学戴建兵老师、华东师范大学经济与管理学部公共管理学院社会保障研究所陈翀、李琦以及兰州大学经济学院曹昊煜多次参与实地调研，参与课题讨论，提出颇有见地的见解和建议，并按照提纲进行撰写。最后由曹艳春和王建云统稿和修改。

各章的撰写分工为：第一章（绪论）（曹艳春、戴建兵）；第二章（陈翀、王建云）；第三章（曹艳春、王建云）；第四章（曹艳春、戴建兵）；第五章（曹艳春）；第六章（王建云）；第七章（陈翀）；第八章（曹昊煜）；第九章（李琦）；第十章（王建云、戴建兵）；第十一章（王建云）；第十二章（陈翀）；第十三章（曹艳春）；第十四章（王建云）；第十五章（陈翀）；第十六章（曹艳春）。

本书可供普通高等院校师生、政府部门与非盈利组织等公共部门实践者、其他儿童福利相关研究者等阅读。

对本书所借鉴和参考的成果的作者表示衷心的感谢。由于时间仓促，错误在所难免，欢迎读者不吝指教。

曹艳春

2016年1月15日